高等学校“十二五”规划教材经济管理类

会计学基础

主　编　生艳梅　姚春艳
　　　　段庆茹　周永占
主　审　任秀梅

哈尔滨工程大学出版社

内容简介

本教材系统地介绍了会计的基本概念、基本理论和基本方法，并以财政部发布的《企业会计准则——基本准则》及各项具体准则、《企业会计准则——应用指南》为依据，对制造业主要经济业务的会计核算进行了准确的介绍。全书共分为十一章，即总论、会计科目和账户、复式记账、企业基本经济业务的核算、账户的分类、会计凭证、会计账簿、账务处理程序、财产清查、财务报告以及会计工作的组织。同时，针对会计学实务性强的特点，本书在每章后面配有复习思考题和习题，帮助学生更好地理解所学内容。

本书可作为高等院校会计学及经管类专业的学生、从事会计实务工作及其相关经济管理工作的人士、跨专业考入会计学专业的硕士研究生的教材，也可作为新会计准则培训和会计自学者的参考资料。

图书在版编目(CIP)数据

会计学基础/生艳梅，姚春艳，段庆茹，周永占主编. —哈尔滨：哈尔滨工程大学出版社，2012.8(2014.1 重印)
ISBN 978-7-5661-0430-4

Ⅰ.①会… Ⅱ.①生… ②姚… Ⅲ.①会计学-高等学校-教材 Ⅳ.①F230

中国版本图书馆 CIP 数据核字(2012)第 189468 号

出版发行 哈尔滨工程大学出版社
社　　址 哈尔滨市南岗区东大直街 124 号
邮政编码 150001
发行电话 0451-82519328
传　　真 0451-82519699
经　　销 新华书店
印　　刷 肇东市一兴印刷有限公司
开　　本 787mm×960mm 1/16
印　　张 16.25
字　　数 345 千字
版　　次 2012 年 8 月第 1 版
印　　次 2014 年 1 月第 2 次印刷
定　　价 33.00 元
http://www.hrbeupress.com
E-mail:heupress@hrbeu.edu.cn

前言

PREFACE

本书是根据财政部最新颁布的《企业会计准则》《中华人民共和国会计法》及《会计工作基础规范》编写的。本书注重与国际会计准则相趋同，在借鉴国内外相关的会计理论和方法的科学原理的基础上，力图将会计的基本理论、基础知识和基本方法相结合，准确、全面地概括会计学最基础和最重要的内容。

《会计学基础》是会计学入门课程。本书主要阐述会计的基本理论、基本方法和基本技能，培养学生的会计理念和职业思维，为后续专业课程的学习奠定基础。本教材围绕这一思路，从会计的概念入手，阐述了会计的对象、职能、会计基本假设和会计信息质量要求，重点介绍了设置会计科目与账户、复式记账、填制和审核会计凭证、登记账簿、成本计算、财产清查和编制会计报表等七种会计核算方法的原理和运用规律，并概括说明了会计工作的组织与管理。

本书的特点集中体现在三个方面：基础性与系统性相结合；理论性与实践性相结合；我国会计规范与国际惯例相结合。每章后附有复习思考题和练习题，便于学生了解、掌握和运用会计信息系统进行经济决策和经济管理。

本教材由东北石油大学生艳梅编写第二、五、十章，段庆茹编写第一、三、九章，周永占编写第七、八章；北华大学姚春艳编写第四、六、十一章。任秀梅教授对全书进行了审定。

由于时间仓促，加之编写经验不足，书中难免有不妥之处，恳请读者批评指正。

编　者

2012年6月

★★★★★★★★★★★★★

目录

CONTENTS

第一章 总 论

第一节 会计概念

一、会计的产生与发展

(一)会计的产生

会计是适应人类进行物质资料生产需要而产生并发展的。生产活动是人类赖以生存和发展的基础,也是人类最基本的实践活动,它决定着人类所进行的其他一切活动。在生产过程中,人们总是希望以尽可能少的劳动占用及耗费,生产出尽可能多的物质财富,取得一定的劳动成果;同时,也必然会发生人力、物力以及财力的耗费,进而产生对生产耗费、生产成果进行观察、计量以及记录和比较的要求,这就是会计产生的基本动因。如果劳动成果少于劳动耗费,则生产就会萎缩,社会就会倒退;如果劳动成果等于劳动耗费,则只能进行简单再生产,社会就会停滞不前;如果劳动成果多于劳动耗费,则可以进行扩大再生产,社会就能取得进步。而生产发展和社会进步是一切社会形态中人们所追求的共同目标,因此,无论在何种社会形态中,人们都必然会关心劳动成果和劳动耗费,并对它们进行比较,以便科学、合理地管理生产活动,提高经济效益。在对劳动成果和劳动耗费进行比较的过程中,产生了原始的计量、计算和记录行为。这种原始的计量、计算和记录行为中蕴含着会计思想、会计行为的萌芽。在远古社会里,人们首先有了多与少、大与小的观念,进而有了数的概念。在文字出现以前,人们最早的计数是凭借大脑的记忆,以后逐渐转变到"结绳记事"等方式,以辅助头脑记忆的不足,这些原始的计量活动导致了会计行为的产生。但是,会计在其产生初期还只是"生产职能的附带部分",也就是说,会计在它产生初期是生产职能的一个组成部分,人们在生产活动以外,附带地把劳动成果和劳动耗费以及发生的日期进行计量和记录。当时会计还不是一项独立的工作。随着社会生产的发展,剩余产品以及文字、数字、产品交换及货币的运用,生产规模的日益扩大和复杂,对劳动成果和劳动耗费及其比较,仅仅靠人们劳动过程中附带地进行计量、计算和记录,显然满足不了生产发展规模日益扩大、复杂的需要,为了满足生产发展需要,适宜对劳动成果和劳动耗费进行管理的要求,会计逐渐从生产职能中分离出来,成为特殊的、专门委托当事人的独立职能。

(二)会计的发展

1. 我国会计的发展历史

在我国,会计有着悠久的历史。据史料记载,"会计"一词起源于西周时代,当时在朝廷中设立了"大宰""司会"等专门官职,"大宰"掌管朝廷中的财物、钱粮、官吏俸禄和一切贡、赋、徭役等的收支和管理大权,"司会"接受朝廷和地方百官的会计文书而进行考核。到了宋朝,封建经济发展较快,为了适应经济管理的客观要求,把财政收支分为元管、新收、已支和现在四个部分,作为计算财产物资增减变化情况的方法。在元代,这一方法传入民间。明朝初年把它概括为"四柱清册"记账法。"四柱"指"旧管""新收""开除""实在",通过"旧管(期初结存)"+"新收(本期收入)"="开除(本期支出)"+"实在(期末结存)"的平衡关系进行结账,以算清并交代经管财物的责任。明末清初,适应商业和手工业发展要求,在"四柱式"基础上出现了称为"龙门账"的一种更加完善的会计核算方法。它把全部账目分为"进(收入)""缴(支出)""存(资产)""该(负债)"四大类,运用"进-缴=存-该"方程式,计算盈亏数额,并分别编制"进缴表"和"存该表",两表计算结果如果完全吻合,称之为"合龙门"。清代在此基础上又产生了"天地合账",将一切账项分为"来账"和"去账",在账簿上记录。账簿采用垂直书写,直行分上下两格,上格记收,称为天,下格记付,称为地,上下两格所记数额必须相等,称为"天地合"。"四柱清册""龙门账"和"天地合账"是我国劳动人民对会计发展的重大贡献,展示了中式簿记发展的历史轨迹。

20 世纪初期,借贷记账法传入我国,随后又引进了英美的会计制度,对改革中式簿记,促进我国会计事业的发展起到一定的作用,但是,这一时期中国会计中西并存,发展迟缓。

中华人民共和国成立以后,引进前苏联的会计管理制度,在财政部设置了主管全国会计事务的机构,称为会计制度司,先后制定了有关会计管理方面的统一会计制度,不断加强会计工作的组织与指导,在这以后的几十年中,我国会计工作虽几次遭到严重挫折,历经几起几落,但是仍然取得了巨大成就。1985 年颁布《中华人民共和国会计法》,使会计工作进入法制阶段。1990 年 12 月 31 日国务院发布《总会计师条例》;为适应社会主义市场经济和对外开放的需要,财政部于 1992 年 11 月颁布了《企业会计准则》和《企业财务通则》,从 1993 年 7 月 1 日起施行,这是我国会计与国际会计接轨的一项重大改革措施,是中国会计发展的又一里程碑。

1993 年 12 月八届五次人大常委会审议通过修订《中华人民共和国会计法》,扩大了会计法的适用范围,明确了会计核算和会计监督的范围及任务等,这是保障会计工作更好地为社会主义市场经济服务的重要法律措施。为建立规范的会计秩序和会计监管体系,1999 年 10 月 31 日第九届全国人大常委会第十二次会议审议通过,再次修订《中华人民共和国会计法》,自 2000 年 7 月 1 日起施行。再次修订后的《会计法》,明确了单位负责人和会计人员的责任,完善了会计核算体系和会计监督制度,加大了对违法会计行为的惩治力度,从而有利于规范会计行为,保证会计信息的真实和完整,充分发挥会计工作在加强经济管理和财务管理、提高经济效益和维护社会主义市场经济秩序中的作用。为规范企业财务会计报告,保证财务会计报告的真实性、完整性,国务院发布《企业财务会计报告条例》,于 2001 年 1 月 1 日开始实施,它对企业财务会计报告的构成、编制和对外提供等方面作出规定,而且对会计要素的定义进行了重新界定,使其充分体现会计要素的质量特征。

为了贯彻执行《中华人民共和国会计法》和《企业财务会计报告条例》,规范企业的会计核算工作,提高会计信息质量,财政部于 2000 年 12 月 29 日发布《企业会计制度》,于 2001 年 1 月 1 日起暂在股份有限公司范围内执行。《企业会计制度》的发布,是我国会计核算制度的又一次重大改革,它为规范我国企业的会计核算行为,真实、完整地反映企业的财务状况、经营成果和现金流量,提高企业的会计信息质量具有深远的意义,为我国加入世贸组织,加快实现会计的国际接轨奠定了良好的基础。

在借鉴国际会计准则经验并集国内外不同部门和层次广泛意见的基础上,2006 年 2 月 15 日,财政部正式发布了新修订的《企业会计准则——基本准则》和 38 项具体准则,同年 10 月 30 日又发布了《企业会计准则——应用指南》,自 2007 年 1 月 1 日起在上市公司范围内施行,并鼓励其他企业执行。新会计准则体系的建立,顺应中国经济快速市场化和国际化的需要,以提高会计信息质量为核心,强化为投资者和社会公众提供决策有用会计信息的理念,首次构建了与我国社会主义市场经济相适应,与国际准则趋同、涵盖企业各项经济业务、可独立实施的企业会计准则体系,并为改进国际财务报告准则提供了有益借鉴,实现了我国企业会计准则建设新的跨越和历史性的突破。新会计准则体系增强了会计准则的易理解性和可操作性,其全面实施,必将有效地规范我国会计工作行为和会计工作秩序,全面提升我国会计信息质量。

2. 国外会计的发展

在国外,会计历史也很悠久。大约距今四千年以前,古巴比伦就开始在金属或瓦片上作商业交易的记录。在公元前三四千年前,古埃及法老(国王)已设有专职的"录事",管理宫廷的赋税收入和各项军饷、官吏俸禄等各项支出。在印度太古的共同体里,农业上已有了"记账员"。到了中世纪封建时期,在基督教会中设专职官员管理赋税收入和各项开支,并设专门的账簿进行记录和报表制度。

13 世纪至 15 世纪,意大利沿地中海一带城市里,商品货币经济日益活跃,为适应借贷资本和商业资本的需要,产生了借贷记账法。1494 年意大利数学家卢卡·帕乔利(Luca Pacidi)著《算术、几何及比例概要》一书,其中含有世界上最早对复式簿记的系统描述,这本书的出版发行和在世界各国的传播,为现代会计的发展奠定了基础,也成为借贷记账法最终形成的标志,是簿记史上的新纪元。

18 世纪末 19 世纪初,股份公司的出现和发展,使资本所有权同经营权分离,产生了审核经营者履行职责、维护股东集团和债权人利益的代理人——独立职业会计师。这一时期,股东集团和债权人所关心的是企业财务状况和盈利及其分配情况,向股东集团、债权人及外部利害关系人提供各种财务报表成为企业会计的中心任务,从而形成了"财务会计"概念,并普遍运用。20 世纪 30 年代以后,为了使会计核算工作规范化,增强会计报表的真实性和可比性,西方各国先后研究和制定了会计准则,进一步将会计理论和方法推上了一个新的水平。

二次大战后，出现了大规模的企业经营，为适应国内外市场激烈竞争，迫切需要企业内部经济活动和经营管理的合理化，迫使企业经营管理与企业会计结合起来，又由于信息论、控制论、系统论和行为科学等引入会计，从而产生了同传统"财务会计"相并列的"管理会计"，丰富了会计学的内容。伴随着跨国公司的蓬勃兴起，出现了国际会计新领域。

随着现代科学技术的发展，会计技术也得到了突飞猛进的发展，从手写核算发展到电动机械化核算，尤其是电子计算机在会计上的应用，不仅代替了会计人员从审核凭证，到会计报表编出的全部核算过程的工作，更重要的是它能快速而准确地提供所需要的各种会计数据资料，这也给会计工作及会计理论带来了极大的变革，成为现代会计的重要标志。

综上所述，会计是基于社会再生产过程中劳动耗费和劳动成果的记录、计量、比较、评估、考核的客观需要而产生，并随着经济的发展、经营管理水平的不断提高而不断发展和完善，由生产职能的附带部分逐渐分离出来，成为经济管理的重要组成部分。历史证明，经济越发展，会计越重要。从会计产生与发展的过程看，会计随着社会生产力的发展而发展，会计的内容及方法由简单到复杂，由低级到高级，逐步完善成为一门较严谨的学科。会计同社会生产力水平的这种紧密联系是不以人的意志为转移的，是会计的自然属性，表现为会计具有一整套专门的技术方法，即技术性。另一方面，会计是经济管理的一个组成部分，必然有其经济管理的目的性，为一定经济、政治、法律、文化等社会环境所支配，使会计具有一定的社会属性，即社会性。

二、会计的概念

会计概念是会计本质特征的概括与表述。从会计产生、发展的过程可以看出，会计无论是最初作为生产职能的附带部分，还是以后独立于生产职能之外，都是经济管理的职能，只是会计的管理职能在未从生产职能中独立出来之前，是由生产组织者直接进行的。会计从生产职能中独立出来之后，则是由专门的会计人员来进行的，这当然不会从根本上改变会计所具有的管理职能的性质。在我国古代，对会计的解释是"零星算之为计，总合算之为会"（清代焦循《孟子正义》），会计兼有计量、计算、记录、汇总、检查和考核之义，可见会计是通过对社会再生产过程的核算和监督来执行其管理职能的。为了保证会计核算的综合性，随着货币计量作为社会劳动及其产品的计量尺度的广泛运用，会计主要是采用了货币作为计量尺度，并采用了一系列专门技术方法。

总之，会计是以货币为主要计量单位，以凭证为依据，借助于专门的技术方法，对一定主体的经济活动进行全面、综合、连续、系统地核算与监督，并向有关方面提供会计信息的一种经济管理活动。

会计按其报告的对象不同，有财务会计与管理会计之分。财务会计主要向企业外部关系人提供有关企业财务状况、经营成果和现金流量等有关信息；管理会计主要侧重于向企业经营者和内部管理者提供进行经营规划、经营管理、预测决策所需相关信息。财务会计侧重于过去信息，为有关各方提供所需数据；管理会计侧重于未来信息，为内部管理部门提供数据。

会计按其主体设立目的不同，可分为企业会计和预算会计。企业会计是指以营利为经营目的的经济组织的会计。企业主要包括工业企业、商品流通企业、交通运输企业、旅游饮食服务企业、施工和房地产开发企业、农业企业、对外经济合作企业以及金融、保险企业等。预算会计是指不以营利为目的，开展公共管理、公益事业组织的会计，包括总预算单位会计、行政单位会计、事业单位会计等。

按其具体内容不同，会计学科可分为基础会计、财务会计、成本会计、审计、会计分析、会计史和会计电算化等。基础会计主要阐述会计的基本原理和基本操作程序，为学习专业会计奠定基础，是学习会计的“入门”课程。财务会计是指实际应用会计，侧重于现行会计准则下的会计实务操作，如中级财务会计、高级财务会计等。成本会计主要归纳成本核算的各种方法、程序和实际操作技巧，一般是作为财务会计的后续课程。审计是会计监督的一种手段，是由专职机构对被审计单位的全部或部分经济活动进行审核检查、收集、整理，以判断其经济活动的合规性、合法性、合理性、真实性的经济监督、评价、鉴证活动。由于经济活动大部分内容通过会计提供，因此，审计一般以审查被审计企业的会计资料为主。会计分析指利用会计提供的信息资料进行加工、整理、分析，发现其经济发展规律，预测前景，作出决策的活动。会计史是研究会计产生和发展至今全过程的历史。会计电算化是运用电子计算机把手工操作方式转为电算化操作以提高工作效率的应用学科。

三、会计的作用

会计是现代企业一项重要的基础性工作，通过一系列会计程序，为信息使用者提供对决策有用的信息，并积极参与经营管理决策，提高企业经济效益，服务于市场经济的健康有序发展。具体来说，会计在社会主义市场经济中的作用主要包括以下几个方面。

第一，会计有助于提供对决策有用的信息，提高企业透明度，规范企业行为。

企业会计通过其反映职能，提供有关企业财务状况、经营成果、现金流量和所有者权益变动等方面的信息，是包括投资者和债权人在内的各方面进行决策的依据。比如，对于作为企业所有者的投资者来说，他们为了选择投资对象、衡量投资风险、作出投资决策，不仅需要了解企业包括毛利率、总资产收益率、净资产收益率等指标在内的盈利能力和发展趋势方面的信息，也需要了解有关企业经营情况方面的信息及其所处行业的信息；对于作为债权人的银行来说，他们为了选择贷款对象、衡量贷款风险、作出贷款决策，不仅需要了解企业包括流动比率、速动比率和资产负债率等指标在内的短期偿债能力和长期偿债能力，也需要了解企业所处行业的基本情况及其在同行业所处的地位；对于作为社会经济管理者的政府部门来说，他们为了制定经济政策、进行宏观调控、配置社会资源，需要从总体上掌握企业的资产负债结构、损溢状况和现金流转情况，从宏观上把握经济运行的状况和发展变化趋势。所有这一切，都需要会计提供有助于他们进行决策的信息，通过提高会计信息透明度来规范企业会计行为。

第二,会计有助于企业加强经营管理,提高经济效益,促进企业可持续发展。

企业经营管理水平的高低直接影响着企业的经济效益、经营成果、竞争能力和发展前景,在一定程度上决定着企业的前途和命运。为了满足企业内部经营管理对会计的需要,现代会计已经渗透到了企业内部经营管理的各个方面。比如,企业会计通过分析和利用有关企业财务状况、经营成果和现金流量等方面的信息,可以全面、系统、总括地了解企业生产经营活动情况、财务状况和经营成果,并在此基础上预测和分析未来发展前景;可以通过发现过去经营活动中存在的问题,找出存在的差距及原因,并提出改进措施;可以通过预算的分解和落实,建立起内部经济责任制,从而做到目标明确、责任清晰、考核严格、赏罚分明。总之,会计通过真实地反映企业的财务信息,参与经营决策,为处理企业与各方面的关系、考核企业管理人员的经营业绩、落实企业内部管理责任奠定基础,有助于发挥会计工作在加强企业经营管理、提高经济效益方面的积极作用。

第三,会计有助于考核企业管理层经济责任的履行情况。

企业接受了包括国家在内的所有投资者和债权人的投资,就有责任按照其预定的发展目标和要求,合理利用资源,加强经营管理,提高经济效益,接受考核和评价。会计信息有助于评价企业的业绩,有助于考核企业管理层经济责任的履行情况。比如,对于作为企业所有者的投资者来说,他们为了了解企业当年度经营活动成果和当年度的资产保值和增值情况,需要将利润表中的净利润与上年度进行对比,以反映企业的盈利发展趋势;需要将其与同行业进行对比,以反映企业在与同行业竞争时所处的位置,从而考核企业管理层经济责任的履行情况;对于作为社会经济管理者的政府部门来说,他们需要了解企业执行计划的能力,需要将资产负债表、利润表和现金流量表中所反映的实际情况与预算进行对比,反映企业完成预算的情况,表明企业执行预算的能力和水平。所有这一切,都需要作为经济管理工作者的会计提供信息。

四、会计的特点

会计特点是指会计本身所具有的特殊性,它反映了会计本质特征。一般地讲,会计的基本特点有以下四个方面。

第一,会计以货币作为主要计量尺度,即货币计量。

经济计量的尺度有实物尺度、劳动尺度和货币尺度等。会计涉及生产的全过程,由于劳动计量尺度的复杂性和实物计量尺度的差异性,两者均不能用来进行综合、全面地核算和监督生产经营过程,会计的职能主要是利用具有一般等价物的货币尺度来计量。当然货币计量尺度是以实物尺度和劳动尺度为基础的,因而会计除运用货币计量尺度外,必要时还需辅以实物尺度和劳动尺度。

第二,会计的核算职能与监督职能相结合。

会计的事前、事中和事后监督是对会计信息的正确性、真实性和合法性进行检查和监督。会计监督是会计核算的继续和补充，对经济活动具有促进、控制、考核和指导作用，两者不能分离。会计监督，首先是在反映各项经济活动的同时，进行事前监督，并且利用各种价值指标来考核经济活动的效果。随着经济的发展，参与企业预测、决策、控制、考核将成为会计的主要方面。

第三，会计具有连续性、系统性和准确性的特点。

会计对经济活动过程进行核算和监督，是按照经济活动发生的时间顺序不间断地连续记录，不能中断；对可能影响企业收益的，能用货币表现的会计事项，都应当以会计凭证为依据，进行科学分类、整理汇总，以提供完整、系统的会计资料，而不是杂乱无章的；会计对客观经济活动的计算、记录应当正确无误，既不能遗漏，也不能任意取舍，更不能出现差错。

第四，会计为提高经济效益服务。

提高经济效益是会计的主要目标，充分利用会计信息反馈、参与经营决策，也是现代会计的特点，它会给社会和企业带来经济利益。

第二节 会计对象

一、会计对象的概念

会计核算和监督都有其特定的内容，这些特定的内容就是会计对象。会计工作总是在某一企业、事业和机关等单位里进行的，企业进行生产经营活动，事业、机关等单位进行业务活动，都需要有一定数额的财产物资，包括必须拥有的房屋、建筑物、车辆、机器设备、能源、材料和各种必要的家具用品等，还有用于日常使用的库存现金及银行存款等，这些财产物资的货币表现，就是各单位的资金。各单位借助其所拥有的资金，进行生产经营或业务活动，企业通过生产经营活动取得一定的营业收入，除抵补已售产品或劳务的各种成本或费用，并扣除应交各种税费外，取得一定金额的利润，这部分利润将按规定分配使用；事业、机关等单位除一部分单位有少量的业务收入外，其余所需资金均由国家财政预算拨款。在这些生产经营活动或业务活动过程中，资金处在运动状态中，从而形成各单位的资金运动。在市场经济条件下，企业会计对象可概括为社会再生产过程中的资金运动，或者是能用货币表现的经济活动。

研究会计对象对于确定会计目标和任务，特别是对于研究和运用会计的方法具有重要意义，只有明确了会计核算和监督的内容，才能更好地发挥会计在企业经营管理中的作用。

二、会计对象的内容

资金总是随着各单位的生产经营活动和业务活动而运动变化着。由于各单位的生产经营活动和业务活动的方式及其内容不尽相同，会计对象的具体内容也就不完全一致。资金运动在任何时候都表现为显著变动和相对静止两种状态,因此,资金运动可以按照不同的行业从动态和静态两个方面进行观察和研究。企业资金运动就其动态来看,表现为资金的循环与周转,行政、事业单位的经费开支主要来源于国家预算拨款,除自收自支部分外,其资金运动方式和内容比较简单,不存在资金的循环与周转,只是预算资金的取得和使用;有一定业务收入的事业单位,自收自支部分资金运动与企业的资金运动类似。由服务性企业经营过程特征所决定,服务性企业资金运动过程可分为供应、生产和销售三个阶段,但是其服务产品的供应过程,往往也就是销售以及消费过程,因而服务性企业资金运动基本上是由货币到货币,再由货币到货币的循环往复过程,其具体内容为资金的垫支、收回及分配。商品流通企业资金运动分为商品采购和销售两个阶段,表现为由货币到商品、再由商品到货币的运动过程,即 G—W—G′,其具体内容为资金的垫支、耗费、收回及分配。工业企业资金运动分为供应、生产和销售三大阶段,表现为由货币到材料到产品生产再到货币的运动过程,即 G—W……P……,其具体内容为:在供应阶段,企业以银行存款等购进原材料,为生产储备必要的物资,由货币资金转化为储备资金;在生产阶段,企业将原材料投入生产过程并生产出产成品,在生产过程中同时会发生材料的耗费、固定资产的磨损、劳动报酬的支付等各种生产费用,使储备资金及一部分货币资金转化为生产资金,进而转化为成品资金;在销售阶段,企业将产成品销售出去取得产品销售收入的同时支付在销售过程中发生的各种费用,使成品资金转化为货币资金。企业还应以税金的形式计算缴纳各种销售税金,企业以收抵支,计算盈亏,将纯收入的一部分以所得税的形式上缴国家,并按规定进行分配,留归企业的部分重新投入生产经营过程,表现为资金的分配和再投入。在资金运动过程中,由货币资金再到货币资金称为资金循环,每一次资金循环一般都会实现一定数额的资金增值,资金多次周而复始的循环,称为资金周转。

资金运动体现着企业同各方面的经济关系。在资金运动过程中,企业必然同社会各方发生经济关系,例如,企业与所有者之间的经济关系、企业与银行之间的信贷关系及结算关系、企业与职工的工资结算关系、企业与国家的税务关系等等。正确处理这些经济关系,促进合理分配也是会计核算与监督的重要内容。

资金运动具体表现为各单位在生产经营和业务活动中实际发生的经济业务事项。经济业务事项(亦称会计事项)包括经济业务和经济事项两类。经济业务,又称交易,是指单位与其他单位、单位与个人之间发生的各种经济利益交换,如材料采购、产品销售等。经济事项,简称事项,是指在单位内部发生的具有经济影响的各类事件,如计提折旧等。1999 年再次修订的《中华人民共和国会计法》对会计核算的要求和内容有明确规定,第九条规定“各单位必须根据实际发生的经济业务事项进行会计核算”,第十条规定,下列经济业务事项应当进行会计核算:款项和有价证券的收付;财产物资的收发、增减和使用;债权债务的发生和结算;资本、基金的增减;收入、支出、费用、成本的计算;财务成果的计算和处理;需要办理会计手续、进行会计核算的其他事项。

第三节 会 计 职 能

一、会计职能

会计职能是指会计本身所具有的经济管理功能和作用。会计基本职能体现着会计的本质,会计职能是明确会计工作内容,确定会计任务的理论基础。马克思曾经指出:“会计是对生产过程的控制和观念总结”,这是马克思对会计职能的精辟论述和科学概括。这里的“观念总结”就是人们通常讲的“核算”,“过程的控制”就是人们通常讲的“监督”。核算和监督是会计的两项基本职能。

(一)核算职能

会计核算是会计的首要基本职能。所谓会计核算是以货币为主要计量单位,对各单位的生产经营活动过程进行连续、系统、准确地计算、记录和报告,以反映各单位的经济活动情况。

记账、算账、报账是会计核算的主要形式。记账是指对特定对象的经济活动采用一定的记账方法,在账簿中进行登记;算账是指在记账基础上,对企业一定时期的收入、费用(成本)、利润和一定日期的资产、负债、所有者权益进行计算(就行政、事业单位而言,则是对一定时期的收入、支出、结余和一定日期的资产、负债、净资产进行计算);报账是指在算账基础上,对企业的财务状况、经营成果和现金流量(就行政、事业单位而言,则是对其经费收入、经费支出、经费结余及其财务状况),以财务会计报告的形式向有关方面进行报告。

(二)监督职能

会计监督是会计的另一项基本职能。所谓会计监督是指会计利用一系列方法,掌握各单位经济活动,不使其任意活动超出规定的范围和标准,并不断促进提高各单位的经济效益。它是使生产经营活动纳入社会所要求和人们所希望的轨道,并在最有利、最有效的条件下完成预期目标的一种管理职能。指挥、调节、分析、评价、检查、督促等是会计监督的主要形式。会计监督又称为“会计控制”。

会计监督的主要内容有:会计机构、会计人员对违反国家规定的收支,应当制止和纠正,制止和纠正无效的,应当向单位行政领导人提出书面报告,请求处理。违反国家规定的收支,会计机构、会计人员有权向单位的监督机构或者上级主管单位报告,也可以直接向审计机关、财政机关或税务机关报告。

会计监督按照时间可分为事前监督、事中监督和事后监督,事前监督是指参与经济预测、计划或预算的编制等;事中监督又称日常监督,是审查业务收支及生产耗费,督促生产经营业务进行和计划的执行;事后监督主要是检查财产物资安全与完整,分析、考核计划的完成及经济效益情况等。

会计核算与会计监督是相辅相成、不可分割的。会计核算是会计监督的基础和前提,是

最基本的职能，没有会计核算所提供的可靠、完整的会计信息，会计监督就没有客观依据；会计监督又是会计核算的继续和深入，没有严格的监督难以保证会计核算的真实性、准确性，会计也就不能更好地发挥其在企业生产经营管理中的作用，会计核算也就失去意义。

会计随着社会经济的发展而不断发展，会计的职能也在不断地发展，会计职能的具体内容也在不断丰富和扩展，这些新扩展（或称派生）的职能，会计界一直在讨论总结，普遍认为会计还具有评价经营业绩、预测经济前景、参与经营决策等职能。

二、会计任务

会计任务是会计管理所要达到的目的和要求在会计工作中的具体体现，是会计职能的具体化，它是由经济管理的客观要求所决定的。会计的总体目标是不断提高各单位的经济效益，但是，由于不同历史时期管理要求的差异性，会计任务也时有变化。现代会计任务可以概括为以下几点。

（一）反映经济业务事项

对各单位的各项经济业务事项，运用货币计量，进行连续、系统、准确地核算，及时、客观地反映经济业务事项情况，是会计的首要任务。反映经济业务事项，就要首先按照会计法规及其管理的要求，建立健全各项会计核算的规章制度；其次要认真做好记账、算账、报账工作；最后要及时、正确、全面地为有关各方提供会计信息。

（二）监督经济活动

会计要以国家有关方针政策、法规制度及各单位内部各项规章制度、计划预算等为依据，对各单位的经济活动及财务收支等进行必要的监督检查。第一，要制订或参与制订各项计划、定额和预算，做好事前的监督检查；第二，要监督检查通过会计凭证反映出来的各项经济活动的真实性、合法性、合理性及有效性；第三，要监督检查会计核算过程中各种手续制度的完整性和科学性；第四，要通过定期检查财产物资的保管及使用情况、债权债务的清理结算情况，保护企业财产物资安全与完整；第五，还要监督检查各项财产物资的消耗、费用开支，以及各项收入取得的合法性、合理性及有效性，不断降低费用开支，增加收益，提高经济效益等。

按照我国《会计法》规定，企业应建立、健全会计监督制度，定期审查会计资料的真实性、正确性和财务收支合法性，保证会计信息质量，监督企业生产经营活动中的重大对外投资、资产处置、资金调度和其他重要经济业务事项的决策；控制企业各项收入、费用、利得、损失和利润的实现；保护企业资源的完整；制止违反会计法规、财务制度的收支行为，从而保护企业所有者和债权人的权益，维护社会主义市场经济秩序。

（三）预测经济前景

会计掌握或提供了各单位的大部分经济信息，这决定了会计在预测经济前景方面，可以发挥很大的作用，同时也说明会计预测的必要性。会计预测就是利用会计信息及其他经济信息，对各单位未来的经济发展及财务状况等所作的估计和预测，为进一步的经济决策提供条件。在日常工作中，会计要对可能引起会计方针政策及生产经营活动发生变化的各种情况，作出基本预测；对各单位的重大生产经营活动事项，要做好经济可行性预测。

（四）参与经营决策

会计除了对其本身工作组织与安排方面可以作出决策外，对于各单位的生产经营决策主要是参与，也就是说会计在经营决策中，可以提出各种备选决策方案、出主意、提建议，参与重大决策方案的讨论、论证，当好参谋。

（五）分析考核经济活动

提高经济效益是企业生产经营活动的根本宗旨，也是会计工作的主要目标。会计要对各单位的生产经营活动依据会计资料进行定期或不定期地分析考核，对所取得的成绩作出基本的评价和肯定，对生产经营活动中存在的问题进行诊察和判断。通过对会计报表资料的比较及比率分析，考核计划及经济效益的完成情况；通过责任分析考核各部门及有关人员的经济责任完成情况；通过会计报表及相关资料的趋势分析，考核经济资源潜力的发挥情况等。

第四节　会计基本假设

会计准则是会计核算的基本规则和指南，就其层次来看有基本准则和具体准则。其中企业会计基本准则包括会计基本假设、会计信息质量特征和会计要素及财务会计报告准则等内容。本节主要介绍会计基本假设。

会计基本假设，又称会计基本前提，是对会计核算时间、范围及其计量尺度等而规定的基本前提和制约条件。会计核算的对象是社会再生产过程中的资金运动，由于经济交往的复杂性、广泛性，资金运动从一般意义上讲是不受地区、国界，以及时间上的限制的，一个企业由于资不抵债而倒闭，从企业来看其资金运动中断了，但是从社会的角度来看，资金运动不但没有中断，在一定意义上讲资金运动的速度反而加快了；又比如在市场的运行中，价格会时刻发生变化，有高有低，那么会计运用货币计量时应采用何种标准，如何计价等，如果这些问题不预先限定，会计核算就无法进行。由此不难看出，会计基本假设是社会经济运行的客观环境所形成的，是进行会计核算的先决条件，说明会计核算基本前提的客观性。会计基本假设又是人们进一步对会计核算提出具体要求的基础，具有非常重要的意义和作用。关于会计基本前提的具体内容，人们的认识还不完全一致，按照我国《企业会计准则——基本准则》的规定，主要包括会计主体、持续经营、会计分期和货币计量等四项内容。

一、会计主体

会计主体，又称特定主体，是指会计核算的一个特定单位。它规定会计核算要以一个独立核算的单位为主体，应以企业发生的各项交易或事项为对象，记录和反映企业本身的各项生产经营活动。

它指明了会计人员进行会计核算所应采取的立场和会计核算的范围。例如资产、负债、所有者权益、收入及费用等都是与特定主体相联系的概念范畴，如果主体不明确，会计要素就无法界定。在我国，凡是到工商行政机关注册的企业以及经主管机关批准成立的机关、事业及社会团体等单位，能够独立处理其会计事项的，都应视为会计上的特定主体。明确会计主体首先应将特定主体的经济活动及财务收支，与该主体所有者自身或主管机关的经济活动及财务收支严格区分；其次，会计主体是一个独立核算的单位，该单位的交易、事项和财务收支与其他单位的交易、事项虽有联系，但应截然分开。总之，会计主体排斥任何其他单位和企业所有者，一切同企业生产经营业务无关的经济活动及财务收支，都不是会计主体的内容。会计主体与经济上的法人并不完全是一个概念，一般来说，法人必然是会计主体，然而会计主体并不一定是法人，如独资及合伙企业是会计主体，但不是法人。例如，在企业集团的情况下，一个母公司拥有若干子公司，母子公司虽然是不同的法律主体，但是母公司对于子公司拥有控制权，为了全面反映企业集团的财务状况、经营成果和现金流量，就有必要将企业集团作为一个会计主体，编制合并财务报表。再如，由企业管理的证券投资基金、企业年金基金等，尽管不属于法律主体，但属于会计主体，应当对每项基金进行会计确认、计量和报告。

二、持续经营

所谓持续经营，是指一个会计主体的经营活动将会无限期地延续下去，在可以遇见的未来，会计主体不会遭遇清算、解散等变故而不复存在。持续经营的前提，要求企业在进行财务会计核算时，要以企业持续正常的业务经营活动为前提，企业拥有的资产应按预定的目标耗用、出售、转让、折旧等，企业所承担的各种债务也要按原计划如期偿还。明确这个基本前提就意味着会计主体将按照既定用途使用资产，按照既定的合约条件清偿债务，会计人员就可以在此基础上选择会计处理方法。持续经营企业的会计核算应当采用非清算基础，例如资产按成本计价就是基于持续经营这一假设或前提的。然而，在市场经济条件下，优胜劣汰是一项竞争原则。每一个企业都存在经营失败的风险，都可能变得无力偿债而被迫宣告破产进行法律上的改组。一旦会计人员有证据证明企业将要破产清算，持续经营的基本前提或假设便不再成立，企业的会计核算必须采用清算基础。

三、会计分期

会计分期就是将特定主体的持续不断的生产经营活动人为地划分若干期间。会计分期假设是持续经营假设的一个必要的补充。如果假设一个会计主体应持续经营而无期限，在逻辑上就要为会计信息的提供规定期限。这是会计这一信息系统发挥作用的前提。有了持续经营和会计分期这两项假设，既把会计主体的经营活动看成是逝水不断的长河，又人为把它隔断以测定其流量，于是产生了会计一系列基本原则、特有的程序和方法，以便既立足于继续经营，而又可能分清各个会计期间的经营业绩，为一个会计主体连续提供各个会计期间的经营成果和期初、期末财务状况及其变动的信息。如果没有会计分期假设,会计上就无所谓“收入实现”“费用分配”,也就不存在本期和非本期,不存在“权责发生制”和“收付实现制”,不存在“预收”“预付”“应收”“应付”,因而也就不可能定期编制会计报表,为会计主体提供会计信息。最长的会计期间通常为一年,称为会计年度。如果假定自每年 1 月 1 日起至该年 12 月 31 日止为一个会计年度,称为历年制会计制度(又称为公历会计年度)。如果假定自每年 7 月 1 日起至下年 6 月 30 日止为一个会计年度,则称为七月制会计年度。小于一年的会计期间为会计中期,会计中期常常分为半年度、季度和月份。为便于对企业与企业以及企业不同时期的财务状况和经营情况进行比较分析,会计期间长短都是相等的。按规定,我国会计实行历年制会计年度。

四、货币计量

货币计量是指企业在会计核算中要以货币为统一的主要的计量单位,记录和反映企业生产经营过程和经营成果。会计主体的经济活动是多种多样、错综复杂的。为了实现会计目的,必须综合反映会计主体的各项经济活动,这就要求有一个统一计量尺度。在会计的确认、计量和报告过程中之所以选择货币为基础进行计量,是由货币的本身属性决定的。货币是商品的一般等价物,是衡量一般商品价值的共同尺度,具有价值尺度、流通手段、储藏手段和支付手段等特点。其他计量单位,如质量、长度、容积、台、件等,只能从一个侧面反映企业的生产经营情况。无法在总量上进行汇总和比较,不便于会计计量和经营管理,只有选择货币尺度进行计量才能充分反映企业的生产经营情况。因此,《企业会计准则——基本准则》中规定,我国的会计核算以人民币为记账本位币,即企业的生产经营活动应通过人民币进行核算反映。但同时也规定,业务收支以人民币以外的货币为主的企业,可以选定其中一种货币作为记账本位币,但是编报的财务会计报告应当折算为人民币。另外,货币计量假设隐含币值稳定假设,因为只有在币值稳定或相对稳定的情况下,不同时点上的资产的价值才有可比性,不同期间的收入和费用才能进行比较,并计算确定其经营成果,会计核算提供的会计信息才能真实反映会计主体的经济活动情况。

第五节　会计信息质量要求

会计信息质量要求是对企业财务报告中所提供会计信息质量的基本要求,是使财务报告中所提供会计信息对投资者等使用者决策有用应具备的基本特征,它主要包括可靠性、相关性、可理解性、可比性、实质重于形式、重要性、谨慎性和及时性。

一、可靠性

《企业会计准则——基本准则》第十二条规定,企业应当以实际发生的交易或者事项为依

据进行会计确认、计量和报告，如实反映符合确认和计量要求的各项会计要素及其他相关信息，保证会计信息真实可靠、内容完整。

会计信息要有用，必须以可靠为基础，如果财务报告所提供的会计信息是不可靠的，就会给投资者等使用者的决策产生误导甚至损失。为了贯彻可靠性要求，企业应当做到以下几点：

(1)以实际发生的交易或者事项为依据进行确认、计量，将符合会计要素定义及其确认条件的资产、负债、所有者权益、收入、费用和利润等如实反映在财务报表中，不得根据虚构的、没有发生的或者尚未发生的交易或者事项进行确认、计量和报告。

(2)在符合重要性和成本效益原则的前提下，保证会计信息的完整性，其中包括应当编制的报表及其附注内容等应当保持完整，不能随意遗漏或者减少应予披露的信息，与使用者决策相关的有用信息都应当充分披露。

(3)包括在财务报告中的会计信息应当是中立的、无偏的。如果企业在财务报告中为了达到事先设定的结果或效果，通过选择或列示有关会计信息以影响决策和判断的，这样的财务报告信息就不是中立的。

二、相关性

《企业会计准则——基本准则》第十三条规定，企业提供的会计信息应当与财务报告使用者的经济决策需要相关，有助于财务报告使用者对企业过去、现在或者未来的情况作出评价或者预测。

会计信息是否有用，是否具有价值，关键是看其与使用者的决策需要是否相关，是否有助于决策或者提高决策水平。相关的会计信息应当能够有助于使用者评价企业过去的决策，证实或者修正过去的有关预测，因而具有反馈价值。相关的会计信息还应当具有预测价值，有助于使用者根据财务报告所提供的会计信息预测企业未来的财务状况、经营成果和现金流量。例如区分收入和利得、费用和损失，区分流动资产和非流动资产、流动负债和非流动负债以及适度引入公允价值等，都可以提高会计信息的预测价值，进而提升会计信息的相关性。

会计信息质量的相关性要求，需要企业在确认、计量和报告会计信息的过程中，充分考虑使用者的决策模式和信息需要。但是，相关性是以可靠性为基础的，两者之间并不矛盾，不应将两者对立起来。也就是说，会计信息在可靠性前提下，尽可能做到相关性，以满足投资者等财务报告使用者的决策需要。

三、可理解性

《企业会计准则——基本准则》第十四条规定，企业提供的会计信息应当清晰明了，便于投资者等财务报告使用者理解和使用。

企业编制财务报告、提供会计信息的目的在于使用，为了使用者有效使用会计信息，应当能让其了解会计信息的内涵，弄懂会计信息的内容，这就要求财务报告所提供的会计信息应当清晰明了，易于理解。只有这样，才能提高会计信息的有用性，实现财务报告的目标，满足向投资者等财务报告使用者提供决策有用信息的要求。

会计信息毕竟是一种专业性较强的信息产品，在强调会计信息的可理解性要求的同时，还应假定使用者具有一定的有关企业经营活动和会计方面的知识，并且愿意付出努力去研究这些信息。对于某些复杂的信息，如交易本身较为复杂或者会计处理较为复杂，但其对使用者的经济决策相关的，企业就应当在财务报告中予以充分披露。

四、可比性

《企业会计准则——基本准则》第十五条规定，企业提供的会计信息应当具有可比性。同一企业不同时期发生的相同或者相似的交易或者事项，应当采用一致的会计政策，不得随意变更。确需变更的，应当在附注中说明。不同企业发生的相同或者相似的交易或者事项，应当采用规定的会计政策，确保会计信息口径一致、相互可比。可比性主要包括两层含义。

（一）同一企业不同时期可比

为了便于投资者等财务报告使用者了解企业财务状况、经营成果和现金流量等的变化趋势，比较企业在不同时期的财务报告信息，全面、客观地评价过去、预测未来，从而作出决策。会计信息质量的可比性要求同一企业不同时期发生的相同或者相似的交易或者事项，应当采用一致的会计政策，不得随意变更。但是，满足会计信息可比性要求，并非表明企业不得变更会计政策，如果按照规定或者在会计政策变更后可以提供更可靠、更相关的会计信息，可以变更会计政策。有关会计政策变更的情况，应当在附注中予以说明。

（二）不同企业相同会计期间可比

为了便于投资者等财务报告使用者评价不同企业的财务状况、经营成果和现金流量及其变动情况，会计信息质量的可比性要求不同企业同一会计期间发生的相同或者相似的交易或者事项，应当采用规定的会计政策，确保会计信息口径一致、相互可比，以使不同企业按照一致的确认、计量和报告要求提供有关会计信息。

五、实质重于形式

《企业会计准则——基本准则》第十六条规定，企业应当按照交易或者事项的经济实质进行会计确认、计量和报告，不应仅以交易或者事项的法律形式为依据。

企业发生的交易或事项在多数情况下，其经济实质和法律形式是一致的。但在有些情况下，会出现不一致。例如，以融资租赁方式租入的资产虽然从法律形式来讲企业并不拥有其所有权，但是由于租赁合同中规定的租赁期相当长，接近于该资产的使用寿命；租赁期结束时承租企业有优先购买该资产的选择权；在租赁期内承租企业有权支配资产并从中受益等，因此，从其经济实质来看，企业能够控制融资租入资产所创造的未来经济利益，在会计确认、计量和报告上就应当将以融资租赁方式租入的资产视为企业的资产，列入企业的资产负债表。

又如,企业按照销售合同销售商品但又签订了售后回购协议,虽然从法律形式上实现了收入,但如果企业没有将商品所有权上的主要风险和报酬转移给购货方,没有满足收入确认的各项条件,即使签订了商品销售合同或者已将商品交付给购货方,也不应当确认销售收入。

六、重要性

《企业会计准则——基本准则》第十七条规定,企业提供的会计信息应当反映与企业财务状况、经营成果和现金流量等有关的所有重要交易或者事项。

在实务中,如果会计信息的省略或者错报会影响投资者等财务报告使用者据此作出决策的,该信息就具有重要性。重要性应用需要依赖职业判断,企业应当根据其所处环境和实际情况,从项目的性质和金额大小两方面加以判断。

例如,我国上市公司要求对外提供季度财务报告,考虑到季度财务报告披露的时间较短,从成本效益原则的考虑,季度财务报告没有必要像年度财务报告那样披露详细的附注信息。因此,中期财务报告准则规定,公司季度财务报告附注应当以年初至本中期末为基础编制,披露自上年度资产负债表日之后发生的、有助于理解企业财务状况、经营成果和现金流量等变化情况的重要交易或者事项。这种附注披露,就体现了会计信息质量的重要性要求。

七、谨慎性

《企业会计准则——基本准则》第十八条规定,企业对交易或者事项进行会计确认、计量和报告应当保持应有的谨慎,不应高估资产或者收益、低估负债或者费用。

在市场经济环境下,企业的生产经营活动面临着许多风险和不确定性,如应收款项的可收回性、固定资产的使用寿命、无形资产的使用寿命、售出存货可能发生的退货或者返修等。会计信息质量的谨慎性要求,需要企业在面临不确定性因素的情况下作出职业判断时,应当保持应有的谨慎,充分估计到各种风险和损失,既不高估资产或者收益,也不低估负债或者费用。例如,要求企业对可能发生的资产减值损失计提资产减值准备、对售出商品可能发生的保修义务等确认预计负债等,就体现了会计信息质量的谨慎性要求。

谨慎性的应用也不允许企业设置秘密准备,如果企业故意低估资产或者收益,或者故意高估负债或者费用,将不符合会计信息的可靠性和相关性要求,损害会计信息质量,扭曲企业实际的财务状况和经营成果,从而对使用者的决策产生误导,这是会计准则所不允许的。

八、及时性

《企业会计准则——基本准则》第十九条规定,企业对于已经发生的交易或者事项,应当及时进行会计确认、计量和报告,不得提前或者延后。

会计信息的价值在于帮助所有者或者其他方面作出经济决策,具有时效性。即使是可靠、相关的会计信息,如果不及时提供,就失去了时效性,对于使用者的效用就大大降低甚至不再具有实际意义。在会计确认、计量和报告过程中贯彻及时性，一是要求及时收集会计信息，即在经济交易或者事项发生后，及时收集整理各种原始单据或者凭证；二是要求及时处理会计信息，即按照会计准则的规定，及时对经济交易或者事项进行确认或者计量，并编制出财务报告；三是要求及时传递会计信息，即按照国家规定的有关时限，及时地将编制的财务报告传递给财务报告使用者，便于其及时使用和决策。

在实务中，为了及时提供会计信息，可能需要在有关交易或者事项的信息全部获得之前即进行会计处理，这样就满足了会计信息的及时性要求，但可能会影响会计信息的可靠性；反之，如果企业等到与交易或者事项有关的全部信息获得之后再进行会计处理，这样的信息披露可能会由于时效性问题，对于投资者等财务报告使用者决策的有用性将大大降低。这就需要在及时性和可靠性之间作相应权衡，以最好地满足投资者等财务报告使用者的经济决策需要为判断标准。

第六节　会计核算方法

会计方法是履行会计职能，完成会计任务，实现会计目的的方式、方法，是会计管理的手段。随着会计的发展，会计方法也在不断地完善和发展。现代会计方法通常包括会计核算方法、会计分析方法、会计检查方法、会计预测方法和会计决策方法等多种方法，其中会计核算方法是最基本、最主要的方法。

所谓会计核算方法是指对会计对象具体内容进行连续、系统、准确地记录、计算、报告的手段，其主要内容包括以下一系列专门方法。

一、设置会计科目和账户

设置会计科目和账户就是对会计对象的具体内容进行归纳分类的一种专门方法。会计对象的具体内容十分繁多复杂，为了便于记录，就要首先根据会计对象特点和经济管理上的需求，选择一定的标准进行归纳分类为若干项目，并确定每个项目的记账方向及记账内容，为进一步进行复式记账等打下基础。

二、复式记账

复式记账是指对每一笔经济业务事项，都要以相等的金额，在相互联系的两个或两个以上账户中进行登记的一种记账方法。任何一项经济活动都会引起资金的增减变动或财务收支的变动，因为在经济活动中，每项经济业务的发生，都会引起至少两个方面资金的增减变动。采用复式记账法不仅可以了解每一笔经济业务事项的来龙去脉，而且在全部交易、事项都登记入账后，可以通过账户之间的相互关系进行检查，以确定账户记录是否正确。复式记账法是一种较为科学的记账方法。

三、填制和审核会计凭证

填制会计凭证是记录交易、事项，明确经济责任的一种专门方法，同时还是审核、检查交易、事项发生的真实性、合法性及合理性，取得登记账簿依据的一种专门方法。填制和审核会计凭证是保证会计核算质量以及实行会计监督的重要手段。

在会计核算中要以会计凭证作为记账的依据，填制和审核会计凭证可以保证会计记录完整、真实和可靠。会计凭证是交易或事项的书面证明，是登记账簿的依据，对每一项交易或事项填制会计凭证，并加以审核，可以保证会计核算的质量，并明确经济责任。

四、登记会计账簿

登记会计账簿通常简称为记账，它是将会计凭证所提供分散的会计资料进一步归纳汇总核算的一种专门方法。登记会计账簿要以会计凭证为依据，将一定时期所发生的交易、事项连续、系统、准确、分门别类地登记到账簿中，并定期进行结账和对账，以便为编制会计报表提供完整准确的会计资料。

五、成本计算

成本计算是指按照一定对象归集和分配在生产经营过程中所发生的各种费用支出，借以确定该对象的总成本及单位成本的一种专门方法。通过成本计算可以确定产品的总成本和单位成本，从而为进一步计算企业盈亏提供条件，还可以监督检查成本是否节约或超支，因而成本计算不仅是会计核算的重要方法，而且还是会计监督的重要手段。

六、财产清查

财产清查是指通过对各项财产物资的实地盘点及债权债务的相互核对，以查明各项财产物资及往来款项的账面数与实存数是否相符的一种专门方法。财产清查主要是通过查明各项财产物资的实有数额，来核对账面数额，使之达到账实相符，保证会计记录的真实性；另一方面借以检查各项财产物资的经管责任的落实及行使情况，保护财产物资安全完整。

七、编制会计报表

编制会计报表是根据会计账簿，采用一定的表格形式，将分散的会计资料，进一步归纳汇总，定期综合反映各单位的财务状况、经营成果和现金流量的一种专门方法。编制会计报表是向企业所有者、债权人等利害各方综合报告其财务状况、经营成果和现金流量的一种方法，又是强化企业内部管理，考核、分析计划或预算完成情况的重要手段。

上述各种会计核算方法是相互联系、密切配合的，形成一个统一完整的会计核算方法体系。设置会计科目和账户是复式记账的前提条件，复式记账是设置会计科目和账户的继续，复式记账还使账户的基本结构有了明确的记账方向和内容,二者共同构成了编制会计凭证、登记会计账簿、进行成本计算的基础。填制会计凭证是登记会计账簿的依据,而会计账簿又是对会计凭证的进一步整理、归纳和汇总。成本计算要以日常会计凭证和会计账簿为依据,同时成本计算又丰富和完善了会计凭证和会计账簿的记录内容。财产清查以会计凭证、会计账簿为依据,同时财产清查又进一步验证了会计凭证和会计账簿记录的正确性及真实性。会计报表要以会计账簿为依据,同时会计报表又是会计凭证、会计账簿等核算内容的进一步归纳和整理,是各种会计核算方法的直接目的之一。各种会计核算方法形成了会计核算工作循环,周而复始,相互配合,共同构成了一个完整的会计核算方法体系。

复习思考题

1. 会计的概念是什么,它具有什么特点?
2. 请简述核算职能与监督职能之间的关系。
3. 请简述会计核算的基本方法以及它们之间的关系。
4. 为什么会计对象是社会再生产过程中的资金运动?
5. 什么是会计基本假设,主要包括哪些内容?
6. 会计主体确认的基本条件是什么?
7. 请分析货币计量和其他计量尺度之间的关系。
8. 什么是会计信息质量特征,主要包括哪些内容?
9. 请简述可靠性和相关性之间的关系。
10. 你认为会计人员在实际工作中应如何合理运用谨慎性和重要性?

第二章 会计科目和账户

第一节 会 计 要 素

一、会计要素的概念

会计对象是资金运动,这是对会计核算和监督内容的高度概括和抽象,是非常笼统的,不便于也不能作为会计核算与监督的直接对象和依据,因而还必须对会计对象(即资金运动)具体内容的内涵和外延作进一步的归纳、划分和明确界定,使其成为具体的概念范畴,对会计对象具体内容按其经济特征的归纳、划分和界定,从而形成会计核算与监督的必要构成因素就是会计要素。会计要素是为实现会计目标,在会计基本前提的基础上,对会计对象进行的分类,是会计核算对象的具体化,是用于反映会计主体财务状况,确定经营成果的基本单位。会计要素又是主要会计报表的基本构件,因而还称作会计报表要素,具体包括以下几点:

1. 会计要素是对会计对象的具体化

在商品货币经济条件下,资金作为抽象人类劳动凝结的价值符号,表现为“看不见”的运动,通过会计要素以及根据会计要素所确定的会计账户等形式进行确认和计量,使资金运动变成具体的看得见的客观实在。只有将会计对象加以具体化才能进行会计核算和监督。

2. 会计要素是进行会计核算的依据和指标形式

会计核算必须以会计要素的严格定义为条件,比如在什么情况下一项经济活动才是会计的核算内容,是资产、还是费用,一项经济活动引起资金运动的量度又如何计价,如果没有确认和计量的标准,会计就无法进行核算。另外,会计要为关心企业财务状况和经营情况的各个方面提供会计信息。会计要素正是为提供会计信息确立的指标形式,如果提供企业财务状况就应包括资产、负债及所有者权益的信息等,而提供经营情况就应包括收入、费用和利润的信息等。只有对会计要素进行正确地确认与计量才能保证会计信息的质量。

3. 会计要素是组成会计报表的基本框架,是编制会计报表的理论依据

会计核算的最终“产品”是会计报表,而会计报表的基本结构和内容是由会计要素组成的。各会计要素之间的相互关系又形成了每一种会计报表内部各项目之间及各种会计报表之间的相互关系,从而揭示了各种会计信息之间的内在联系,便于分析和运用会计信息。

二、企业会计要素的划分

前已述及,资金运动具有显著运动状态和相对静止状态,由资金投入、资金循环与周转、

资金退出三部分构成。资金投入包括企业所有者投入和债权人投入两类,从而形成企业的资金总额。债权人对投入资产的求偿权称为债权人权益,表现为企业的负债;企业所有者对净资产(资产与负债的差额)的所有权称为所有者权益。从一定日期这一相对静止状态来看,资产总额与负债及所有者权益的合计必然相等,由此分离出资产、负债及所有者权益三项资金运动静止状态的会计要素。另一方面,企业的各项资产经过一定时期的营运,将发生一定的耗费,生产出特定种类和数量的产品,产品销售后获得货币收入,收支相抵后确认出当期损溢,由此分离出收入、费用及利润三项资金运动显著变动状态的会计要素。

企业会计要素分为六大类,即资产、负债、所有者权益、收入、费用和利润。其中,资产、负债和所有者权益三项会计要素反映企业的财务状况,构成资产负债表的基本框架,被称为资产负债表要素;收入、费用和利润三项会计要素反映企业的经营成果,构成利润表的基本框架,被称为利润表要素。

事业单位会计要素分为五大类,即资产、负债、净资产、收入和支出。其中,前三项反映了单位资金收支活动的静态表现;后两项反映了单位资金收支活动的动态表现。

(一)资产

资产是指企业过去的交易或事项形成的、由企业拥有或者控制的、预期会给企业带来经济利益的资源。根据上述定义说明,作为一项资产,必须具备下列基本特征:

1. 资产是由企业过去的交易或事项所形成。这就是说,作为企业资产,必须是现实的而不是预期的资产,它是企业过去已经发生的交易或事项所产生的结果,包括购买、生产、建造行为或其他交易或者事项。预期在未来发生的交易或者事项不形成资产。例如,企业有购买某存货的意愿或者计划,但是购买行为尚未发生,就不符合资产的定义,不能因此而确认存货资产。

2. 资产是企业拥有或者控制的资源,是指企业享有某项资源的所有权,该资源可以由企业自行使用或处置,如货币、建筑物、机器设备、材料等,或者企业虽然不享有某项资源的所有权,但该资源能被企业所控制(如融资租入固定资产)。

【例2-1】 某企业以融资租赁方式租入一项固定资产,尽管企业并不拥有其所有权,但是如果租赁合同规定的租赁期相当长,接近于该资产的使用寿命,企业控制了该资产的使用及其所能带来的经济利益的,应当将其作为企业资产予以确认、计量和报告。

3. 预期给企业带来经济利益,是指直接或者间接导致现金和现金等价物流入企业的潜力。这是资产最重要的特征。如果预期不能带来经济利益,就不能确认为企业的资产。其中,经济利益是指直接或间接流入企业的现金或现金等价物。资产导致经济利益流入企业的方式很多,如以资产偿还债务,销售商品收回货款等。但是前期已经确认为资产的项目,如果不能再为企业带来经济利益的,也不能再确认为企业的资产。

【例2-2】 某企业在2012年年末盘点存货时,发现存货有部分毁损,金额为30万元,企业以该存货管理责任不清为由,将毁损的存货继续挂账,并在资产负债表中将其作为流动资产予以反映。但由于该存货已经毁损，预期不能为企业带来经济利益，不符合资产的定义，因此，不应再在资产负债表中将其确认为一项资产。

【例2-3】 甲公司和某施工单位签订了一项办公楼建造合同，建造合同尚未履行，即建造行为尚未发生，因此不符合资产的定义，甲公司不能因此而确认在建工程或者固定资产。

资产按流动性分类，可分为流动资产和非流动资产。

流动资产是指预计在一个正常营业周期中变现、出售或耗用，或者主要为交易目的而持有，或者预计在资产负债表日起一年内（含一年）变现的资产以及自资产负债表日起一年内交换其他资产或清偿负债的能力不受限制的现金或现金等价物。流动资产主要包括货币资金、交易性金融资产、应收票据、应收账款、预付款项、应收利息、应收股利、其他应收款和存货等。

非流动资产是指流动资产以外的资产，主要包括长期股权投资、固定资产、在建工程、工程物资、无形资产、开发支出、商誉、长期待摊费用、递延所得税资产以及其他非流动资产等。

资产按有无实物形态分类，可分为有形资产和无形资产。

有形资产是指具有实物形态的资产，包括存货、固定资产等。

无形资产是指没有实物形态的资产，包括货币资金、应收款项、专利权、商标权等。一般意义上的无形资产是指狭义的无形资产，包括商标权、专利权、非专利技术、土地使用权等。

凡符合上述资产定义的资源，还需同时满足下列两个条件才能确认为资产。

一是与该资源有关的经济利益很可能流入企业。从资产的定义可以看到，能否带来经济利益是资产的一个本质特征，但在现实生活中，由于经济环境瞬息万变，与资源有关的经济利益能否流入企业或者能够流入多少实际上带有不确定性。因此，资产的确认还应与经济利益流入的不确定性程度的判断结合起来，如果根据编制财务报表时所取得的证据，与资源有关的经济利益很可能流入企业，那么就应当将其作为资产予以确认；反之不能确认为资产。例如，某企业赊销一批商品给某一客户，从而形成了对该客户的应收账款，由于企业最终收到款项与销售实现之间有时间差，而且收款又在未来期间，因此带有一定的不确定性，如果企业在销售时判断未来很可能收到款项或者能够确定收到款项，企业就应当将该应收账款确认为一项资产；如果企业判断在通常情况下很可能部分或者全部无法收回，表明该部分或者全部应收账款已经不符合资产的确认条件，应当计提坏账准备，减少资产的价值。

二是该资源的成本或者价值能够可靠地计量。财务会计系统是一个确认、计量和报告的系统，其中计量起着枢纽作用，可计量性是所有会计要素确认的重要前提，资产的确认也是如此。只有当有关资源的成本或者价值能够可靠地计量时，资产才能予以确认。在实务中，企业取得的许多资产都是发生了实际成本的，例如，企业购买或者生产的存货，企业购置的厂房或者设备等，对于这些资产，只要实际发生的购买成本或者生产成本能够可靠计量，就视为符合了资产确认的可计量条件。在某些情况下，企业取得的资产没有发生实际成本或者发生的实际成本很小，例如，企业持有的某些衍生金融工具形成的资产，对于这些资产，尽管它们没有实际成本或者发生的实际成本很小，但是如果其公允价值能够可靠计量的话，也被认为符合了资产可计量性的确认条件。

符合资产定义和资产确认条件的项目,应当列入资产负债表;符合资产定义、但不符合资产确认条件的项目,不应当列入资产负债表。

(二)负债

负债是指企业过去的交易或者事项形成的、预期会导致经济利益流出企业的现时义务。根据上述定义说明,作为一项负债,必须具备下列基本特征:

1. 负债是由于过去的交易或者事项而形成的现时义务

负债都是过去的交易或事项形成的,未来发生的交易或事项不应确认为负债。

【例2-4】 某企业向银行借款200万元,即属于过去的交易或者事项所形成的负债。企业同时还与银行达成了两个月后借入500万元的借款意向书,该交易就不属于过去的交易或者事项,不应形成企业的负债。

现时义务是指企业在现行条件下已承担的义务。未来发生的交易或者事项形成的义务,不属于现时义务,不应当确认为负债。

这里所指的义务可以是法定义务,也可以是推定义务。其中,法定义务是指具有约束力的合同或者法律法规规定的义务,通常在法律意义上需要强制执行。例如,企业购买原材料形成应付账款,企业向银行贷入款项形成借款,企业按照税法规定应当交纳的税款等,均属于企业承担的法定义务,需要依法予以偿还。推定义务是指根据企业多年来的习惯做法、公开的承诺或者公开宣布的政策而导致企业将承担的责任,这些责任也使有关各方形成了企业将履行义务解脱责任的合理预期。例如,某企业多年来制定有一项销售政策,对于售出商品提供一定期限内的售后保修服务,预期将为售出商品提供的保修服务就属于推定义务,应当将其确认为一项负债。

2. 负债的清偿预期会导致经济利益流出企业

在履行现时义务清偿负债时,导致经济利益流出企业的形式多种多样,例如用现金偿还或以实物资产形式偿还;以提供劳务形式偿还;部分转移资产、部分提供劳务形式偿还;将负债转为资本等。

负债按流动性分类,可分为流动负债和非流动负债。

流动负债是指预计在一个正常营业周期中清偿、或者主要为交易目的而持有、或者自资产负债表日起一年内(含一年)到期应予以清偿、或者企业无权自主地将清偿推迟至资产负债表日后一年以上的负债。流动负债主要包括短期借款、应付票据、应付账款、预收账款、应付职工薪酬、应交税费、应付利息、应付股利和其他应付款等。

非流动负债是指流动负债以外的负债,主要包括长期借款、应付债券等。

凡符合上述负债定义的义务,同时还需满足下列两个条件才能确认为负债:

一是与该义务有关的经济利益很可能流出企业。从负债的定义可以看到,预期会导致经济利益流出企业是负债的一个本质特征。在实务中,履行义务所需流出的经济利益带有不确

定性,尤其是与推定义务相关的经济利益通常需要依赖于大量的估计。因此,负债的确认应当与经济利益流出的不确定性程度的判断结合起来,如果有确凿证据表明,与现时义务有关的经济利益很可能流出企业,就应当将其作为负债予以确认;反之,如果企业承担了现时义务,但是会导致企业经济利益流出的可能性很小,就不符合负债的确认条件,不应将其作为负债予以确认。

二是未来流出的经济利益的金额能够可靠地计量。负债的确认在考虑经济利益流出企业的同时,对于未来流出的经济利益的金额应当能够可靠计量。对于与法定义务有关的经济利益流出金额,通常可以根据合同或者法律规定的金额予以确定,考虑到经济利益流出的金额通常在未来期间,有时未来期间较长,有关金额的计量需要考虑货币时间价值等因素的影响。对于与推定义务有关的经济利益流出金额,企业应当根据履行相关义务所需支出的最佳估计数进行估计,并综合考虑有关货币时间价值、风险等因素的影响。

符合负债定义和负债确认条件的项目,应当列入资产负债表;符合负债定义、但不符合负债确认条件的项目,不应当列入资产负债表。

(三)所有者权益

所有者权益是指企业资产扣除负债后由所有者享有的剩余权益。公司的所有者权益又称为股东权益。所有者权益金额取决于资产和负债的计量。所有者权益的来源包括所有者投入的资本、直接计入所有者权益的利得和损失、留存收益等。

1. 所有者投入资本是指所有者投入企业的资本部分,包括实收资本(或股本)和资本(或股本)溢价。

2. 直接计入所有者权益的利得和损失,是指不应计入当期损溢、会导致所有者权益发生增减变动的、与所有者投入资本或者向所有者分配利润无关的利得或者损失。利得是指由企业非日常活动所形成的、会导致所有者权益增加的、与所有者投入资本无关的经济利益的流入。损失是指由企业非日常活动所发生的、会导致所有者权益减少的、与向所有者分配利润无关的经济利益的流出。

3. 留存收益是企业历年实现的净利润留存于企业的部分,主要包括盈余公积和未分配利润。盈余公积是指企业按照规定从净利润中提取的各种积累资金。盈余公积分为两种:一是法定盈余公积,公司制企业的法定盈余公积按照税后利润的10%提取(非公司制企业也可按照超过10%的比例提取),法定盈余公积累计额已达注册资本的50%时可以不再提取;二是任意盈余公积,任意盈余公积主要是公司制企业按照股东大会的决议提取。法定盈余公积和任意盈余公积的区别就在于其各自计提的依据不同。前者以国家的法律或行政规章为依据提取;后者则由企业自行决定提取。盈余公积可用于弥补亏损、转增资本和向股东分配股利等。未分配利润是企业未作分配的利润。它在以后年度可继续进行分配,在未进行分配之前,属于所有者权益的组成部分。从数量上来看,未分配利润是期初未分配利润加上本期实现的净利润,减去提取的各种盈余公积和分出的利润后的余额。

所有者权益体现着企业对所有者的经济责任，企业必须严格按照所有者的要求进行核算和管理，保证其安全、完整和增值，除所有者抽回资本或国家另有规定外，一律不得任意改变其账面价值。企业在会计核算中，应严格区分所有者权益与债权人权益及经营损溢的界限。所有者权益项目应当列入资产负债表。在资产负债表上，所有者权益应当按照实收资本(或股本)、资本公积、盈余公积、未分配利润等项目分项列示。

企业资产形成的资金来源，包括债权人借入和所有者直接投入两个方面。向债权人借入的资金，形成企业的负债；所有者投入的资金，形成所有者权益。所有者权益与负债有着本质的不同，主要表现在以下五个方面：

1. 性质不同。负债是债权人对企业资产的求偿权，是债权人的权益，债权人与企业只有债权债务关系，到期可以收回本息；而所有者权益则是企业所有者对企业净资产的求偿权，包括所有者对企业投入的资本以及其对投入资本的运作所产生的盈余的要求权，没有明确的偿还期限。

2. 偿还责任不同。企业的负债要求企业按规定的时间和利率支付利息，到期偿还本金；而所有者权益则与企业共存亡，在企业经营期内无需偿还，国有企业按照国家规定分配收益，股份制企业按照股东大会的决定支付股利，其他企业按照企业最高层管理机构的决定分配利润。

3. 享受的权利不同。债权人通常只享有收回本金和按事先约定的利息率收回利息的权利，既没有参与企业经营管理的权利，也没有参与企业收益分配的权利；而企业的所有者通常既具有参与企业经营管理的权利，也具有参与企业收益分配的权利。企业的所有者不仅享有法定的自己管理企业的权利，而且还享有委托他人管理企业的权利。

4. 计量特性不同。负债通常可以单独直接计量，而所有者权益除了投资者投资时以外，一般不能直接计量，而是通过资产和负债的计量来间接计量。

5. 风险和收益的大小不同。负债由于具有明确的偿还期限和约定的收益率，而且一旦到期就可以收回本金与相应的利息，因而风险较小，相应地债权人所获得的收益也较小；而所有者的投入资本，一旦投入被投资企业，一般情况下，不论企业未来经营状况如何，都不能抽回投资，因而承担的风险较大，相应地收益也较高，当然，也有可能要承担更大的损失。

(四)收入

收入是指企业在日常活动中形成的，会导致所有者权益增加的，与所有者投入资本无关的经济利益的总流入。包括销售商品收入、提供劳务收入和让渡资产使用权收入，不包括为第三方或客户代收的款项。

收入只有在经济利益很可能流入从而导致企业资产增加或者负债减少、且经济利益的流入额能够可靠计量时才能予以确认。

收入通常表现为新资产的流入或债务的消失，但是企业新资产的流入有时是多方面的，如股份公司收受股东追加投入资本，也可能引起资产的增加，然而这项经济业务的发生并非营业收入的取得,而是资本的增加,企业向其他单位销售商品或提供劳务等日常活动而产生的资产流入才是收入,不能将所有的资产流入都当作会计上的收入。这里所说的日常活动,指的是企业正常性的、经常性的活动,比如商业企业从事商品购销活动,金融企业从事存贷款、证券投资活动,工业企业制造和销售产品,都属于日常活动。企业所进行的有些活动并不是经常发生的,比如工业企业出售作为原材料的存货,这种情况下,虽然不是经常发生的,但与日常活动直接相关,因此也作为收入核算。

收入是企业收益的主要来源,扣除与此相配比的费用后的净额会导致所有者权益的增加。收入是企业经营成果的重要组成部分,是反映企业经济效益好坏的一项基本指标。在利润表上,收入应当按照其重要性分项列示。

按企业所从事的日常活动的性质,收入有三种来源:一是对外销售商品,取得现金或者形成应收账款;二是提供劳务;三是让渡资产的使用权,主要表现为对外贷款、对外投资或对外出租等等。

按日常活动在企业所处的地位(即重要性),收入还可以分为主营业务收入和其他业务收入。其中,主营业务收入是企业为完成其经营目标而从事的日常活动中主要项目实现的收入,主营业务可根据企业营业执照上规定的主要业务范围确定,例如工业企业、商品流通企业的主营业务是销售商品,银行的主营业务是存贷款和办理结算等等。其他业务收入是主营业务以外的其他日常活动所实现的收入,如工业企业销售材料、提供非工业性劳务等实现的收入。

符合收入定义和收入确认条件的项目,应当列入利润表。

(五)费用

费用是指企业在日常活动中发生的、会导致所有者权益减少的、与向所有者分配利润无关的经济利益的总流出。

费用只有在经济利益很可能流出从而导致企业资产减少或者负债增加、且经济利益的流出额能够可靠计量时才能予以确认。

【例 2-5】 某企业用银行存款 2 万元购买生产用原材料,该购买行为尽管使企业经济利益流出了 2 万元,但并不会导致企业所有者权益的减少,它使企业增加了另外一项资产(存货),在这种情况下,就不应当将该经济利益的流出确认为费用。

【例 2-6】 某企业用银行存款偿还了一笔应付账款 10 万元,该偿付行为尽管导致企业经济利益流出 10 万元,但是该流出没有导致企业所有者权益的减少,而是使企业负债(应付账款)减少了,因此不应当将该经济利益的流出作为费用予以确认。

把费用按一定的对象予以归集和分配,即对象化了的费用通常称为成本,包括直接为生产产品而发生的直接人工、直接材料和其他直接费用(如直接动力)等,以及按一定标准分配计入生产成本的为生产产品而发生的各项间接费用即制造费用。直接人工、直接材料及其他直接费用(如直接动力)和制造费用是生产产品的生产成本。

费用按照其与收入的关系,可以分为营业成本和期间费用两部分。其中,营业成本是指所销售商品的成本或所提供劳务的成本。企业行政管理部门为组织和管理生产经营活动而发生的管理费用,为筹集生产经营所需资金而发生的财务费用,为销售商品、提供劳务而发生的销售费用等,由于这些费用很难予以对象化,应当作为期间费用。期间费用与营业成本直接计入当期损溢。

在一般情况下,费用的发生与收入的取得之间存在着一种因果关系,费用的发生总是为了取得一定的收入,但是,在企业经营活动中也时常出现费用的发生并不一定会取得相应的收入,这就要求本着配比和权责发生制的原则去判断并作出会计处理。在掌握费用这一概念时还应注意:为取得资产而发生的耗费应归属于所取得的资产,形成资产成本,如果此项资产不在当期以产品或商品的形式销售,那么该项成本就不能作为费用处理;反之,如果利用某项资产来获取的营业收入一旦到手,相应的资产部分也即从资产形态转化为费用形态。为取得资本金而发生的支出(如股利)是所有者权益的返还或减少,而不应作为费用处理,但是费用在营业收入一定的情况下,确与所有者权益是一种此消彼长的关系,从这一意义上讲,费用的发生实质上会导致所有者权益的减少。

企业为生产产品、提供劳务等发生的可归属于产品成本、劳务成本等的费用,应当在确认产品销售收入、劳务收入等时,将已销售产品、已提供劳务的成本等计入当期损溢。例如,产品销售成本就属于这种情况。

企业发生的支出不产生经济利益的,或者即使能够产生经济利益但不符合或者不再符合资产确认条件的,应当在发生时确认为费用,计入当期损溢。例如,无形资产的摊销和保险费用的分摊、支付广告费等。

企业发生的交易或者事项导致其承担了一项负债而又不确认为一项资产的,应当在发生时确认为费用,计入当期损溢。如企业对外担保发生诉讼且法院已判决,从而确认一项预计负债。

符合费用定义和费用确认条件的项目,应当列入利润表。

(六)利润

利润是指企业在一定会计期间的经营成果,反映的是企业的经营业绩情况,是业绩考核的重要指标,也是投资者、债权人做出决策的重要参考指标。利润包括收入减去费用后的净额、直接计入当期利润的利得和损失等。

收入减去费用后的净额反映的是企业日常活动的业绩,直接计入当期利润的利得和损失反映的是企业非日常活动的业绩。

直接计入当期利润的利得和损失,是指应当计入当期损溢、会导致所有者权益发生增减变动的、与所有者投入资本或者向所有者分配利润无关的利得或者损失。

利润金额取决于收入和费用、直接计入当期利润的利得和损失金额的计量。利润有营业利润、利润总额和净利润。营业利润是营业收入减去营业成本、营业税金及附加、管理费用、销售费用、财务费用、资产减值损失加公允价值变动损溢、投资收益后的余额。利润总额是指营业利润加上营业外收入减去营业外支出后的金额。净利润是指利润总额减去所得税费用后的金额。企业在一定时期实现的净利润,应按规定的程序和办法及时地、正确地进行分配,如提取盈余公积、分配投资者利润等,净利润扣除已分配利润后的数额为未分配利润。

利润项目应当列入利润表。

第二节　会 计 等 式

会计等式,也称会计平衡公式或会计方程式,它是对各会计要素的内在经济关系利用数学公式所作的概括表达,即反映各会计要素数量关系的等式。它揭示了各个会计要素之间的相互关系。会计等式所揭示的基本原理,是人们设置会计科目和账户、进行复式记账、编制会计报表以及会计分析与考核的理论基础和依据,是会计基本理论的重要内容。学习掌握会计等式具有重要的意义和作用。

一、资产、负债及所有者权益等式

企业要开始生产经营活动,必须从投资者和债权人那取得一定的经营资金或一定的实物,首先得占用一定的资财才能开始生产经营活动,这些资财就形成企业的资产,在会计核算上以货币形式表现并确认为资产。另外,这些资产要么来源于债权人,形成企业的负债,要么来源于投资者的资本投资,对于企业来说形成所有者权益。资产和负债与所有者权益,实际上是同一价值运动的两个方面的表现,从数量上来说,其来源必然等于占用。在所有者权益数额一定的情况下,从债权人手中取得多少数额的资金,必然是资产按同一数额增加。在负债数额一定的情况下,投资者向企业投入多少数额的资金,也必然使资产按同一数额增加。所以,资产的价值量必然等于负债与所有者权益之和。

企业的生产经营活动就是不断地取得、使用、生产和销售不同资财的过程。从静态来看,企业开始生产经营活动后,在某一时点上总是表现为占用一定的资财,即占用一定的资产。这些资财同样也只能是来源于债权人的债务、来源于投资者的投资或归所有者所有。企业的资产价值总量也仍然等于企业的负债和所有者对企业投资额及其增值额的和。企业经济活动的发生,只是表现在数量上影响企业资产总额与负债或所有者权益总额的同时增减变化,并不能也不会破坏这一基本的恒等关系。这一基本平衡关系用公式表示出来,就是会计等式,即

资产 = 权益

资产 = 负债 + 所有者权益

这一会计等式,表明某一会计主体在某一特定时点所拥有的各种资产,债权人和投资者对企业资产要求权的基本状况,表明资产和负债与所有者权益之同的基本关系。另外,该等

式还是复式记账和编制会计报表的基础。正是在这一会计等式的基础上，才能运用复式记账法，记录某一会计主体资金运动的来龙去脉，反映会计主体的资产、负债和所有者权益情况，才能通过编制资产负债表提供企业财务状况的信息。

然而上述等式仍存在不足。一方面，企业一旦进入正常的经营活动循环，其资产就会不断地变换形态。这时，再试图区分哪部分资产是业主投入形成的，哪部分资产是通过借款等渠道形成的，相当困难。对规模较大的企业来说，几乎是不可能的。另一方面，从性质上看，债权人和业主对企业的要求权（权益）也是不同的。债权人希望借款人到期能顺利偿还本金，并能支付预定的利息；业主则希望通过有效的经营等活动，尽可能多地赚取利润。另一方面，企业赚得再多，债权人也只能得到约定的本息，多余的就归所有者了，这样，上述资产负债表等式也可以表述为

资产 - 负债 = 所有者权益

这一等式一方面表明，负债的求偿能力高于所有者权益，另一方面，表明所有者权益是企业全部资产抵减全部负债后的剩余部分，因此，所有者权益也被称为“剩余权益”。这一术语，形象、贴切地说明了企业所有者对企业所享有的权益和风险。当企业经营成功、不断实现利润时，剩余权益就越来越大；反之，如果企业经营失败，不断出现亏损，剩余权益就会越来越小；当企业资不抵债时，剩余权益就为零或负数。

二、收入、费用和利润等式

企业的目标就是从生产经营活动中获取收入，实现盈利。企业在取得收入的同时，也必然要发生相应的费用，企业通过收入与费用比较，才能计算确定一定期间的盈利水平，确定当期实现的利润总额。利润与收入、费用关系用公式来表示，即

收入 - 费用 = 利润

这一等式表明经营成果与相应期间的收入、费用的关系。

上述等式反映了收入、费用和利润三个会计要素之间的联系和数量关系。这种数量关系表明了企业在一定会计期间的经营成果，因此这一等式又被称为动态会计等式，它是企业、单位计算确定经营成果，设计和编制利润表（或收入支出总表）的理论依据。

三、资产、负债、所有者权益与收入、费用、利润的关系

企业进行生产经营活动，一方面必须取得收入，另一方面也将伴随着收入的取得而发生相应的费用。在某一具体时点上，通过收入和费用的比较，形成企业一定期间的利润。作为企业经营成果，利润的取得表明企业现金流入大于现金流出，表明企业资产总额和净资产的增加。由于企业是由企业的所有者（投资者）投资而组成的，企业实现的利润也只能是属于所有者，利润的实现总是表明所有者在企业中的所有者权益数额增加；反之企业经营亏损，只能由所有者承担，则表明所有者在企业中的所有者权益数额减少。将上述等式代入“资产 = 负

债＋所有者权益”，则可以得出如下等式

$$\begin{aligned}资产 &= 负债 + 所有者权益 + 利润 \\ &= 负债 + 所有者权益 + (收入 - 费用) \\ &= 负债 + 所有者权益 + 收入 - 费用\end{aligned}$$

这一等式表明会计主体的财务状况与经营成果之间的相互联系。财务状况表现企业一定日期资产的来源与占用情况，反映一定日期资产的存量情况。经营成果则表现企业一定期间净资产增加（或减少）情况，反映一定期间资产的增量（或减量）。企业的经营成果最终要影响到企业的财务状况，企业实现利润，将使企业资产增加，或负债减少；企业亏损，将使企业资产减少，或负债增加。

四、会计恒等式变化的规律及类型

企业的经济业务尽管种类繁多、千变万化、内容不一，但从它们的发生引起资产与负债、所有者权益的变化，可归纳为八种类型。而无论是哪一种类型业务的发生，都不影响资产与负债、所有者权益之间的平衡关系。八种类型的经济业务如下。

1. 资产与负债同时增加

【例 2－7】 某公司向供货单位购入原材料 20 000 元，货款未付。

这项经济业务的发生，引起资产中的“原材料”增加 20 000 元，同时引起负债中的“应付账款”增加 20 000 元，这是资产类项目和负债类项目同时等额增加的业务，并没有引起所有者权益的变动，因而资产与负债、所有者权益的平衡关系依然不变。

2. 资产与负债同时减少

【例 2－8】 以银行存款归还短期借款 100 000 元。

这项经济业务的发生，引起资产中的“银行存款”减少 100 000 元，同时引起负债中的“短期借款”减少 100 000 元，这是资产类项目和负债类项目同时等额减少的业务，这项业务并没有引起所有者权益的变动，因而资产与负债、所有者权益的平衡关系依然不变。

3. 资产与所有者权益同时增加

【例 2－9】 某投资者以固定资产作为资本投入，经投资双方商议，确认其公允价值为 150 000 元。

这项经济业务的发生，引起资产中的“固定资产”增加 150 000 元，同时引起所有者权益中的“实收资本”增加 150 000 元，这是资产类项目和所有者权益类项目同时等额增加的业务，并没有引起负债的变动，因而资产与负债、所有者权益的平衡关系依然不变。

4. 资产与所有者权益同时减少

【例 2－10】 经董事会批准，以银行存款退还某投资者股金 50 000 元。

这项经济业务的发生，引起资产中的“银行存款”减少 50 000 元，同时引起所有者权益中的“实收资本”也减少 50 000 元，这是资产类项目与所有者权益类项目同时等额减少的业务，并没有引起负债的变动，因而资产与负债、所有者权益的平衡关系依然不变。

5. 资产内部相互转化，一增一减

【例 2－11】 用银行存款 30 000 元购置生产用不需要安装的机器一台，已投入使用。

这项经济业务的发生，引起资产中的“固定资产”增加 30 000 元，同时引起资产中的“银行存款”减少 30 000 元，这是资产类内部有关项目的增减变动，并没有引起负债和所有者权益的变动，因而资产与负债、所有者权益的平衡关系依然不变。

6. 负债内部相互转化，一增一减

【例 2－12】 向银行借入短期借款 50 000 元，用于偿付应付乙单位的货款 50 000 元。

这项经济业务的发生，引起负债中的“短期借款”增加 50 000 元，同时引起负债中的“应付账款”减少 50 000 元，这是负债类内部有关项目的增减变动，并没有引起资产和所有者权益的变动，因而资产与负债、所有者权益的平衡关系依然不变。

7. 所有者权益内部相互转化，一增一减

【例 2－13】 用盈余公积 100 000 元转作资本。

这笔经济业务的发生，引起所有者权益中的“实收资本”增加 100 000 元，同时引起所有者权益中的“盈余公积”减少 100 000 元，这是所有者权益类内部有关项目增减变动，并没有引起资产和所有者权益的变动，因而资产与负债、所有者权益的平衡关系依然不变。

8. 负债与所有者权益相互转化，一增一减

【例 2－14】 向银行借入为期三年的长期借款 50 000 元，因到期无力偿还，经双方协商，将此笔借款转作银行在本企业的投资。

这笔经济业务的发生，引起所有者权益中的“实收资本”增加 50 000 元，同时引起负债中的“长期借款”减少 50 000 元。这是所有者权益类项目和负债类项目之间变动的业务，并没有引起资产项目的变动，因而资产与负债、所有者权益的平衡关系依然不变。

【例 2－15】 经股东大会批准，决定向股东支付现金股利 40 000 元。

这笔经济业务的发生，引起负债中的“应付股利”增加 40 000 元，同时引起所有者权益中的“利润分配”减少 40 000 元，这是负债和所有者权益类项目之间的变动，并没有引起资产项目的变动，因而资产与负债、所有者权益的平衡关系依然不变。

上述例题说明，不论会计要素的项目如何增减变化，其会计等式双方的数额始终是相等的。

在以上八类经济业务中，引起资产总额和负债、所有者权益总额变动的是前四种类型的经济业务，而后四种类型的经济业务则不影响资产总额和负债、所有者权益总额变动。

综上所述，可以得到以下结论：

1. 任何一项经济业务的发生，都必然会引起两个（或两个以上）资产项目、所有者权益项目或负债项目发生增减变动；

2. 每一项经济业务所引起的资产增减变动的金额与负债、所有者权益项目增减变动的金

额必然相等；

3. 无论发生任何类型的经济业务，资产总额与负债、所有者权益总额必然保持平衡关系。

资产与权益的恒等关系，是设置账户、复式记账法的理论基础，也是编制资产负债表的依据。

第三节　会计科目

一、设置会计科目的意义

会计以经济活动为核算对象，经济活动的内容在会计上分解为会计要素。会计要素是对会计对象具体内容的内涵和外延进行了归纳、划分和明确界定，从而形成会计核算的必要构成因素，但是会计要素仍然无法用来直接记账，因为各种会计要素内仍然存在着非常复杂的性质上的差异，以资产为例，资产通常包括库存现金、银行存款、应收账款、原材料和固定资产等很多内容。如果会计对这些资产项目不加以细分，并提供各项目具体金额，就无法使投资者、债权人等有关各方了解企业偿还债务的能力，因而，有必要按照各项会计对象分别设置会计科目。设置会计科目就是对会计对象的具体内容加以科学归类，进行分类反映和监督的一种方法。

设置会计科目是会计核算基本方法之一，具有重要的意义。设置会计科目能使编制、整理会计凭证和设置账簿记录有所依据，编制会计报表有了基础，并能提供全面、统一的会计信息，便于管理者、投资者、债权人以及各有关方面掌握和分析企业的财务状况和经营成果。

设立会计科目的目的在于规定每个科目的核算范围和内容。通过对会计科目的检查可以了解企业运用会计科目的正确性，并能检查企业进行会计处理的正确性，而且由于会计科目之间存在依存关系，通过对有关会计科目的相互对照，可以了解经济业务内容，从而实现对经济活动进行控制的职能。

确立会计科目，可正确、及时、全面、系统地反映会计要素的变动。会计科目是对会计要素的进一步划分，每个会计科目都体现着特定的经济内容，借助会计科目，可正确区分业务所引起的会计要素中具体项目的变化。在对会计科目所提供的会计信息资料加以归集、综合的基础上，可系统反映出资产、负债、所有者权益、收入、费用和利润各个会计要素在一定时期的增减变动及其结果，从而实现会计的职能。

二、设置会计科目的原则

会计科目，必须根据会计准则，并应按照会计制度的规定设置和使用。企业在不影响会计核算的要求和会计报表指标的汇总，以及对外提供统一的会计报表的前提下，可以根据实际情况自行增设、减少或合并某些会计科目。设置会计科目应遵循下列基本原则。

1. 科目的设置要保持会计指标体系的完整和统一，既能全面而概括地反映企业资金运动情况，以满足国家经济宏观管理和有关各方了解企业财务状况和经营成果的需要，又要适合企业经营活动的特点，满足企业内部经营管理的需要。

在我国，国家在充分扩大企业自主权，实行开放、搞活方针的同时，也要对国民经济进行宏观调节与控制。会计核算资料是国家进行综合平衡的依据之一，所以，在设置会计科目时，除了要满足本企业、本单位经济管理的要求以外，还要考虑国民经济宏观调控对会计信息的需要。一般来说，国民经济宏观调控所需要的会计信息，大部分也就是企业本身所需要的，两者是基本一致的。但是，在某些方面，国民经济宏观管理所需的会计信息，也可能并不是企业微观管理所急需的，有时甚至是企业并不需要的。对于这种情况，应当具体分析，并根据有关的法规、制度，将必须由企业、事业单位提供的信息，在设置会计科目时加以考虑，以满足国家经济宏观管理的需要。

由于企业、事业单位经济活动的性质、特点不同，因此经济管理的要求和方法也不尽相同。但是从总体来说，经济管理总不外乎是进行经济决策，制订经济预算，进行日常控制，预测经济前景，分析考核经济活动的成果。因此，在设置会计科目时就可以根据这几方面的要求，结合本企业、本单位的具体情况，充分考虑经济管理所需要的会计信息，使会计科目的设置能够充分而及时地提供这些信息。

会计科目的设置必须满足外部有关部门的需要。会计科目的设置，除了要考虑到本企业、本单位经济管理的需要以及国家宏观调控的需要以外，还应满足使用会计资料的外部有关部门的需要。例如，税务部门需要利用会计资料对企业进行纳税监督；工商行政管理部门需要利用会计资料监督企业执行工商法规；股票上市的公司，还需要接受证券交易管理机构的会计监督等。因此，企业会计科目的设置也要充分考虑这些部门的需要。

2. 会计科目的设置必须与企业、单位的业务规模相适应。会计科目的设置，除了要符合以上原则以外，还必须与本企业、本单位的业务繁简、规模范围相适应。一般来说，业务繁复、规模较大的企业、单位，会计科目应当分得细一些，会计科目的数量可以多一些。业务简单、规模较小的企业、单位，会计科目可以分得粗一些，会计科目的数量也应当少一些，以免不必要地增加会计核算的工作量。

3. 科目的设置要讲究实用，以便清晰地提供经济管理上所需要的资料。

4. 科目名称要力求简明扼要，内容确切。每一科目，原则上反映一项经济内容，各科目之间不能互相混淆，以保证核算指标的口径一致。

三、会计科目的设置

2007 年 1 月 1 日，财政部公布的《企业会计准则——应用指南》在上市公司实行，鼓励其他企业执行。

《企业会计准则——应用指南》设置会计科目 156 个，是根据《企业会计准则》中确认和计量的规定制定的，涵盖了我国所有企业的交易或者事项，企业可在不违反《企业会计准则》中确认和计量、报告规定的前提下，根据各单位的实际情况自行设置、分拆和合并有些科目。

本书举例中所涉及的会计科目是按照《企业会计准则——应用指南》中的部分会计科目叙述的。为了便于学习，现在将《企业会计准则——应用指南》中常用的会计科目列于表2－1中。

表2－1　常用会计科目名称表

顺序号	编号	会计科目名称	会计科目适用范围说明
		一、资产类	
1	1001	库存现金	
2	1002	银行存款	
3	1003	存放中央银行款项	银行专用
4	1011	存放同业	银行专用
5	1012	其他货币资金	
6	1021	结算备付金	证券专用
7	1031	存出保证金	金融共用
8	1101	交易性金融资产	
9	1111	买入返售金融资产	金融共用
10	1121	应收票据	
11	1122	应收账款	
12	1123	预付账款	
13	1131	应收股利	
14	1132	应收利息	
15	1201	应收代位追偿款	保险专用
16	1211	应收分保账款	保险专用
17	1212	应收分保合同准备金	保险专用
18	1221	其他应收款	
19	1231	坏账准备	
20	1301	贴现资产	银行专用
21	1302	拆出资金	
22	1303	贷款	银行和保险共用

表 2－1(续)

顺序号	编号	会计科目名称	会计科目适用范围说明
23	1304	贷款损失准备	银行和保险共用
24	1311	代理兑付证券	银行和证券共用
25	1321	代理业务资产	
26	1401	材料采购	
27	1402	在途物资	
28	1403	原材料	
29	1404	材料成本差异	
30	1405	库存商品	
31	1406	发出商品	
32	1407	商品进销差价	
33	1408	委托加工物资	
34	1411	周转材料	
35	1421	消耗性生物资产	农业专用
36	1431	贵金属	银行专用
37	1441	抵债资产	金融共用
38	1451	损余物资	保险专用
39	1461	融资租赁资产	
40	1471	存货跌价准备	
41	1501	持有至到期投资	
42	1502	持有至到期投资减值准备	
43	1503	可供出售金融资产	
44	1511	长期股权投资	
45	1512	长期股权投资减值准备	
46	1521	投资性房地产	
47	1531	长期应收款	
48	1532	未实现融资收益	
49	1541	存出资本保证金	保险专用
50	1601	固定资产	

表2-1(续)

顺序号	编号	会计科目名称	会计科目适用范围说明
51	1602	累计折旧	
52	1603	固定资产减值准备	
53	1604	在建工程	
54	1605	工程物资	
55	1606	固定资产清理	
56	1611	未担保余值	租赁专用
57	1621	生产性生物资产	农业专用
58	1622	生产性生物资产累计折旧	农业专用
59	1623	公益性生物资产	农业专用
60	1631	油气资产	石油天然气开采专用
61	1632	累计折耗	石油天然气开采专用
62	1701	无形资产	
63	1702	累计摊销	
64	1703	无形资产减值准备	
65	1711	商誉	
66	1801	长期待摊费用	
67	1811	递延所得税资产	
68	1812	独立账户资产	
69	1901	待处理财产损溢	
		二、负债类	
70	2001	短期借款	
71	2002	存入保证金	金融共用
72	2003	拆入资金	金融共用
73	2004	向中央银行借款	银行专用
74	2011	吸收存款	银行专用
75	2012	同业存放	银行专用
76	2021	贴现负债	银行专用
77	2101	交易性金融负债	

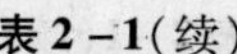

表 2-1(续)

顺序号	编号	会计科目名称	会计科目适用范围说明
78	2111	卖出回购金融资产款	金融共用
79	2201	应付票据	
80	2202	应付账款	
81	2205	预收账款	
82	2211	应付职工薪酬	
83	2221	应交税费	
84	2231	应付利息	
85	2232	应付股利	
86	2241	其他应付款	
87	2251	应付保单红利	保险专用
88	2261	应付分保账款	
89	2311	代理买卖证券款	证券专用
90	2312	代理承销证券款	证券和银行共用
91	2313	代理兑付证券款	证券和银行共用
92	2314	代理业务负债	
93	2401	递延收益	
94	2501	长期借款	
95	2502	应付债券	
96	2601	未到期责任准备金	保险专用
97	2602	保险责任准备金	保险专用
98	2611	保户储金	保险专用
99	2621	独立账户负债	保险专用
100	2701	长期应付款	
101	2702	未确认融资费用	
102	2711	专项应付款	
103	2801	预计负债	
104	2901	递延所得税负债	

表 2-1(续)

顺序号	编号	会计科目名称	会计科目适用范围说明
		三、共同类	
105	3001	清算资金往来	银行专用
106	3002	货币兑换	金融共用
107	3101	衍生工具	
108	3201	套期工具	
109	3202	被套期项目	
		四、所有者权益类	
110	4001	实收资本	
111	4002	资本公积	
112	4101	盈余公积	
113	4102	一般风险准备	金融共用
114	4103	本年利润	
115	4104	利润分配	
116	4201	库存股	
		五、成本类	
117	5001	生产成本	
118	5101	制造费用	
119	5201	劳务成本	
120	5301	研发支出	
121	5401	工程施工	建造承包商专用
122	5402	工程结算	
123	5403	机械作业	
		六、损溢类	
124	6001	主营业务收入	
125	6011	利息收入	金融共用
126	6021	手续费及佣金收入	金融共用
127	6031	保费收入	保险专用
128	6041	租赁收入	租赁专用

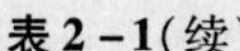

表 2－1(续)

顺序号	编号	会计科目名称	会计科目适用范围说明
129	6051	其他业务收入	
130	6061	汇兑损溢	金融专用
131	6101	公允价值变动损溢	
132	6111	投资收益	
133	6201	摊回保险责任准备金	保险专用
134	6202	摊回赔付支出	保险专用
135	6203	摊回分保费用	保险专用
136	6301	营业外收入	
137	6401	主营业务成本	
138	6402	其他业务成本	
139	6403	营业税金及附加	
140	6411	利息支出	金融共用
141	6421	手续费及佣金支出	金融共用
142	6501	提取未到期责任准备金	保险专用
143	6502	提取保险责任准备金	保险专用
144	6511	赔付支出	保险专用
145	6521	保户红利支出	保险专用
146	6531	退保金	保险专用
147	6541	分出保费	保险专用
148	6542	分保费用	保险专用
149	6601	销售费用	
150	6602	管理费用	
151	6603	财务费用	
152	6604	勘探费用	
153	6701	资产减值损失	
154	6711	营业外支出	
155	6801	所得税费用	
156	6901	以前年度损溢调整	

部分常用会计科目解释如下：

(一)资产类

1001 库存现金,核算企业现金(备用金)增减变动情况和结余的科目,按币种设置明细账,由出纳员记账,且必须设置库存现金日记账。

1002 银行存款,核算企业银行存款账户增减变动情况和结余的科目,按不同银行账户设置明细账,由出纳员记账,且必须设置银行存款日记账。

1012 其他货币资金,核算外埠存款、银行汇票存款、银行本票存款、信用卡存款、信用证保证金和存出投资款等其他货币资金的科目。

1101 交易性金融资产,核算企业对外进行的具有交易性(赚取差价)为目的股权、债券、基金等短期投资性科目。

1121 应收票据,核算企业因销售商品,提供劳务,向客户收取的商业汇票(包括商业承兑汇票、银行承兑汇票),按照票据总类设置明细账。

1122 应收账款,核算因销售商品提供劳务而应收未收的款项,按债务人名称设置明细科目。

1123 预付账款,核算企业因采购货物或接受劳务以及其他原因,按合同规定预付的款项,按供货方的名称或预付费用的种类设置明细科目。

1221 其他应收款,核算企业除了应收票据、应收账款等以外的其他应收、暂付的款项,包括预支差旅费、支付押金和应收租金等。

1231 坏账准备,核算企业应收款项的坏账准备。

1402 在途物资,核算企业购入材料物质,但尚未运达企业或未验收入库,按材料物资的品名、种类设置明细账。

1403 原材料,核算企业库存材料物资的收、发、存情况的账户,按材料物资的品名、种类设置明细账。

1405 库存商品,核算企业库存产成品或商品的收、发、存情况的账户,按产品或商品品种、规格设置明细账。

1601 固定资产,核算企业固定资产的增减、变化情况的账户。该账户反映的是原价,也就是历史成本。

1602 累计折旧,核算企业固定资产的磨损(消耗)价值,它是固定资产的备抵账户。

1604 在建工程,核算企业自行建造或安装固定资产过程中的建造安装成本科目。

1605 工程物资,核算企业购入用于工程项目建造或大型设备安装的专项工程物资科目。

1606 固定资产清理,核算企业因出售、报废和毁损固定资产等原因,而发生清理费用或清理收益。

1701 无形资产,核算企业持有的无形资产成本,包括专利权、非专利技术、土地使用权、商标权、著作权等。

1702 累计摊销，核算企业对使用寿命有限的无形资产计提的累计摊销，它是无形资产的备抵账户，

（二）负债类

2001 短期借款，核算企业向银行或其他金融机构借入偿还期限在一年之内（含一年）的各种借款，该科目只核算本金不核算利息。

2201 应付票据，核算企业因采购货物、接受劳务而向客户开出的商业汇票。按照票据种类设置明细科目。

2202 应付账款，核算企业因采购货物、接受劳务而应付未付的款项。按债权人名称、姓名设置明细科目。

2203 预收账款，核算企业销售商品、产品或提供劳务，按合同约定向采购方预收的款项。按采购商的名称设置明细科目。

2211 应付职工薪酬，核算企业根据有关规定应付给职工的各种薪酬。

2221 应交税费，核算企业按照税法等规定计算应交纳的各种税费，包括增值税、消费税、营业税、所得税、资源税、土地增值税、城市维护建设税、房产税、土地使用税、车船税、教育费附加和矿产资源补偿税等。

2241 其他应付款，核算企业除应付账款、应付票据以外其他应付暂收款项，包括存入保证金（押金）、应付的租金等。

（三）所有者权益

4001 实收资本，核算企业的股东投入的资本金账户，按公司法规定，投入资本可以是货币、实物和无形资产等。

4002 资本公积，核算企业收到投资者出资额超出其在注册资本或股本中所占份额的部分，以及直接计入所有者权益的利得和损失。

4101 盈余公积，核算企业从净利润中提取的盈余公积。

4103 本年利润，核算企业当期实现的净利润（或发生的净亏损）。

4104 利润分配，核算企业利润的分配（或亏损的弥补）和历年分配（或弥补）后的余额。

（四）成本类

5001 生产成本，核算企业进行工业性生产发生的各项生产费用，包括生产各种产品（包括产成品、自制半成品等）、自制材料、自制工具和自制设备等。

5101 制造费用，核算企业生产车间、部门为生产产品和提供劳务而发生的各项间接费用。月末该科目余额为零（转入生产成本）。

（五）损溢类

6001 主营业务收入，核算企业根据收入准则确认的销售商品、提供劳务等主营业务的收入。

6051 其他业务收入，核算企业根据收入准则确认的除主营业务以外的其他经营活动实现

的收入，包括出租固定资产、出租无形资产、出租包装物和商品和销售材料等实现的收入。

6301 营业外收入，核算企业发生的与其经营活动无直接关系的各项净收入，主要包括处置非流动资产利得、非货币性资产交换利得、债务重组利得、罚没利得、政府补助利得、确实无法支付而按规定程序经批准后转作营业外收入的应付款项等。

6401 主营业务成本，核算企业根据收入准则确认销售商品、提供劳务等主营业务收入时应结转的成本。

6402 其他业务成本，核算企业除主营业务活动以外的其他经营活动所发生的成本，包括销售材料的成本、出租固定资产的累计折旧、出租无形资产的累计摊销、出租包装物的成本或摊销额、采用成本模式计量的投资性房地产的累计折旧或累计摊销等。

6403 营业税金及附加，核算企业经营活动发生的营业税、消费税、城市维护建设税、资源税和教育费附加等相关税费。

6601 销售费用，核算企业销售商品和材料、提供劳务的过程中发生的各种费用，包括保险费、包装费、展览费和广告费、商品维修费、预计产品质量保证损失、运输费、装卸费等以及为销售本企业商品而专设的销售机构（含销售网点、售后服务网点等）的职工薪酬、业务费、折旧费等经营费用。

6602 管理费用，核算企业为组织和管理企业生产经营所发生的管理费用，包括企业的董事会和行政管理部门在企业的经营管理中发生的或者应由企业统一负担的公司经费（包括行政管理部门职工薪酬、修理费、物料消耗、低值易耗品摊销、办公费和差旅费等）、工会经费、董事会费（包括董事会成员津贴、会议费和差旅费等）、聘请中介机构费、咨询费（含顾问费）、诉讼费、业务招待费、房产税、车船使用税、土地使用税、印花税、技术转让费、矿产资源补偿费、研究费用、排污费等。

6603 财务费用，核算企业为筹集生产经营所需资金等而发生的筹资费用，包括利息支出（减利息收入）、汇兑差额以及相关的手续费、企业发生的现金折扣或收到的现金折扣等。

6701 资产减值损失，核算企业根据资产减值等准则计提各项资产减值准备所形成的损失。

6711 营业外支出，核算企业发生的与其经营活动无直接关系的各项净支出，包括处置非流动资产损失、非货币性资产交换损失、债务重组损失、罚款支出、公益性捐赠支出、非常损失等。

6801 所得税费用，核算企业根据所得税准则确认的应从当期利润总额中扣除的所得税费用。

四、会计科目的分类

（一）按反映的经济内容分类

各种不同的会计科目构成了会计科目体系。每个科目都反映特定的经济内容，在核算上具有专门的用途。会计科目按经济内容分类,是从"资产=负债+所有者权益"这一公式出发,按照会计科目所列示的资产、负债和所有者权益的内容进行分类。同时,为反映企业资金运动的结果,也就是企业的经营成果,必须核算企业在生产经营过程中所发生的耗费以及取得的收入,并确定经营成果。所以,会计科目按其反映经济内容不同,可分为资产类、负债类、所有者权益类、成本类和损溢类。

1. 资产类科目分为流动资产、长期股权投资、固定资产、无形资产和其他资产等。其中流动资产又分为库存现金、各种存款、交易性金融资产、应收账款、原材料和库存商品等。

2. 负债类科目分为流动负债和非流动负债。其中流动负债包括短期借款、应付账款、应付职工薪酬、应交税费和应付股利等。

3. 所有者权益类科目包括实收资本、资本公积、盈余公积、本年利润和利润分配等。

4. 成本类科目包括生产成本和制造费用。

5. 损溢类科目包括主营业务收入、其他业务收入等收入(收益)类科目和主营业务成本、其他业务成本、销售费用、管理费用等费用(损失)类科目。

(二)按隶属关系分类

各企业在从经济的角度对企业进行管理时,不仅需要会计提供总括数据信息资料,同时也需要一些更为详细的具体的数据信息资料,因此,在设置会计科目时,一方面要设置能据以提供总括信息资料的总分类科目,另一方面也要设置能据以反映详细具体指标的明细科目。因此,会计科目就其隶属关系分类,可分为总账科目、子目和细目。

总账科目又称总分类科目或一级科目,它是对各种经济业务事项的概括,提供总括的会计资料。子目又称二级科目,它是对总账科目作进一步的分类,提供较为详细的会计资料。子目是根据需要设置的,介于总账科目和细目之间的科目。细目又称三级科目,是对子目的分类,提供最为详细、具体的会计资料。一级以下的各级科目,如二级科目和三级科目等统称为明细科目。例如"应交税费"科目为一级科目,核算企业按照税法等规定计算应交纳的各种税费,但是企业为了分类反映各不同税种的应交和已交情况,应按税法规定应缴纳的税费种类设明细科目,具体包括:"应交增值税""应交消费税""应交营业税""应交所得税""应交资源税""应交城市维护建设税""应交教育费附加"等。其中,对于增值税一般纳税企业,为了核算企业应交增值税的发生、抵扣、进项转出、计提、交纳和退还等情况,还应在"应交增值税"二级科目下设置"进项税额""销项税额""出口退税""进项税额转出""已交税金"等三级明细科目。

由此可见,一级科目、二级科目、三级科目所反映、核算的内容一致,只是提供的会计信息详细程度不同而已。一级科目提供总括的资料,二级科目对总分类科目的内容作补充说明,而三级科目对二级科目的内容作更详细的补充说明。值得说明的是,并非所有的一级科目都要设置二级或三级科目,主要是根据实际需要而设置。

第四节 会计账户

上述会计科目只是对会计对象具体内容进行分类的项目,但企业发生的各种经济业务事项是十分频繁复杂的,为了系统、连续地把各种经济业务事项发生情况和由此而引起的各项资金变化情况分门别类地进行反映和监督,还必须根据规定的会计科目在账簿中开设账户,以便提供日常管理上的核算资料。

一、账户的基本结构

(一)账户的概念

账户是根据会计科目设置的,具有一定的结构,用来系统、连续地核算经济业务事项增减变化情况及其结果的一种工具和手段。会计科目将会计要素的构成内容分为若干项目,随着企、事业单位经营业务活动的开展,每个项目都在发生着增减变动,账户就是用来记录会计具体内容中每一项目发生增减变动及其结果的形式。从会计资料的储存、传递过程来看,账户还是对会计信息资料进行分类、整理、归集、储存和传递的场所。因此,账户的主要作用在于将会计数据进行科学地归类和记录,为进一步进行记账、报账等提供基础条件。例如,在企业拥有或控制的资产中,有库存现金、原材料、固定资产等具体项目,就必须相应地设置"库存现金""原材料""固定资产"等资产类账户;在企业的负债中,有短期借款和长期借款等具体项目,就必须相应地设置"短期借款""长期借款"等负债类账户;在企业的所有者权益中,有"实收资本""盈余公积"等具体项目,就必须相应地设置"实收资本""盈余公积"等所有者权益类账户。

(二)账户的基本结构

账户的结构就是指账户的格式。为了全面、清晰地记录各项经济业务事项,每一个账户既要有明确的经济内容,又必须有一定的结构。在资金运动过程中,每类资金都会发生增加和减少两个方向的运动,这种增减变动是在账户中进行记录的,因此账户必须由分别记录增加金额和减少金额的两个基本部分所组成,从而形成了账户的基本结构。账户的基本结构通常划分为左、右两方,每方再根据实际需要分为若干栏次,用以记录有关会计信息。账户的格式多种多样,但是其基本结构内容一般包括:

1. 账户的名称;

2. 经济业务事项内容,包括日期和摘要;

3. 增减金额;

4. 凭证字号(说明账户记录的依据)。

账户的一般格式如表 2 - 2 所示。

表 2 - 2 账户格式

账户名称(会计科目): 第 页

日期	凭证号数	摘要	增加	减少	余额

表 2 - 2 所列账户分别记录有关项目的增加金额和减少金额,以及增减相抵后的差额,即账户的余额。由于会计实行分期核算,因此,在账户中记录的金额就自然分为:期初余额、本期增加额、本期减少额和期末余额,可用公式表示如下:

期末余额 = 期初余额 + 本期增加额合计 - 本期减少额合计

期初余额:上期的期末余额就是本期的期初余额,因此其数字来源于相同账户上期期末余额的结转。

本期增加额合计又称为本期增加发生额,是一定会计期间内账户所登记的增加金额的合计数。

本期减少额合计又称为本期减少发生额,是一定会计期间内账户所登记的减少金额的合计数。

为了便于说明,可以简化为“丁”字账户,即为“T”型账户,如果采用借贷记账法,账户的左方为借方,右方为贷方,其中一方登记增加额,另一方登记减少额,余额在哪方要看账户性质,如表 2 - 3 所示。

表 2 - 3 T 型账户结构

借方	账户名称(会计科目)	贷方

【例 2 - 16】 应收账款账户,上月末余额为 50 000 元,本月增加 80 000 元,减少 20 000 元,则期末余额为 50 000 + 80 000 - 20 000 = 110 000(元)。

【例 2 - 17】 应付账款账户,上月末余额为 100 000 元,本月增加 60 000 元,减少 70 000

元,则期末余额 100 000 + 60 000 − 70 000 = 90 000(元)。

二、账户与会计科目的区别与联系

会计科目与账户是两个既有联系又有区别的概念。

(一)会计科目与账户的区别

会计科目是会计要素构成内容分类的项目以及每一项目的性质标志(即名称),而账户是对会计要素构成内容分类核算的形式和场所,显然会计科目仅是会计要素构成内容分类的项目名称,账户具有一定的结构(即"左右"结构)及内容,会计科目不存在结构问题;会计科目是国家统一核算指标、核算标准及核算口径的手段,而账户是由单位根据会计科目自行设置的,也就是说国家只规定科目而不规定账户;会计科目是核算、检查、考核一个单位的指标体系,而账户仅是分类核算的形式。总之,会计科目是会计要素内容的性质标志,账户是对会计要素内容进行核算的形式。在资金运动过程中,每一类资金都朝着增加和减少两个方向运动,这种增减变动是在账户中反映的,而会计科目仅是每一类具体资金的名称。

(二)会计科目与账户的联系

会计科目是对会计要素内容的分类,账户是对会计要素内容的分类核算。因而,二者的目的是相同的,都是为了对会计要素内容进行分类核算。会计科目是设置账户的基础和依据,会计科目明确规定了账户的核算内容及其账户的性质,会计科目是账户的名称。从一定意义上讲,没有账户,设置会计科目也就失去了作用和意义,反之,没有会计科目,设置账户也就没有依据。总之,会计科目与账户是相辅相成的,存在着紧密的联系。会计账户与会计科目的联系和区别具体见表 2 − 4。

表 2 − 4 会计科目与账户联系与区别表

	会计账户	会计科目
相同	会计账户所登记的经济内容与会计科目所反映的经济内容是一致的	
联系	会计账户是根据会计科目开设的,是会计科目的具体运用	会计科目是设置会计账户的依据,是会计账户的名称
区别	会计账户具有一定结构,能具体反映会计要素增减变动情况	会计科目只是会计要素具体内容的分类,本身无结构

复习思考题

1. 企业的会计要素包括哪些？
2. 请阐述资产的定义及其确认条件。
3. 所有者权益按照来源应如何分类？
4. 请简述收入与利得、费用与损失的区别。
5. 经济业务的变化有哪些类型？举例说明为什么经济业务的发生不会影响会计恒等式？
6. 请列出会计等式的表达式。
7. 设置会计科目应遵循什么原则？
8. 会计科目按照经济内容可以分成哪几类？
9. 账户的基本结构包括哪些结构？
10. 简述会计账户与会计科目的联系与区别。

练 习 题

习 题 一

【目的】 练习经济活动对会计恒等式的影响。

【资料】 某企业1月份发生下列业务：

(1)企业向银行借入短期借款50 000元存入银行账户，以备周转使用。

(2)用银行存款支付前欠购料款15 000元。

(3)销售产品取得收入45 000元，税款7 650元，存入银行。

(4)从银行存款提取现金5 000元备用。

(5)用现金支付广告费用3 000元。

(6)购进材料30 000元，税额5 100元，以银行存款支付。

(7)将现金3 000元送存银行。

(8)用银行存款归还短期借款10 000元。

(9)收到股东投入货币资金20 000元。

(10)用银行存款支付招待费1 200元。

【要求】 请阐述该业务的发生对会计等式的影响。

习 题 二

【目的】 练习账户发生额及余额的计算。

【资料】 长江公司12月份部分总分类账户发生额及余额资料如表2－5所示：

表2－5 总分类账户发生额及余额表

单位:元

账户名称	期初余额	本期增加发生额	本期减少发生额	期末余额
库存现金	（ ）	23 000	16 000	31 000
银行存款	50 000	（ ）	24 000	49 000
原材料	35 000	32 000	12 000	（ ）
应收账款	15 000	23 800	（ ）	21 500
其他应收款	3 000	800	（ ）	2 100
库存商品	16 000	65 000	32 000	（ ）
固定资产	（ ）	17 000	0	（ ）
长期借款	55 000	25 000	38 000	（ ）
应付账款	12 000	32 000	9 000	（ ）
其他应付款	4 000	3 200	（ ）	5 100
应交税费	23 000	（ ）	19 000	16 000
实收资本	（ ）	77 500	0	100 000

【要求】 请根据各类账户的结构,在表中计算并填空。

第三章 复式记账

第一节 记账方法的概念与种类

一、记账方法的概念

所谓记账方法，就是根据一定的原理、记账符号、记账规则，采用一定的计量单位，利用文字和数字记录经济活动的一种专门方法。

为了核算会计要素的具体内容，必须采用一定的记账方法，以登记各项经济业务事项。设置会计科目和账户，仅仅明确了会计核算的项目和形式，对会计要素作出了进一步分类，为会计信息的加工处理提供了必要的“场所”。至于账户的左方登记什么内容，右方登记什么内容，即如何使用账户来“描述”经济业务及其所引起的会计要素各有关项目数量增减变动情况，还需要采用一定的记账方法。

二、记账方法的种类

记账方法，按记录方式的不同，可以分为单式记账法和复式记账法两类。

（一）单式记账法

单式记账法是一种比较简单、不完善的记账方法，它平时只反映库存现金、银行存款收付业务以及各种往来款项，对其他业务则忽略不予登记。这是因为单式记账法只看重考虑库存现金、银行存款的收付不要搞错，应付的债务（应付款）和应收的债权（应收款）的结算必须记清楚，其他财产物资因为都在本单位管理之下，无需记账。例如，以现金 500 元购买材料这笔经济业务事项，仅在库存现金账上记录减少 500 元，这样不能全面反映经济业务事项的来龙去脉，对经济活动过程的反映是不完整、不全面的。资金运动的相互平衡关系被割裂开了，也就不便于检查账户记录的正确性和真实性。

回顾整个会计历史的发展过程，我们了解到单式记账法始于原始社会末期和奴隶社会初期，是自然经济的产物，只能在经济不发达、经济业务十分简单的情况下采用。随着商品经济的产生，必然要被复式记账法所取代。复式记账法正是为了克服单式记账法的缺点而形成的一种科学的记账方法。

（二）复式记账法

复式记账法是对每一笔经济业务事项，都要以相等的金额，在相互联系的两个或两个以上的账户中进行登记的一种记账方法。如上述以现金 500 元购买材料这一项经济业务事项，这项业务的发生，一方面使企业的原材料增加了500元，另一方面使企业的库存现金减少了500元。运用复式记账，以相等的金额在“库存现金”和“原材料”这两个相互联系的账户中进行登记，既一方面在“库存现金”账户登记减少500元，另一方面在“原材料”账户登记增加500元，表明这项经济业务事项引起资金运动由“库存现金”来，到“原材料”去的过程。

复式记账法的道理，现在看来似乎并不复杂，但在会计的发展历史上，却有着划时代的意义。记账方法由单式记账法演进到复式记账法经历了一个漫长的时期。会计之所以能从一种简单的记录计算方法发展成为一门科学，复式记账法的产生起了奠基的作用。它的历史功绩绝不限于记账方法的本身，而是推动着现代会计方法体系的形成，因此不少学者把复式记账法视为会计核算方法的核心，是人类会计史上跨越时代的进步，并把它誉为“会计科学史上的伟大建筑”。著名的德国诗人歌德曾称颂“复式记账法是人类智慧的一种绝妙的创造，从而使每一个精明的商人在他的经济事业中都应用它”。

复式记账法与单式记账法比较，有以下两个特点。

(1)复式记账法能够完整地反映每一项经济业务的来龙去脉，能够反映经济活动的全貌。因为复式记账法对每一笔经济业务都以相等的金额在两个或两个以上的有关账户中相互联系地进行登记，可清楚而全面地反映出经济活动的情况，也便于管理人员了解经济业务全貌，以加强资金管理。

(2)在复式记账法下，由于每一项经济业务都涉及两个或两个以上相关账户，能使账户之间形成相互对应的平衡关系。利用这种对应关系，可以检查入账的正确性，便于核对、检查账目。

此外，复式记账法不仅可以完整、系统、正确地反映企事业单位的资金运动，而且对现代会计核算方法的发展也起了催化作用。例如，复式记账法要求以相等的数量作出双重记录，而要求数量上的相等，必然要求被记录的对象具有同质性，不同质的记录对象在数量上是无法对比的，更谈不上相等。因此会计所核算和监督的对象必然要统一为价值形式，并以货币作为计量单位。这样，复式记账法也就起了统一计量单位的催化作用。又如，复式记账法对于建立现代会计的报表体系，也同样起着催化作用。会计报表中起主干作用的资产负债表和利润表，从其基本结构来说，都摆脱不了复式记账法的平衡原理。而且，以资产负债表和利润表为主干的报表体系中所反映的经济指标，也只有采用复式记账法才能提供。如果没有复式记账法，会计报表绝不可能对企业、单位的经济活动和财务状况提供全面的信息。因此从这一角度来说，复式记账法对会计报表的发展和完善也起了相当重要的作用。

复式记账法由于具备上述特点，因而被世界各国公认为一种科学、全面、系统地反映经济业务的记账方法并被广泛采用。

复式记账法又可分为借贷记账法、增减记账法和收付记账法三种。借贷记账法是我国学习借鉴国外的一种国际上通用的记账方法，也是最早产生的复式记账法；增减记账法是20世纪60年代我国商业系统在记账方法改革时设计提出的一种记账方法；收付记账法是在我国传统的收付记账法的基础上发展起来的复式记账法，在20世纪30年代以前，收付记账法比较多的是单式记账法，20世纪30年代以后，曾出现过一种改良的复式收付记账法，称为“改良中式簿记”，但流传不久便被借贷记账法所代替。

复式记账
- 借贷记账法——以“借”和“贷”作为记账符号；
  以“有借必有贷，借贷必相等”，作为记账规则。
- 收付记账法——以“收”和“付”作为记账符号；
  以“同收同付，有收有付”，作为记账规则。
- 增减记账法——以“增”和“减”作为记账符号；
  以“同类账户，有增有减”，“异类账户同增同减”，作为记账规则。

图3.1 复式记账法分类

我国《企业会计准则》规定，所有行政、企事业单位一律采用借贷记账法。这是因为借贷记账法经过数百年的实践，已被全世界的会计工作者所普遍接受，是一种比较成熟、完善的记账方法。另外，从实务角度看，各企业记账方法不统一，会给企业间横向经济联系和与国际经济交往带来诸多不便；不同行业、企业记账方法不统一，也必然会加大跨行业的公司和企业集团会计工作的难度，使经营活动信息和经营成果不能及时得到反映。因此，统一全国各个行业企业和行政事业单位的记账方法，对规范会计核算工作和更好地发挥会计的作用具有非常重要的意义。

第二节 借贷记账法

一、借贷记账法的概念

借贷记账法是当今世界各国普遍采用的一种复式记账方法，也是世界上最早产生的一种复式记账方法。借贷记账法是随着资本主义经济关系的萌芽而产生，伴随着资本主义经济关系的发展而进一步成熟的，而后，为适应管理资本主义经济的需要，逐步形成一整套较为科学的方法。在借贷记账法形成与发展的过程中，早期意大利的佛罗伦萨式簿记、热那亚式簿记和威尼斯式簿记，都起到一定的奠基作用，是借贷记账法发展的良好开端。当时意大利的商品经济已发展到相当程度，加上海陆交通比较发达，沿海城市已形成了好多国际、国内贸易中心。由于商品交换的需要，在这些地方出现了一种从事货币借贷业务和兑换各种不同货币的“银钱”行业，也就是银行的前身，这些银钱行业还为商人办理转账结算。他们对于各个有银钱往来的客户，分别开设往来账户，每个账户有两个记账部位，一个部位记“我应当给他的”（即债务），另一个部位记“他应当给我的”（即债权）。这两个部位相当于账户的贷方和借方。如果两个往来客户之间要办理转账结算，那就在付款人的账户上记入借方，在收款人的账户

上记入贷方。这种账户从银钱业对债权、债务的结算来看,最初是具有借、贷的本义的。当时的这种记账方法,虽然有了复式记账的雏形,但账簿的记载,仍是以文字叙述为主,并没有形成以数字平衡为基础的账户结构。而且,复式记账的使用基本上只限于债权、债务的结算。这种复式记账方法,于1211年首先出现在佛罗伦萨,因此会计学者称之为佛罗伦萨式记账法。后来,在意大利的热那亚出现了一种更为进步的复式记账法,记账的对象已从债权、债务扩大到商品、现金,而且账户的格式已分为左右两方,分别表示借方和贷方。账户的记录也从文字叙述为主改为数字平衡为主,每个账户都要结出余额,并把借方或贷方列在相反的方向,求得账户两方在数字上的平衡。这种记账方法的发展,把借贷的记录从债权、债务扩大到了商品和现金的收付,因此,借、贷的本义已经失去,剩下的只是一种记账符号而已。这种记账方法以1340年在热那亚使用过的账簿为代表,因此也就称它为热那亚式。热那亚式虽比佛罗伦萨式有了明显的进步,但是当时还没有计算损溢和反映企业资本的账户,因此全部账户的数字平衡还无法完全做到。到15世纪时,在威尼斯开始出现了更为完备的账户设置,既增设了计算损溢和反映企业资本的账户,而且还进行了全部账户余额的试算平衡。1494年,意大利数学家,“现代会计之父”卢卡 · 帕乔利(Luca Pacioli)在威尼斯出版了《算术、几何及比例概要》一书,这是世界会计发展史上极为重要的大事。该书第九编第十论《计算与记录要论》是以威尼斯式簿记为依据写成的,它系统地阐述了复式簿记的理论与方法,是人类最早关于借贷记账法的文献。当时这部著作的发表,不仅轰动了意大利的数学界,而且也引起了会计界人士的关注。人们认为,这部著作不仅是欧洲数学发展史上的光辉篇章,而且开创了世界会计发展史上的新纪元。1494年后,卢卡·帕乔利的著作先后被翻译成英文、法文、荷兰文、德文和西班牙文等,从而使借贷记账法在世界各国得到迅速的传播。在亚洲,日本通过引进、推进欧美的先进会计方法与理论,不仅在会计改革中获得成功,而且在促进借贷记账法的发展方面作出了一定的贡献。由于借贷记账法在国际上广泛流行,借(Debit 缩写为 De)和贷(Credit 缩写为 Cr)两字已成为国际通用的商业语言。由此可见,借贷记账法就是以“借”和“贷”为记账符号的一种复式记账法。

在我国,最早介绍借贷记账法的书籍是1905年由蔡锡勇所著的《连环账谱》。1907年,由谢霖和孟森合作编纂的《银行簿记学》在日本东京发行,成为我国第二部介绍借贷记账法的著作。借贷记账法进入我国,首先应用于那些由外国人开办的工厂、商行和银行,以及根据不平等条约受帝国主义控制的我国海关、铁路和邮政等部门。1858年(咸丰八年)后由英国人控制的海关是我国最早应用借贷记账法的部门。1897年(光绪二十三年),盛宣怀创办的中国第一个商业性质的银行——中国通商银行,是我国自办银行采用借贷记账法的先驱。国民政府实业部于1930年颁布推行借贷记账法的统一办法,从此借贷记账法逐渐成为我国工商界、银行界习惯运用的记账方法之一。

新中国成立后,在全面学习前苏联会计理论、方法和制度时,借贷记账法得到了广泛的应用。与此同时,我国传统的中式簿记也得到了改造和创新,我国先后创立了财产收付记账法、资金收付记账法和增减记账法等,在会计学术界先后引起“收付与借贷”和“增减与借贷”的争论,借贷记账法的主导地位受到了挑战。20 世纪 60 年代,由于当时受到“文化大革命”政治气候的影响,争论的结果是:借贷记账法被称为资本主义的产物,受到了批判和否定。增减记账法先是在商业部门,继而在工业和其他部门得到应用。1978 年,葛家澍教授在《中国经济问题》第 4 期上发表《必须替借贷记账法恢复名誉——评所谓“资本主义的记账方法”》的文章,使会计学术界再次重视并肯定了借贷记账法,同时针对增减记账法的弱点和存在的问题进行分析改进,形成了一段时期借贷、增减、收付三种记账方法并存的局面。20 世纪 90 年代,随着改革开放的深入发展、会计国际协调步伐的加快,会计记账采用借贷记账法,先后被写入了企业、事业单位的会计准则,借贷记账法成为我国唯一通用的记账方法。

二、借贷记账法的基本内容

借贷记账法的基本内容通常包括以下几个方面。

(一)记账符号

借贷记账法以“借”“贷”二字作为记账符号,并不是“纯粹的”“抽象的”记账符号,而是具有深刻经济内涵的科学的记账符号。从字面涵义上看,“借”“贷”二字的确是历史的产物,其最初的涵义同债权和债务有关。随着商品经济的发展,借贷记账法得到广泛运用,记账对象不再局限于债权、债务关系,而是扩大到要记录财产物资增减变化和计算经营损溢。原来仅限于记录债权、债务关系的“借”“贷”二字已不能概括经济活动的全部内容。它表示的内容应该包括全部经济活动资金运动变化的来龙去脉,它们逐渐失去了原来字面上的涵义,并在原来涵义的基础上进一步升华,获得了新的经济涵义。“借”和“贷”作为记账符号,代表账户中两个固定的部位。一切账户均需设置两个部位,记录某一具体经济事项数量上的增减变化(来龙去脉),账户的左方一律称为借方,账户的右方一律称为贷方。它们都具有增加和减少的双重含义。“借”和“贷”何时为增加、何时为减少,必须结合账户的具体性质才能准确说明。具有一定的确切的深刻的经济涵义,如表 3-1 所示。

表 3-1 记账符号的含义

账户类别	借方	贷方	余额方向
资产类	增加	减少	余额在借方
负债类	减少	增加	余额在贷方
所有者权益类	减少	增加	余额在贷方
收入类	减少(转销)	增加	一般无余额
费用类	增加	减少(转销)	一般无余额
利润类	减少	增加	一般在贷方

由此可见,借贷记账法下各类账户的期末余额一般在记录增加额的一方,即资产类账户的期末余额在借方,负债及所有者权益类账户的期末余额在贷方。基于此,我们可以得出一个结论:根据账户余额所在的方向,也可判断账户的性质,即账户若是借方余额,则一般为资产类账户;账户若是贷方余额,则一般为负债或所有者权益(利润)类账户。借贷记账法的这一特点,决定了它可以设置双重性质账户。

所谓双重性账户,是指既可以用来核算资产、费用,又可以用来核算负债、所有者权益和收入的账户。如“其他往来”“待处理财产损溢”“投资收益”等。由于任何一个双重性质账户都是把原来的两个有关账户合并在一起,并具有合并前两个账户的功能,所以,设置双重性质账户,有利于简化会计核算手续。

(二)账户结构

根据会计等式“资产 + 费用 = 负债 + 所有者权益 + 收入”可知,“借”和“贷”这两个记账符号对会计等式两方的会计要素规定了增减相反的含义。资产类、费用类是“借”增“贷”减,负债类、所有者权益类及收入类是“借”减“贷”增。

由于“借”“贷”记账符号对会计等式两方的会计要素规定了增减相反的含义,因此,可以设置既有资产性质的账户,又有负债性质的具有双重性质的账户。比如,“应收账款”和“预收账款”可以合并为一个账户,“应付账款”和“预付账款”也可以合并为一个账户。双重性质账户的性质不是固定的,应根据账户余额的方向来判断。如果余额在借方就是资产类账户,如果余额在贷方就可确认为权益类账户。设置双重性质的账户,可以减少账户数量,使账务处理简便灵活。对双重性质的账户,应视具体业务性质分别按照资产类和权益类账户登记。在实务中,具有双重性质的账户只是少数,绝大多数账户的性质仍是固定的。

1. 资产及费用类账户的结构

资产及费用类账户的结构见表 3 - 2。

表 3 - 2　资产及费用类账户结构

借方　　　账户名称	贷方
期初余额 本期增加额	本期减少额
本期发生额合计	本期发生额合计
期末余额	

资产、费用类账户的期末余额的计算公式为

$$\begin{matrix}\text{资产类、费用类}\\\text{借方期末余额}\end{matrix} = \begin{matrix}\text{借方期}\\\text{初余额}\end{matrix} + \begin{matrix}\text{借方本期}\\\text{发生额}\end{matrix} - \begin{matrix}\text{贷方本期}\\\text{发生额}\end{matrix}$$

2. 权益及收入类账户的结构

权益及收入类账户的结构见表 3－3。

表 3－3 权益及收入类账户结构

借方	账户名称 贷方
	期初余额
本期减少额	本期增加额
本期发生额合计	本期发生额合计
	期末余额

所有者权益、负债及收入类账户的期末余额的计算公式为

$$\text{所有者权益、负债及收入类贷方期末余额}=\text{贷方期初余额}+\text{贷方本期发生额}-\text{借方本期发生额}$$

需要指出的是，在会计实务工作中，由于各种收入和费用在会计期末都要转入利润类账户，以计算本期的经营成果，因此，收入、费用类账户一般都无期末余额，而利润类账户平时可能有期末余额，但在年末时，需要将其期末余额转入所有者权益类账户中，从这个意义上说，它的期末余额在性质上已变成所有者权益，原有意义上的利润类账户也是无期末余额。

（三）记账规则

经济业务事项无论怎样变化，资金运动的类型不外乎四种类型，即同类有增有减，异类同增同减。因此，借贷记账法的记账规则可以概括为“有借必有贷，借贷必相等”。具体表现在以下几点。

第一，根据复式记账原理，任何一笔经济业务的发生，都必然同时导致至少两个账户发生变化。或者说，经济业务发生后，同时至少在两个或两个以上的账户中相互进行联系记录。

第二，在记入有关账户时，有的记入一个或几个账户的借方，同时有的记入另一个或几个账户的贷方。不能全部记入借方或全部记入贷方，即有借必有贷。

第三，记入借方账户的金额与记入贷方账户的金额必须相等，即借贷必相等。

（四）账户对应关系和会计分录

1. 账户对应关系

根据上述记账规则登记每项经济业务事项时，在有关账户之间就发生了应借、应贷的相互关系，账户之间这种应借、应贷相互对照的关系就称为账户对应关系，简称对应关系。发生对应关系的账户，称为对应账户。账户的对应关系清楚地反映了每一笔经济业务的内容。如用银行存款 5 000 元购买原材料，这项经济业务发生后，引起“银行存款”账户减少了 5 000 元，同时“原材料”账户增加5 000 元，在这一登账结果中，“银行存款”和“原材料”就发生了对应关系，“银行存款”称为“原材料”的对应账户，反之“原材料”称为“银行存款”的对应

账户。通过账户对应关系,可以了解经济业务事项的内容和资金的来龙去脉。这正是借贷复式记账法科学、合理、严密的重要体现。

2. 会计分录

企业发生的经济业务十分频繁而且复杂,相应地在会计上需设置许多账户系统地予以登记反映。为了准确反映账户的对应关系,防止记账出现差错,在将每项经济业务记入账户之前,必须先根据审核无误的原始凭证,编制会计分录(在会计实务中,会计分录的全部内容都体现在所编制的记账凭证上),用规范、简练的会计语言对经济业务事项进行描述,将经济信息初步转换成会计信息,再经过审核无误后,据此登记入账。

所谓会计分录简称分录,是对每项经济业务事项(交易或事项)指出应记的账户名称、记账方向与金额的一种记录。会计分录按其所涉及的对应账户的多少,可以分为简单会计分录和复合会计分录两种。简单会计分录是指一项经济业务事项发生后,只在两个对应账户中记录其相互联系的两个经济因素的数量变化情况的会计分录。这种分录的账户对应关系一目了然。复合会计分录亦称为"复杂分录",是指经济业务事项发生后,需要用三个或三个以上的账户记录其相互联系的多种经济因素的数量变化情况的会计分录,即涉及了两个以上的对应账户。一个复合会计分录实质上是由若干个简单会计分录复合而成。

在借贷记账法下,既可以编制"一借一贷""一借多贷""多借一贷"的会计分录,也可以编制"多借多贷"的会计分录。但是,在实际工作中应尽量不编多借多贷的复合分录,因为多借多贷复合分录账户对应关系不清楚,不便于了解经济业务事项内容,更不能单纯为了省事,将多项经济业务事项合在一起,编制"多借多贷"的会计分录。

编制会计分录是编制记账凭证的核心工作,所以在实务中,根据已经审核后的原始凭证编制会计分录指的就是编制记账凭证。记账凭证是登记账簿的依据,会计分录正确与否,直接影响到会计账户记录的正确性,乃至影响到会计信息的质量。因此,会计分录应如实地反映经济业务的内容,正确地选择应借应贷的账户并确定其金额。运用借贷记账法编制会计分录,通常按以下步骤进行:

(1)分析经济的内容,确定所涉及的账户;

(2)判断这些账户的类别、性质;

(3)判明账户应记金额是增还是减,进一步确定各应记账户的方向,是应借还是应贷;

(4)按一定书写格式标明经济业务的借贷方向、会计科目及其金额;

(5)检查会计分录借贷是否平衡,有无错误。

一笔会计分录主要包括三个要素:会计科目、记账符号和记账金额。在书写时必须前后上下错开,以便一目了然。

会计分录书写的一般格式如下:

(1)先借后贷,借贷分行写,且相隔一格或两格。

(2)同行文字与金额的数字应适当错开位置。

(3)复合会计分录的借方或贷方的文字和金额数字必须分别对齐。

(4)金额采用阿拉伯数字书写,数字后面不写货币单位(元)。

下面以长江公司2012年6月发生的业务为例,说明会计分录的编制。

【例3-1】 6月1日,收到国家投资100 000元,存入银行。

借:银行存款　　100 000

　贷:实收资本　　100 000

【例3-2】 6月10日,用银行存款购买原材料,价值12 000元,已验收入库。

借:原材料　　12 000

　贷:银行存款　　12 000

【例3-3】 6月15日,购入原材料一批,价值5 000元,款项尚未支付。

借:原材料　　5 000

　贷:应付账款　　5 000

【例3-4】 6月21日,用银行存款偿还银行短期借款20 000元。

借:短期借款　　20 000

　贷:银行存款　　20 000

【例3-5】 6月28日,用银行存款支付到期应付票据10 000元。

借:应付票据　　10 000

　贷:银行存款　　10 000

利用账户的对应关系,可以检查会计分录编制的是否正确。

【例3-6】 某企业以库存现金支付前欠货款20 000元,编制会计分录如下:

借:应付账款　　20 000

　贷:库存现金　　20 000

这笔分录标明,以库存现金偿还购货时未支付的20 000元。从理论上讲,这笔会计分录并没有错误,但这项经济业务却违反了我国现金管理制度的规定。因为现金管理制度规定,偿还或支付大额货款1 000元以上,不能直接以现金支付,而必须通过银行转账结算。

【例3-7】 某企业销售产品,取得货款5 000元,存入银行。编制会计分录如下:

借:银行存款　　5 000

　贷:应付账款　　5 000

这笔会计分录是错误的,因为销售产品取得的收入应编制会计分录如下:

借:银行存款　　5 000

　贷:主营业务收入　　5 000

也就是说,银行存款与应付账款不是对应账户,它们之间不存在对应关系。

以上所举各例均为简单分录。下面举例说明复合分录的编制。复合分录是由若干个简单分录组成的,即复合分录可分解为若干个简单分录,有相互联系的若干简单分录可以组成

复合分录。

【例3-8】 某企业购进材料一批,价款100 000元。其中,以存款支付70 000元,余下的暂欠。

这项经济业务涉及"原材料""银行存款""应付账款"三个账户。这笔业务中,原材料增加100 000元,应记入"原材料"账户借方100 000元;银行存款减少70 000元,应记入"银行存款"账户贷方70 000元,应付账款增加30 000元,应记入"应付账款"账户贷方30 000元,因此,应编制会计分录如下:

借:原材料　　　　　100 000
　　贷:银行存款　　　　　70 000
　　　　应付账款　　　　　30 000

这就成为一笔"一借多贷"的复合分录,也可把这笔复合分录分解为若干个简单分录如下:

(1)借:原材料　　　　70 000
　　　　贷:银行存款　　　　70 000
(2)借:原材料　　　　30 000
　　　　贷:应付账款　　　　30 000

(五)过账

各项经济业务事项编制会计分录后,即应记入有关账户,这个过程通常称为"过账"。过账的具体做法主要有两种:一是在编制会计分录的基础上逐笔过账;二是定期汇总同类业务的会计分录,一次性过入有关的分类账户。过账的一般步骤如下:

1. 每一笔分录过账时,应先过借方科目,为此,过账的第一步,是从分类账中找出分录中借方科目的账户。

2. 将日记簿中该分录的日期,记入该账户的"日期"栏,记载的方法与日记簿"日期"栏填写的方法相同。

3. 因交易的内容在日记簿已有说明,故分类账账户中的摘要,一般可以更简略的文字,紧靠日期栏填写于"摘要"栏内。

4. 将日记簿中所列该科目的金额,转记于该分类账的账户的"借方金额"栏。

5. 将记载该账项的日记簿的页数,记入分类账的"日页"栏,以明其来路。如根据记账凭证过账,"日页"栏应改为"凭证字号"栏,并置于"日期"与"摘要"栏之间。

6. 同时,将所过入分类账的"页码(或账号)",填入日记簿的"类页"栏,以明账项的去路;如以会计科目编号代替会计科目,即用账号代替分类账页次,则日记簿的"类页"栏,只需在过账后,作一"√"号,以示已经过账即可。

7. 借方科目过账完毕后,再按相同的步骤,将贷方科目有关事项过入分类账的该科目账户的相应栏。但贷项的摘要,则右移两个字位开始书写,以保持借项、贷项摘要的左右分立及上、下对齐的排列,并便于识别借贷金额记入方向是否有误。

假设长江公司2012年5月31日总账各账户余额见表3－4。

表3－4 某企业2012年5月31日总账各账户余额

单位:元

资产类账户		负债及所有者权益类账户	
库存现金	500.00	短期借款	33 000.00
银行存款	20 000.00	应付账款	10 000.00
应收账款	1 500.00	应付票据	10 000.00
原材料	81 000.00	实收资本	100 000.00
固定资产	50 000.00		
总计	153 000.00	总计	153 000.00

参见【例3－1】至【例3－5】,现将以上经济业务事项的会计分录记入下列各账户,见表3－5。

表3－5 有关账户发生额及余额表

借方 库存现金 贷方

借方		贷方	
期初余额	500.00		
本期发生额	—	本期发生额	—
期末余额	500.00		

借方 银行存款 贷方

借方		贷方	
期初余额	20 000.00		
(1)	100 000.00	(2)	12 000.00
		(4)	20 000.00
		(5)	10 000.00
本期发生额	100 000.00	本期发生额	42 000.00
期末余额	78 000.00		

借方 应收账款 贷方

借方		贷方	
期初余额	1 500.00		
本期发生额	—	本期发生额	—
期末余额	1 500.00		

原材料

借方		贷方	
期初余额	81 000.00		
(2)	12 000.00		
(3)	5 000.00		
本期发生额	17 000.00	本期发生额	—
期末余额	98 000.00		

固定资产

借方		贷方	
期初余额	50 000.00		
本期发生额	—	本期发生额	—
期末余额	50 000.00		

短期借款

借方		贷方	
		期初余额	33 000.00
(4)	20 000.00		
本期发生额	20 000.00	本期发生额	—
		期末余额	13 000.00

应付票据

借方		贷方	
		期初余额	10 000.00
(5)	10 000.00		
本期发生额	10 000.00	本期发生额	—
		期末余额	0

应付账款

借方		贷方	
		期初余额	10 000.00
		(3)	5 000.00
本期发生额	—	本期发生额	5 000.00
		期末余额	15 000.00

实收资本

借方		贷方	
		期初余额	100 000.00
		(1)	100 000.00
本期发生额	—	本期发生额	100 000.00
		期末余额	200 000.00

（六）编制试算平衡表

将会计事项编成会计分录并过入分类账之后，就可以编制试算平衡表了。试算平衡是根据资产与权益的平衡关系，按照记账规则的要求对本期账户记录进行汇总和比较，以检查和验证账户记录正确性的一种专门方法。试算平衡表是检验各个分类账户借方余额合计与贷方余额合计是否相等的测算表格。

借贷记账法的试算平衡有发生额试算平衡法和余额试算平衡法两种。

1. 账户发生额试算平衡法

账户发生额试算平衡法是以本期全部账户的借方发生额合计数和贷方发生额合计数是否相等来检验账户记录正确性的一种试算平衡方法。其平衡公式如下：

全部账户本期借方发生额合计 = 全部账户本期贷方发生额合计

根据借贷记账法"有借必有贷，借贷必相等"的记账规则，每一笔经济业务的会计分录，其借贷两方的发生额必然是相等的。一定时期内，所有账户的借方发生额合计数和贷方发生额合计数，分别是所有经济业务的会计分录的借方发生额和贷方发生额的累计。因此，将一定时期内的全部经济业务的会计分录全部登账后，所有账户的本期借方发生额合计数和本期贷方发生额合计数额也必然相等。

2. 账户余额试算平衡法

账户余额试算平衡法是以全部账户期末的借方余额合计数和贷方余额合计数是否相等来检验账户记录正确性的一种试算平衡方法。其平衡公式如下：

全部账户的期初借方余额合计 = 全部账户的期初贷方余额合计

全部账户的期末借方余额合计 = 全部账户的期末贷方余额合计

根据借贷记账法的账户结构可知，所有账户的借方余额之和是资产的合计数，所有账户的贷方余额是权益的合计数，资产必然等于权益，因此，所有账户的期末借方余额合计数必然等于期末贷方余额合计数。

根据试算平衡公式，对上述经济业务事项编制总分类账试算平衡表（也称发生额对照表）。试算平衡表通常设有"账户名称"栏和"期初余额""本期发生额""期末余额"三个金额栏。通过总分类账户本期发生额和余额对照表，除可验算全部总分类账户发生额及期末余额是否平衡外，还可一般地了解该期间经济活动和预算执行的概况，另外，该表提供的数据通过必要的计算和调整，也可作为编制会计报表的重要依据。

在实际生活中，会计人员一般按照下面的方法进行试算平衡：第一步，期末把全部账户应记录的经济业务登记入账，并计算出每个账户本期借方发生额、贷方发生额和期末余额；第二步，编制"总分类账户本期发生额及余额表"。参见【例 3－1】至【例 3－5】，结合表 3－4，编制试算平衡表，见表 3－6。

表 3－6　总分类账试算平衡表

2012 年 6 月 30 日　　　　单位:元

账户名称	期初余额		本期发生额		期末余额	
	借方	贷方	借方	贷方	借方	贷方
库存现金	500.00				500.00	
银行存款	20 000.00		100 000.00	42 000.00	78 000.00	
应收账款	1 500.00				1 500.00	
原材料	81 000.00		17 000.00		98 000.00	
固定资产	50 000.00					13 000.00
短期借款		33 000.00	20 000.00			13 000.00
应付票据		10 000.00	10 000.00			
应付账款		10 000.00		5 000.00		15 000.00
实收资本		100 000.00		100 000.00		200 000.00
合　　计	153 000.00	153 000.00	147 000.00	147 000.00	228 000.00	228 000.00

从表 3－5 可以看出,各账户期初借、贷余额合计数均为 153 000 元,本期借、贷发生额合计数都是 147 000 元,期末借、贷余额合计都是 228 000 元,各自保持平衡。这说明记账是基本正确的,但这并不意味着绝对正确。从某种意义上讲,如果借贷出现不平衡,就可以肯定账户的记录或者是计算有错误,但是如果借贷平衡,一般来说账户记录基本正确,我们也不能绝对肯定账户记录没有错误,因为有些错误根本不影响借贷双方的平衡关系,也就是说,并不是所有账户记录错误都可以通过试算平衡检查出来的。比如试算平衡时,某项经济业务在有关账户中全部被漏记,某项经济业务在有关账户中全部被重记,对某项经济业务错记了账户,借贷记账方向记反,多记的金额与少记的金额抵消了等等,均不能通过试算平衡被发现。

试算平衡能够检验的错误类型包括:(1)会计分录中一方金额记错;(2)一方金额遗漏记载或重复记载;(3)过入账户的一方金额过错、一方方向过错;(4)分录中一方遗漏、重复记载过入账户;(5)账户借方或贷方合计数计算错误;(6)在账户借方和贷方两个合计数相减时计算错误。

因此,为了纠正账簿记录的错误,需要对所有的会计记录进行日常或定期的复核,以保证账户记录的正确性。

综上所述,借贷记账法的特点是用“借”“贷”两个高度抽象化的记账符号,依据“有借必有贷,借贷必相等”的记账规则,来分别反映每项经济业务事项所涉及的资金增减变化的内在联系,在各类账户里,完整地体现各项资金活动的来龙去脉和对应关系。因此,借贷记账法具有严谨的科学性和广泛的适用性，记账规律易于掌握，确实是一种科学的记账方法。

第三节　总分类账户与明细分类账户的平行登记

一、总分类账户与明细分类账户

会计账户按其所提供会计核算指标的详细程度来分，可分为总分类账户和明细分类账户。企业生产经营管理所需的会计核算资料是多方面的，不仅要求会计核算能够提供总括的资料，而且要求会计核算能够提供一些详细的经济指标。因此，企业既要设置总分类账户，进行总分类核算，又要设置明细分类账户，进行明细分类核算。

总分类账户，又称为总账账户或总账，是根据总分类科目设置的，用来对会计要素具体内容进行总括分类核算的账户。如应收账款、原材料、固定资产、实收资本等都可以设置为总分类账户。其名称应力求文字简练、含义明确、通俗易懂，其数量和粗细程度，应根据企业规模的大小、经济业务的繁简和管理需要而定。在我国，为了保证会计核算口径的一致性、可比性，更好地满足各方面的需要，总分类账户是根据国家有关会计准则规定的会计科目设置的。总分类账户根据不同的标准，可以有不同的分类。根据账户所反映的经济内容，通常可将其分为资产类账户、负债类账户、所有者权益类账户、共同类账户、成本类账户和损溢类账户六类。

明细分类账户是根据明细分类科目设置的，用来对会计要素具体内容进行明细分类核算的账户。明细分类账户又可以称为明细账户，是企业依据本单位经济业务事项的具体内容、管理上的要求及方便会计核算等而自行设置的。

如果某些总分类账户所属明细分类账户较多，还可以增设二级账户，以便控制和核算。二级账户的核算口径比总分类账户稍细，比明细分类账户稍粗，是介于二者之间的账户。设置二级账户时，总分类账户又称一级账户。在日常工作中，人们有时习惯将二级账户也作为明细账户的一部分看待，这些明细分类账户实际上已经分为子目和细目，即二级账户和三级账户两个层次。如“应收账款”是一个总括反映全部应收账款结算情况的总分类账户，但是它不能详细反映企业每一客户的货款结算情况。为了详细、具体地反映应收账款的结算情况，还必须按每一客户设置应收账款明细分类账户，以便详细、具体地反映企业对各个销货单位的货款结算情况。又如，根据某企业实际情况，“原材料”账户下可设置“原料及主要材料”“辅助材料”和“燃料”等二级账户，其中“原料及主要材料”下又设置“角钢”和“碳钢”两个明细账户；“辅助材料”下又设置“油漆”和“润滑油”等明细账户，见表3－7。

表 3-7　原材料明细账户设置表

总分类账户（一级账户）	明细分类账户	
	子目（二级账户）	细目（三级账户）
原材料	原料及主要材料	角钢 碳钢
	辅助材料	油漆 润滑油
	燃料	汽油 柴油 烟煤

当然，也不是所有总分类科目都设置明细分类科目，而是要以既满足管理需要又简化的原则来设置，如"库存现金"等总分类科目就可以不设置明细分类科目。

总分类账户和明细分类账户是对同一经济业务事项内容进行分层核算而设置的账户，因而二者是相互联系、相互制约的关系。总分类账户是对所属明细账户的总括，起着统驭和控制的作用。一级科目控制二级科目，二级科目控制三级科目；如无二级科目，一级科目直接控制明细科目。明细分类账户是对其总分类账户的细分，起着补充、说明的作用，每个明细分类账户所反映的资料，都是其总分类账户的组成部分。总分类账户中登记的金额，都必须与所属明细分类账户的金额合计数额相符，如果不符，说明记录有误，就应查明更正。总分类账户与明细分类账户这种在总金额上必然相等的关系，称为勾稽关系，通过勾稽关系可以进行账账核对，以保证提供数据资料的准确性。总分类账户与明细分类账户之间的关系实质是一种控制与被控制的关系，故有时人们也将总分类账户称为控制账户，而把明细分类账户称为被控制账户。

二、总分类账户与明细分类账户的平行登记

总分类账户与明细分类账户的密切关系，决定了总分类账户与其所属的明细分类账户应该进行平行登记。所谓平行登记，是指对所发生的每项交易或事项都要以会计凭证为依据，一方面记入有关总分类账户，另一方面记入有关总分类账户所属明细分类账户的方法。总分类账户与明细分类账户平行登记要求做到：所依据会计凭证相同、借贷方向相同、所属会计期间相同、计入总分类账户的金额与计入其所属明细分类账户的合计金额相等。具体可归纳为：

（1）依据相同。即对发生的经济业务，都要以相同的会计凭证为依据，既登记有关总分类账户，又登记其所属明细分类账户。

(2)方向相同。将经济业务记入总分类账户和明细分类账户时,记账方向必须相同。即总分类账户记入借方,明细分类账户也应记入借方;总分类账户记入贷方,明细分类账户也应记入贷方。

(3)期间相同,又称双重登记,指对同一笔经济业务事项,在同一会计期间内(如月度内),既要记入有关的总分类账户,又要记入其所属有关明细分类账户,不能漏记或重记。在实际工作中,对于同一笔经济业务事项,总分类账户和明细分类账户在具体登记时有先后,但是在同一会计期间内(如一个月内),必须全部登记入账。

(4)金额相等。记入总分类账户的金额,应与记入其所属明细分类账户的金额合计相等。这里包含以下两层含义:一是总分类账户本期发生额与其所属明细分类账户本期发生额合计相等;二是总分类账户期末余额与其所属明细分类账户期末余额合计相等。

下面举例说明总分类账户和明细分类账户平行登记的方法。

【例3-9】 2012年1月1日,企业的"原材料"和"应付账款"总分类账户及其所属的明细分类账户的余额如下:

(1)"原材料"总账账户为借方余额35 000元,其所属明细账户结存情况为

①"甲材料"明细账户,结存2 000千克,单位成本为10元,金额计20 000元;

②"乙材料"明细账户,结存50吨,单位成本为300元,金额计15 000元。

(2)"应付账款"总账账户为贷方余额10 000元,其所属明细账户余额为

①"A工厂"明细账户,贷方余额6 000元;

②"B工厂"明细账户,贷方余额4 000元。

【例3-10】 续上例,2012年1月份,企业发生的有关交易或事项及其会计处理如下(不考虑相关税费)。

(1)1月9日,向A工厂购入甲材料500千克,单价10元,计5 000元;向B工厂购入乙材料100吨,单价300元,计30 000元,甲、乙材料已验收入库,货款均尚未支付。对发生的该交易或事项,企业应编制会计分录如下:

借:原材料——甲材料　　5 000
　　　　　——乙材料　　30 000
　贷:应付账款——A工厂　　5 000
　　　　　　——B工厂　　30 000

(2)1月12日,向A工厂购入甲材料400千克,单价10元,计4 000元;乙材料50吨,单价300元,计15 000元,材料均已验收入库,货款尚未支付。对发生的该交易或事项,企业应编制会计分录如下:

借:原材料——甲材料　　4 000
　　　　　——乙材料　　15 000
　贷:应付账款——A工厂　　19 000

(3)1 月 20 日,以银行存款偿付前欠 A 工厂的货款 20 000 元,B 工厂货款 30 000 元。对发生的该交易或事项,企业应编制会计分录如下:

借:应付账款——A 工厂　　　　20 000
　　　　　　——B 工厂　　　　30 000
　贷:银行存款　　　　　　　　50 000

(4)1 月 26 日,生产车间为生产产品从仓库领用甲材料 1 000 千克,金额为 10 000 元;领用乙材料 100 吨,金额为 30 000 元。对发生的该交易或事项,企业应编制会计分录如下:

借:生产成本　　　　　　　　40 000
　贷:原材料——甲材料　　　　10 000
　　　　　　——乙材料　　　　30 000

根据平行登记的要求,将上述交易或事项在"原材料"和"应付账款"总账账户及其所属的明细账户中进行登记。平行登记结果见表 3-8、表 3-9、表 3-10、表 3-11、表 3-12 和表 3-13。

表 3-8　原材料总账账户

账户名称:原材料　　　　　　　　　　第　　页

2012 年		凭证号数	摘要	借方	贷方	借或贷	余额
月	日						
1	1		期初余额			借	35 000.00
1	9	(1)	购入材料	35 000.00		借	70 000.00
1	12	(2)	购入材料	19 000.00		借	89 000.00
1	26	(4)	领用材料		40 000.00	借	49 000.00

表 3-9　应付账款总账账户

账户名称:应付账款　　　　　　　　　　第　　页

2012 年		凭证号数	摘要	借方	贷方	借或贷	余额
月	日						
1	1		期初余额			贷	10 000.00
1	9	(1)	购料欠款		35 000.00	贷	45 000.00
1	12	(2)	购料欠款		19 000.00	贷	64 000.00
1	20	(3)	偿还欠款	50 000.00		贷	14 000.00

表 3－10 原材料明细分类账

明细账户：甲材料　　计量单位：千克　　单位：元

2012 年		凭证号数	摘要	收入			发出			结存		
月	日			数量	单价	金额	数量	单价	金额	数量	单价	金额
1	1		期初余额							2000	10	20 000.00
1	9	（1）	购入材料	500	10	5 000.00				2 500	10	25 000.00
1	12	（2）	购入材料	400	10	4 000.00				2900	10	29 000.00
1	26	（4）	生产领料				1 000	10	10 000.00	1 900	10	19 000.00
			本月合计	900		9 000.00	1 000		10 000.00	1900	10	19 000.00

表 3－11 原材料明细分类账

明细账户：乙材料　　计量单位：吨　　单位：元

2012 年		凭证号数	摘要	收入			发出			结存		
月	日			数量	单价	金额	数量	单价	金额	数量	单价	金额
1	1		期初结存							50	300	15 000.00
1	9	（1）	购入材料	100	300	30 000.00				150	300	45 000.00
1	12	（2）	购入材料	50	300	15 000.00				200	300	60 000.00
1	26	（4）	生产领料				100	300	30 000.00	100	300	30 000.00
			本月合计	150		45 000.00	100		30 000.00	100	300	30 000.00

表 3－12 应付账款明细账

明细账户：A 工厂　　单位：元

2012 年		凭证号数	摘要	借方	贷方	借或贷	余额
月	日						
1	1		期初余额			贷	6 000.00
1	9	（1）	购料欠款		5 000.00	贷	11 000.00
1	12	（2）	购料欠款		19 000.00	贷	30 000.00
1	20	（3）	偿还欠款	20 000.00		贷	10 000.00

表 3-13　应付账款明细账

明细账户:B 工厂　　　　单位:元

2012 年		凭证号数	摘要	借方	贷方	借或贷	余额
月	日						
1	1		期初余额			贷	4 000.00
1	9	(1)	购料欠款		30 000.00	贷	34 000.00
1	20	(3)	偿还欠款	30 000.00		贷	4 000.00

从上述总分类账户和明细分类账户的记录可以看出,由于平行登记的结果,“原材料”和“应付账款”总分类账户的期初余额、借方本期发生额、贷方本期发生额和期末余额,都分别与所属明细账户的期初余额之和、借方本期发生额之和、贷方本期发生额之和以及期末余额之和相等。这样,总分类账户的期初、期末余额,借方、贷方本期发生额,就起到统驭所属明细账的相应数额的作用。同时,各明细分类账既有期初、期末余额和借方、贷方本期发生额,又对有关总分类账户的相应数额起了辅助补充作用。

复习思考题

1. 复式记账法相对于单式记账法的优势有哪些?
2. 复式记账法的原理是什么?
3. 什么是借贷记账法?
4. 如何理解借贷记账法的记账符号?
5. 在借贷记账法下,资产类账户的结构和费用类账户的结构相同吗?
6. 为什么借贷记账法可以进行试算平衡?
7. 试算平衡不能检验哪些类型的错误?
8. 如何编制会计分录?

练　习　题

习　题　一

【目的】 练习利用发生额及余额进行试算平衡。

【资料】 长江股份有限公司2012年3月初资产、负债及所有者权益情况见表3－14。

表3－14　　单位：元

资产	金额	负债及所有者权益	金额
库存现金	1 000	负债：	
银行存款	13 000	短期借款	100 000
应收账款	14 000	应付账款	25 000
其他应收款	2 000	应付职工薪酬	5 000
材料采购	10 000		
生产成本	140 000	所有者权益：	
原材料	50 000	实收资本	500 000
库存商品	70 000	盈余公积	50 000
固定资产	400 000	未分配利润	20 000
合　计	700 000	合　计	700 000

3月份该公司发生下列各项经济业务。

(1)向甲公司购入原材料一批，计价20 000元，材料验收入库，货款未付。

(2)生产车间领用材料45 000元投入A产品的生产。

(3)向银行借入短期借款50 000元存入银行。

(4)以现金暂付职工张强差旅费1 000元。

(5)以银行存款偿还前欠甲公司材料款20 000元。

(6)收到×单位投入资本30 000元存入银行。

(7)收回乙公司前欠货款12 000元存入银行。

(8)从银行提取现金1 000元。

(9)以银行存款购入机器一台，价值20 000元。

(10)以银行存款支付劳保医院医药费5 000元。

【要求】 根据以上业务将资产、负债和所有者权益各项目的3月份金额和月内增减变化的金额填入表3－15，同时计算出期末余额和合计数。

表 3-15 单位：元

资产	期初数	本月增加额	本月减少额	月末余额	负债及所有者权益	期初数	本月增加额	本月减少额	月末余额
库存现金					负债:				
银行存款					短期借款				
应收账款					应付账款				
其他应收款					应付职工薪酬				
材料采购					负债合计				
生产成本					所有者权益				
原材料					实收资本				
库存商品					盈余公积				
固定资产					未分配利润				
					所有者权益合计				
合　计					合　计				

习 题 二

【目的】 练习会计恒等式的恒等关系。

【资料】 假设某企业期初的资产和权益总额均为 100 万元，当期发生下列经济业务：

(1)从银行提取现金 5 000 元；

(2)接受投资者投入款项 200 000 元；

(3)用银行存款偿还长期借款 100 000 元；

(4)用资本公积转增资本 50 000 元。

【要求】 逐项说明上述经济业务对企业资产与权益总额有无影响，如有影响，说明影响的方向和金额。

习 题 三

【目的】 练习总分类账和明细分类账的平行登记。

【资料】 某企业 2011 年 10 月 1 日“原材料”“应付账款”总分类账户以及所属明细账户的期初余额见表 3-16 和表 3-17。

表 3-16 "原材料"总分类账户所属明细分类账户的期初余额表

材料类别	数量	单价	金额/元
甲材料	100 吨	200 元/吨	20 000
乙材料	200 件	50 元/件	10 000
合 计	—	—	30 000

表 3-17 "应付账款"总分类账户所属明细分类账户的期初余额表

债权单位名称	金额/元
甲材料	6 000
乙材料	4 000
合 计	10 000

10 月份发生下列经济业务。

(1)6 日,以银行存款 10 000 元偿还前欠货款,其中 A 工厂 6 000 元,B 工厂 4 000 元。

(2)10 日,从 A 工厂购入甲材料 40 吨,每吨 200 元,计 8 000 元;乙材料 50 件,每件 50 元,计 2 500 元。专用发票列明价款总额为 10 500 元,货款未付,材料验收入库。

(3)12 日,基本生产车间生产领用原材料 28 000 元,其中甲材料 110 吨,每吨 200 元,计 22 000 元;乙材料 120 件,每件 50 元,计 6 000 元。

(4)20 日,从 B 工厂购入甲材料 20 吨,每吨 200 元,计 4 000 元;乙材料 6 件,每件 50 元,计 300 元。专用发票中注明价款总额 4 300 元,材料验收入库,货款尚未支付。

【要求】

(1)根据上述业务编制会计分录;

(2)登记原材料、应付账款的总账及明细账;

(3)编制"原材料""应付账款"明细分类账户本期发生额及余额表,并与总账进行核对。

第四章　企业基本经济业务的核算

第一节　工业企业基本经济业务核算的内容

在上一章为了说明复式记账的原理，我们已涉及到一些简单的账户运用，但这不是系统介绍。为了能进一步了解和掌握借贷记账法，这一章将以工业企业基本经济业务核算为例，系统说明在企业中如何利用借贷记账法进行日常的会计业务处理。

工业企业是根据市场需要生产产品，实行独立经济核算的经济组织。工业企业是以生产过程为中心，依次顺序经过供应过程、生产过程和销售过程，三者统一不断循环和周转。

在供应过程中，企业进行产品生产需要劳动对象，即各种材料。企业用货币资金购买各种材料，为生产建立储备，形成材料存货，随着生产的进行，材料又不断地投入加工过程形成产品。所以供应过程核算的主要业务是材料的采购、收发及结存。

在生产过程中，生产工人借助于劳动工具把劳动对象加工成为产品。一方面从实物形态看，把材料通过加工变成产品；另一方面从价值形态看，发生了各种各样的耗费，形成生产费用。具体来说，发生了材料费用、劳动者的工资和福利费用、固定资产折旧费等。所以生产过程的核算实质是各种生产费用发生、归集、分配的过程。

在销售过程中，企业销售产品，按合同价格取得销售收入，所以销售过程也是产成品又转化为货币资金形态的过程。

企业在销售过程中，获得的全部收入，抵偿了它的全部支出，就是企业所得的利润。企业的利润，一部分要以所得税形式向国家缴纳，纳税后的利润，还要按国家规定在国家、企业和个人之间进行分配。

总之，工业企业为了全面反映和监督材料采购、产品生产、产品销售和经营成果及其分配的各项经济业务，就必须根据业务的具体内容，分别设置不同账户进行核算，及时向有关部门提供所需的会计资料，促进企业降低成本和各项费用，不断提高生产经营管理水平，为国家提供更多的财政收入。

第二节　资金筹集业务的核算

一、资金筹集业务的主要内容

筹集资金是企业生产经营活动的首要条件，是资金运动全过程的起点。对于企业而言，其资金来源一般有两种途径:投资人投入和向债权人借入。投资人投入资本是企业得以创立的一个基本条件,是企业赖以生存和发展的基础,也是所有者权益的基本组成部分。企业筹集资金,除了所有者投入资本外,为了补充资金的不足,还经常需要向银行等金融机构借入资金或者以发行企业债券等方式募集资金。投资人对企业资产的要求权形成企业的所有者权益。债权人对企业资产的要求权形成企业的负债。因此,所有者权益实质上是指所有者在企业资产中享有的经济利益,其金额为资产减去负债后的余额。

(一)投入资本概述

企业的投入资本按照投资主体的不同,可以分为国家投入资本——企业接受国家投资而形成的资本;法人投入资本——企业接受其他企业单位的投资而形成的资本;个人投入资本——企业接受个人包括企业内部职工的投资而形成的资本;外商投入资本——企业接受外国及港、澳、台地区的投资而形成的资本。企业的投入资本按照投入资本物质形态的不同可以分为货币资金投资、实物资产投资和无形资产投资等。

投资人投入的资金形成企业所有者权益的重要组成部分,企业的所有者权益包括投入资本和留存收益两大部分。投入资本指所有者投资形成的权益,包括实收资本和资本公积,其分别表示所有者直接投入企业的资本和资本溢价等。留存收益是企业通过经营活动增加的所有者权益,包括盈余公积和未分配利润,是企业在生产经营过程中所实现的利润留存于企业的部分。

1. 实收资本的主要内容

实收资本是指投资者按照企业章程或合同、协议的约定,实际投入企业的资本。我国采用注册资本制,注册资本是企业在工商登记机关登记的投资者缴纳的出资额,投资者出资达到法定注册资本的要求是企业设立的先决条件,而且根据注册资本制的要求,企业会计核算中的实收资本即为法定资本,应当与注册资本相一致,企业不得擅自改变注册资本数额或抽逃资金。投入资本是投资者作为资本实际投入到企业的资金数额,一般情况下,投资者的投入资本即构成企业的实收资本,也正好等于注册资本。但是,在一些特殊情况下,投资者也会因种种原因超额投入(如溢价发行股票等),从而使得其投入资本超过企业注册资本,在这种情况下,企业进行会计核算时,应将投入资本超过注册资本的部分单独核算,计入资本公积,而不再计入实收资本中。

2. 资本公积的主要内容

资本公积是投资者或他人投入到企业、所有权归属于投资者并且投资金额超过法定资本部分的资本或资产。资本公积从本质上属于投入资本范畴,与留存收益有根本区别,因为后者是由企业实现的利润转化而来的。虽然同属于投入资本范畴,资本公积与实收资本又有所不同。实收资本一般是投资者投入的、为谋求价值增值的原始投资,属于法定资本,与企业的注册资本一致。而资本公积来源于投资者的额外投入,也可以来源于企业中某项资产的公允价值变动等。资本公积包括企业收到投资者出资超出其在注册资本中所占份额以及直接计入所有者权益的利得和损失等，包括资(股)本溢价及其他资本公积。资本公积的主要用途是在企业办理增资手续后用于转增资本。

(二)借入资金概述

企业在生产经营过程中不仅要依靠投资人投入资本，还要通过向银行和其他金融机构借入资金以弥补投入资本的不足以及扩大再生产的需要。企业从债权人处筹集到的资金形成企业的负债，负债表示企业的债权人对企业资产的要求权，即债权人权益。本章将以最具代表性的短期借款和长期借款为例说明借入资金业务的核算。

二、投入资本的核算

(一)账户设置

1."实收资本"账户

"实收资本"账户属于所有者权益类账户，用来核算投资者投入企业的资金变化及其结果，其贷方登记企业实际收到投资者投入的资本；借方一般不进行核算，根据有关法规规定，一般不允许企业的投资人或股东在经营期间抽回其投资，为了保护债权人的权益，只有企业解散或减资时，投资人才能抽回投资，反映为该账户的借方发生额。期末余额在贷方，表示期末企业实有的资本数额或股本数额。当企业收到投资者投入的资金超过其在注册资本中所占份额，则超过部分的资金作为资本溢价或股本溢价，在"资本公积"账户中核算，不计入本账户。企业收到的所有者投资应按实际投资数额入账。其中以货币资金投资的，应按实际收到的款项作为投资者的投资额入账；以实物资产和无形资产形式投资的，应按投资合同或协议约定的价值作为实际投资额入账。

企业在生产经营过程中所取得的收入和收益、所发生的费用和损失，不得直接增减投入资本。该账户应按照投资者设置明细账户，进行明细分类核算。

2."资本公积"账户

"资本公积"账户属于所有者权益类账户，核算企业收到投资者出资额超出其在注册资本中所占份额的部分以及直接计入所有者权益的利得和损失，其贷方登记企业取得的资本公积，借方登记由于其转增资本等原因而引起的资本公积减少数。期末贷方余额，反映企业实有的资本公积。本账户应按资本公积形成的类别设置明细账，进行明细分类核算。

(二)应用举例

【例4-1】 光明公司收到国家投入公司资本金500 000元，存入银行。

这项经济业务的发生，一方面使得该公司的银行存款增加500 000元，另一方面使得该公司收到的投入资本金增加500 000元。其会计分录为：

借：银行存款　　　　500 000

　　贷：实收资本　　　　500 000

【例4-2】 光明公司注册资本为3 000 000元，A投资者出资800 000元，占公司注册资本的25%。

这项业务的发生，一方面使银行存款增加800 000元，另一方面使实收资本和资本公积分别增加750 000和50 000元，其会计分录为：

借：银行存款　　800 000
　贷：实收资本　　750 000
　　资本公积　　50 000

三、借入资金的核算

（一）账户设置

1."短期借款"账户

短期借款是企业向银行或其他金融机构等借入的期限在1年以下（含1年）的各种款项。短期借款一般是企业为维持正常的生产经营所需的资金或为抵偿某项债务而借入的。"短期借款"账户属于负债类账户，核算企业向银行或其他金融机构等借入的期限在1年或1年以内的各种借款，其贷方登记借入的各种短期借款，借方登记短期借款的归还，期末余额在贷方，反映企业尚未偿还的短期借款的本金。本账户应按借款种类、贷款人和币种进行明细核算。

2."长期借款"账户

长期借款是企业向银行或其他金融机构等借入的期限在1年以上（不含1年）的各种款项。与短期借款相比，长期借款的借款期限较长，此外，二者对借款利息费用的处理不同。企业会计准则规定，长期借款的利息费用等应按照权责发生制的要求，按期计入所购建资产的成本（即予以资本化），或直接计入当期财务费用。"长期借款"账户属于负债类账户，核算企业向银行或其他金融机构借入的期限在1年以上的各种借款。其贷方登记借入长期借款的数额；借方登记偿还的数额，期末贷方余额，反映企业尚未偿还的长期借款的数额。本账户应按贷款单位和贷款种类，分别设"本金"和"利息调整"进行明细核算。

3."财务费用"账户

"财务费用"账户属于损溢类账户，核算企业为筹集生产经营资金等而发生的各种筹资费用，包括利息支出（减利息收入）、汇兑损失（减汇兑收益）以及相关的手续费、企业发生或收到的现金折扣等。其借方登记企业发生的财务费用，贷方登记发生的应冲减财务费用的利息收入、汇兑收益、现金折扣。期末应将本账户的余额转入"本年利润"账户，结转后本账户无余额。该账户应按费用项目进行明细核算。

为购建或生产满足资本化条件的资产发生的应予资本化的借款费用，在"在建工程"等科目核算。

4."应付利息"账户

"应付利息"账户属于负债类账户，核算企业按照合同约定应支付的利息，包括吸收存款、分期付息到期还本的长期借款、企业债券等应支付的利息。其贷方登记企业按照合同利率计算确定的应付未付利息;借方登记实际支付的利息。期末余额一般在贷方,反映企业应付未付的利息。该账户应按存款人或债权人设置明细账,进行明细核算。

(二)应用举例

【例4-3】 光明公司因生产经营的需要,于2012年5月1日向银行申请取得期限为3个月的借款45 000元,款项已存入银行。

这项经济业务的发生,一方面使得该公司的银行存款增加45 000元,另一方面使得该公司的短期借款增加45 000元。其会计分录为

借:银行存款　　　　45 000

　贷:短期借款　　　　45 000

【例4-4】 承上例,假如光明公司取得的借款年利率为4%,利息按季度结算,计算5月份应负担的利息、6月末用银行存款300元支付本季度的银行借款利息及8月1日用银行存款30 150元偿还到期的短期借款本金及未支付利息的账务处理。

(1)5月末计息时

这项经济业务的发生,首先应按照权责发生制原则的要求,计算本月应负担的利息额,即本月应负担的借款利息为150(45 000×40÷12)元。借款利息属于该公司的一项财务费用,由于利息是按季度结算的,因此本月的利息虽然在本月发生,但不在本月实际支付,因而形成该公司的一项负债,这项负债通过"应付利息"账户进行反映,其会计分录为

借:财务费用　　　　150

　贷:应付利息　　　　150

6、7月末利息的计算和会计处理方法同5月份。

(2)6月末支付利息时

这项经济业务实际上是偿还银行借款利息这项负债的业务。一方面使得该公司的银行存款减少300元,另一方面使得该公司的应付利息这项负债减少了300元。其会计分录为

借:应付利息　　　　300

　贷:银行存款　　　　300

(3)8月支付本金和未付利息

这项经济业务的发生,一方面使得该公司的银行存款减少30 150元,另一方面使得该公司的短期借款本金和应付利息(7月份利息)分别减少30 000元和150元。其会计分录为

借:短期借款　　　　30 000

　应付利息　　　　150

　贷:银行存款　　　　30 150

第三节 供应过程业务的核算

制造企业要进行正常的产品生产，就必须购置机器设备、建造厂房等固定资产，购买和储备一定品种与数量的材料等存货。因此，固定资产购建业务和材料采购业务，就构成了生产准备业务核算的主要经济业务。

一、固定资产购入业务的核算

固定资产，是指同时具有下列两个特征的有形资产：(1)为生产商品、提供劳务、出租或经营管理而持有的；(2)使用寿命超过一个会计年度。

固定资产同时满足下列条件的，才能予以确认：(1)该固定资产包含的经济利益很可能流入企业；(2)该固定资产的成本能够可靠计量。

固定资产应当按照成本计量。比如，外购固定资产的成本，包括购买价款、进口关税和其他税费，使固定资产达到预定可使用状态前所发生的可归属于该项资产的场地整理费、运输费、装卸费、安装费和专业人员服务费等。

(一)账户设置

为了反映和监督固定资产的增减变动和结存情况，需要设置"固定资产"账户进行核算。"固定资产"账户是用以核算企业持有固定资产原价的账户。属资产类账户，借方登记企业增加的固定资产原价，贷方登记企业减少的固定资产原价，期末借方余额，表示企业期末固定资产原价。本账户可按固定资产类别和项目进行明细核算。

(二)核算举例

【例4－5】 企业购入不需要安装的机器一台，设备买价20 000元，增值税额3 400元，款项以银行存款支付。

该项业务发生，一方面使企业的一项资产增加了20 000元，增值税进项税额增加3 400元；另一方面使企业的另一项资产减少了23 400元。编制会计分录如下：

借：固定资产　　20 000
　应交税费——应交增值税(进项税额)　　3 400
　贷：银行存款　　23 400

二、原材料采购业务的核算

材料采购业务是生产准备过程的主要业务之一，企业向供货单位采购材料时，应遵守经济合同和约定的结算办法，根据供货单位开列的发票，支付货款、税款或承担付款的责任；在采购过程中，还会发生运输费、装卸费、包装费、仓储费等采购费用。材料的买价加上采购费用构成材料采购成本，即外购材料的实际成本。对运达企业的材料，要办理验收入库手续，并使材料入库。

(一)账户设置

企业购入材料时,要支付购买材料的各项费用,并与供货单位发生货款结算关系;与之相适应,材料采购业务的核算,一般应设置"在途物资、"应交税费""原材料""应付账款""应付票据""预付账款"等账户。

"在途物资"账户是用以反映外购材料物资的买价和采购费用,计算确定材料物资采购成本的账户。该账户为资产类账户,其借方登记本期购入材料物资的买价和采购费用,贷方登记已完成采购手续而转入"原材料"账户的材料采购实际成本。该账户若有余额,为借方余额,表示在途材料的实际成本。本账户可按照供应单位和物资品种进行明细核算。

"应交税费"账户是用以核算企业应交和实交税金增减变化情况的账户。该账户为负债类账户,贷方登记应交纳的各种税费,借方登记实际交纳的各种税费,期末余额一般在贷方,表示企业尚未交纳的税费,期末余额如在借方,表示企业多交或尚未抵扣的税费。本账户按应交税费项目进行明细核算。包括计算出的增值税、消费税、资源税、所得税等。在"应交税费——应交增值税"账户中,应设置"进项税额""已交税金""销项税额""出口退税""进项税额转出"等专栏。其中,购入材料时支付或负担的进项税额登记在账户的借方,按产品销售收入计算的销项税额登记在账户的贷方,月份终了,企业应将"应交增值税"明细科目的余额转入"未交增值税"明细科目。

"原材料"账户是用以核算库存材料的收入、发出和结存情况的账户。该账户为资产类账户,其借方登记已验收入库材料的实际成本,贷方登记发出材料的实际成本,余额在借方,表示结存材料的实际成本。为了具体反映每一种材料的增减变动和结存情况,应分别材料的品种规格等,设置"原材料"明细分类账户,进行明细分类核算。材料的明细分类核算,既要提供价值指标,又要提供详细的实物数量。

"应付账款"账户是用以核算企业购入材料等而与供货单位发生结算债务的增减变动情况的账户。该账户为负债类账户,其贷方登记应付给供货单位的款项,借方登记偿付供货单位的款项,期末一般为贷方余额,表示期末应付未付的款项。该账户应按供货单位分设明细分类账户,进行明细分类核算。

"预付账款"账户是用以核算企业按照合同规定预付货款增减变动情况和结果的账户。该账户为资产类账户,其借方登记向供货单位预付的货款和补付的款项,贷方登记收到供货单位提供的材料及有关发票账单而冲销的预付账款,期末余额一般在借方,表示已付款而尚未结算的预付款。该账户应按供货单位名称分设明细分类账户,进行明细分类核算。

(二)核算举例

【例4-6】 企业从振兴工厂购入A材料,增值税专用发票上注明材料数量为10吨,单价10 000元,金额100 000元;税率17%,增值税额17 000元;价税合计117 000元,款项已用银行存款支付,材料已验收入库。

该项经济业务的发生，一方面使企业的材料采购成本和支付的增值税额分别增加了100 000元和17 000元，另一方面使银行存款减少了117 000元。编制会计分录如下：

借：在途物资——A材料　　100 000
　　应交税费——应交增值税（进项税额）　　17 000
　贷：银行存款　　117 000

【例4-7】　企业从光明工厂购入B、C两种材料，增值税专用发票上注明B材料数量30吨，单价2 000元，金额60 000元，税率17%，税额10 200元；C材料15吨，单价1 200元，金额18 000元，税率17%，税额3 060元。B、C材料的货款暂欠。B、C材料均已验收入库。

该项经济业务的发生，一方面使企业的材料采购成本增加了78 000元，应负担的进项税额增加了13 260元，另一方面使企业的负债增加了91 260元。编制会计分录如下：

借：在途物资——B材料　　60 000
　　　　　　——C材料　　18 000
　　应交税费——应交增值税（进项税额）　　13 260
　贷：应付账款　　91 260

【例4-8】　用银行存款支付A，B，C三种材料的运杂费1 000元。其中：A材料运杂费190元，B，C两种材料的运杂费810元（运杂费按B，C材料质量比例分配）。

购入材料发生的采购费用，凡能分清是为采购某种材料所发生的，可以直接计入该材料的采购成本，分不清的，如同批购入两种或两种以上材料共同发生的采购费用，应按适当标准在该批各种材料之间进行分配，以便正确确定各种材料的采购成本。分配标准可选择质量、体积、价格等，在实际工作中应视具体情况选择采用。

本例运杂费按B，C材料重量比例分配，B，C材料应分摊的运杂费计算如下：

运杂费分配率＝810/（30＋15）＝18（元/吨）

B材料应分摊的运杂费＝30×18＝540（元）

C材料应分摊的运杂费＝15×18＝270（元）

该项经济业务的发生，一方面使企业的材料采购成本增加了1 000元，另一方面使企业的银行存款减少了1 000元。编制会计分录如下：

借：在途物资——A材料　　190
　　　　　　——B材料　　540
　　　　　　——C材料　　270
　贷：银行存款　　1 000

【例4-9】　以银行存款预付新民工厂购买D材料款15 000元。

该项经济业务的发生，一方面使企业的预付款增加了15 000元，另一方面使企业的银行存款减少了15 000元。编制会计分录如下：

借:预付账款　　　　15 000

　　贷:银行存款　　　　15 000

【例 4-10】 以银行存款 21 060 元支付前欠明光工厂的货款。

该项经济业务的发生,一方面使企业的应付账款减少了 21 060 元,另一方面使企业的银行存款减少了 21 060 元。编制会计分录如下:

借:应付账款　　　　21 060

　　贷:银行存款　　　　21 060

【例 4-11】 计算并结转 A,B,C 三种材料的实际采购成本。

在材料采购业务完成之后,应计算并确定材料的采购成本,然后将验收入库材料的实际成本从"材料采购"账户转入"原材料"账户。材料采购的实际成本计算如下:

A 材料:	100 000 + 190 =	100 190 元
B 材料:	60 000 + 540 =	60 540 元
C 材料:	18 000 + 270 =	18 270 元
合　计		179 000 元

该项经济业务的发生,一方面使企业的材料采购成本减少了 179 000 元,另一方面使企业的库存材料增加了 179 000 元。编制会计分录如下:

借:原材料——A 材料　　　100 190

　　　　　——B 材料　　　60 540

　　　　　——C 材料　　　18 270

　　贷:在途物资——A 材料　　　100 190

　　　　　　　——B 材料　　　60 540

　　　　　　　——C 材料　　　18 270

根据有关凭证登记的材料采购明细分类账户和原材料明细分类账户,如表 4-1 至表 4-6 所示。

表 4-1　材料采购明细分类账户

材料名称:A 材料　　　　　　　　　　　　　　　　单位:元

2012 年		凭证号数	摘　要	借　方			贷方
月	日			买价	运杂费	合计	
(略)	(略)	(略)	购入 10 吨,@10 000	100 000		100 000	
			运杂费		190	190	
			结转采购成本				100 190
			本期发生额	100 000	190	100 190	100 190

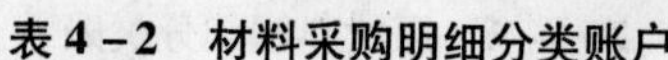

表 4－2 材料采购明细分类账户

材料名称：B 材料　　　　单位：元

2012 年		凭证号数	摘要	借方			贷方
月	日			买价	运杂费	合计	
（略）	（略）	（略）	购入 30 吨，@200	60 000		60 000	
			运杂费		540	540	
			结转采购成本				60 540
			本期发生额	60 000	540	60 540	60 540

表 4－3 材料采购明细分类账户

材料名称：C 材料　　　　单位：元

2012 年		凭证号数	摘要	借方			贷方
月	日			买价	运杂费	合计	
（略）	（略）	（略）	购入 15 吨，@1 200	18 000		18 000	
			运杂费		270	270	
			结转采购成本				18 270
			本期发生额	18 000	270	18 270	18 270

表 4－4 原材料明细分类账

材料名称：A 材料　　　　单位：元

2012 年		凭证号数	摘要	收入			发出			结存		
月	日			数量	单价	金额	数量	单价	金额	数量	单价	金额
（略）	（略）	（略）	期初余额							1	9 810	9 810
			购入	10	10 019	100 190				11		110 000

表 4－5 原材料明细分类账

材料名称：B 材料　　　　单位：元

2012 年		凭证号数	摘要	收入			发出			结存		
月	日			数量	单价	金额	数量	单价	金额	数量	单价	金额
（略）	（略）	（略）	期初余额							2	1 730	3 460
			购入	30	2 018	60 540				32		64 000

表 4-6 原材料明细分类账

材料名称:C 材料　　单位:吨、元

2012 年		凭证号数	摘要	收入			发出			结存		
月	日			数量	单价	金额	数量	单价	金额	数量	单价	金额
(略)	(略)	(略)	期初余额							5	1 146	5 730
			购入	15	1 218	18 270				20		24 000

三、确认材料发出成本的方法

材料购入以后,就面临着发出或耗用的问题,从会计计量的观点看,如何将材料成本在已发出或未发出两部分进行分配,不论对确定销货成本或计量存货价值都至关重要。由于不同批次购进的同种材料的单位成本不尽相同,为此,在材料发出时,需要采用一定的方法确定其成本。从理论上讲,可采用月末一次加权平均法、移动平均法、先进先出法、个别计价法等方法。

(一)月末一次加权平均法

月末一次加权平均法是以材料的数量为权数,计算出材料的加权平均单价,从而确定材料的发出成本的方法。其计算公式如下

$$加权平均值=\frac{期初结存材料成本+本期收入材料成本}{期初结存材料数量+本期收入材料数量}$$

$$发出材料成本=发出材料数量\times加权平均单价$$

某企业有关 H 材料的资料如表 4-7 所示。

表 4-7 H 材料相关信息表

日期	摘要	数量/千克	单位成本/(千克/元)	总成本/元
10 月 1 日	期初余额	300	4	1 200
10 月 8 日	购入	700	5	3 500
10 月 15 日	发出	800		
10 月 25 日	购入	1 000	6	6 000
10 月 30 日	发出	900		

根据上述资料,计算如下:

$$发出材料成本=(800+900)\times5.35=9\ 095(元)$$

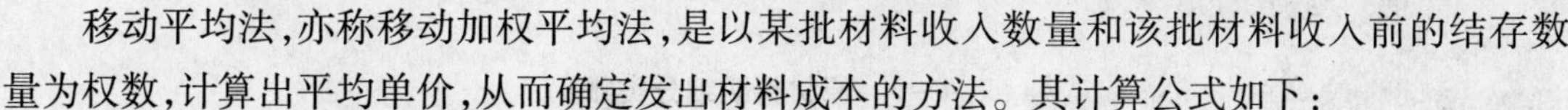

移动平均法,亦称移动加权平均法,是以某批材料收入数量和该批材料收入前的结存数量为权数,计算出平均单价,从而确定发出材料成本的方法。其计算公式如下:

$$加权平均单价=\frac{1\,200+(3\,500+6\,000)}{300+(700+1\,000)}=5.35(元/千克)$$

加权平均法的优点是计算简便,但平时无法从账上反映发出材料及结存材料的单价及金额,不利于材料的日常管理。

(二)移动平均法

续用上例,其计算如表4-8所示。

表4-8 材料明细分类账

材料名称:H材料

2012年		凭证号数	摘要	收入			发出			结存		
月	日			数量/吨	单价/(元/吨)	金额/元	数量/吨	单价/(元/吨)	金额/元	数量/吨	单价/(元/吨)	金额/元
10	1	(略)	期初余额							300	4	1 200
10	8		购入	700	5	3 500				1 000	4.7	4 700
10	15		发出				800	4.7	3 760	200	4.7	940
10	25		购入	1 000	6	6 000				1 200	5.783 3	6 940
10	30		发出				900	5.783 3	5 204.97	300	5.783 3	1 735.03
10	31		本月合计	1 700		9 500	1 700		8 964.97	300	5.783 3	1 735.03

移动平均法的优点是在平时可及时了解发出材料和结存材料的情况。但由于每入库一批材料,就要计算一次加权平均单价,因而计算工作量较大。主要适用于材料收发次数较少的企业。

(三)先进先出法

先进先出法是以先购入的材料先发出这样一种实物流转假设为前提,对发出材料进行计价的一种方法。在这一方法下,先购入的材料成本在后购入的材料成本之前转出,以确定发出材料和期末材料的成本。续用上例,其计算如表4-9所示。

表 4-9　原材料明细分类账

材料名称:H 材料

2012 年		凭证号数	摘要	收入			发出			结存		
月	日			数量/吨	单价/(元/吨)	金额/元	数量/吨	单价/(元/吨)	金额/元	数量/吨	单价/(元/吨)	金额/元
10	1	(略)	期初余额							300	4	1 200
10	8		购入	700	5	3 500				300	4	1 200
										700	5	3 500
10	15		发出				300	4	1 200			
							500	5	2 500	200	5	1 000
10	25		购入	1 000	6	6 000				200	5	1 000
										1 000	6	6 000
10	30		发出				200	5	1 000			
							700	6	4 200	300	6	1 800
10	31		本月合计	1 700		9 500	1 700		8 900	300	6	1 800

先进先出法的优点是期末材料成本是按最近购料单价确定的,期末材料成本(库存材料成本)与现行市价较为接近。但先进先出法的计算工作较繁琐,尤其是材料的进出量频繁的企业更为如此。此外,当物价上涨或下跌的幅度较大时,使用该法进行计价会对企业的当期利润产生较大的影响。比如当物价上涨时,由于发料成本是按先购入的材料单价计算的,因此会高估当期利润,反之则低估了当期利润。

(四)个别计价法

个别计价法,亦称分批实际法,它是以每批材料的实际购进成本为依据,计算该批材料的发出成本的方法,即发出材料属于哪一批购进的,成本就以这一批的购进实际成本计算确定。

续上例,假定经过具体辨认,15 日发出的材料 800 千克中,有 200 千克是期初结存的材料,600 千克是 8 日购入的;30 日发出的材料,900 千克中,有 100 千克是期初结存的,有 50 千克是 8 日购入的,750 千克是 25 日购入的。则根据个别计价法,具体计算如表 4-10 所示。

个别计价法的优点是材料按批进行收发保管,监督严密;材料的实物流动与其成本流转一致,计算比较准确。其缺点是使用该法需要对发出和结存材料的批次进行具体认定,以辨别其收入批次,因此,工作较为繁琐。

根据《企业会计准则——存货》的规定,可采用月末一次加权平均法、移动平均法、先进先出法和个别计价法等来确定发出材料的成本。

表 4-10 原材料明细分类账

材料名称:H 材料

2012 年		凭证号数	摘要	收入			发出			结存		
月	日			数量/吨	单价/(元/吨)	金额/元	数量/吨	单价/(元/吨)	金额/元	数量/吨	单价/(元/吨)	金额/元
10	1	(略)	期初余额							300	4	1 200
10	8		购入	700	5	3 500				300	4	1 200
										700	5	3 500
10	15		发出				200	4	800	100	4	400
							600	5	3 000	100	5	500
10	25		购入	1 000	6	6 000				100	4	400
										100	5	500
										1 000	6	6 000
10	30		发出				100	4	400			
							50	5	250	50	5	250
							750	6	4 500	250	6	1 500
										50	5	250
10	31		本月合计	1 700		9 500	1 700		8 950			
										250	6	1 500

第四节 生产业务过程的核算

产品生产是制造企业的主要业务活动。制造企业在生产过程中一方面生产产品,另一方面要发生各种耗费。产品生产过程中所发生的各种耗费,概括地称为生产费用。其内容主要有:耗用各种材料的费用、支付职工工资、固定资产的折旧费和其他费用。生产费用是为生产各种产品而发生的,最终都要归集、分配到各种产品成本中去。生产费用以不同产品来归集计算,得出为生产某种产品而耗用的生产费用,就称为产品的制造成本。因此,生产费用的发生、归集和分配,产品成本的形成与计算,是产品生产业务核算的主要内容。

一、账户设置

为了归集、分配生产费用,计算产品成本,需设置和运用的主要账户有:“生产成本”“制造费用”“应付职工薪酬”“累计折旧”和“库存商品”等账户。

“生产成本”账户是用以归集反映产品生产过程中所发生的一切费用,计算确定产品制造成本的账户。该账户为成本类账户,账户的借方登记产品生产过程中所发生的各项生产费用,包括直接计入产品成本的直接费用(直接材料与直接人工),以及期末分配转入产品成本的制造费用,贷方登记完工入库产品的制造成本。期末如有余额,为借方余额,表示期末在产品的实际成本。该账户应按产品成本计算对象(如产品的品种、批别等)设置明细分类账户,进行明细分类核算。

“制造费用”账户是用以归集与分配企业生产车间范围内为组织生产和管理生产而发生的各项间接费用。该账户为成本类账户,账户的借方登记实际发生的各项制造费用,贷方登记分配转入产品成本的制造费用,“制造费用”账户月末一般无余额。该账户应按生产车间设置明细分类账户,进行明细分类核算。

“应付职工薪酬”账户是用以核算和监督企业应付给职工的各种薪酬的提取、结算、使用等情况的账户。该账户为负债类账户,账户的贷方登记实际发生的应分配的职工薪酬(应付数),借方登记实际支付的职工薪酬,账户贷方余额,反映职工应付未付的职工薪酬。该账户可按“工资”“职工福利”“社会保险费”“住房公积金”“工会经费”“职工教育经费”“非货币性福利”“辞退福利”“股份支付”等进行明细核算。

“累计折旧”账户是用以核算和监督企业固定资产累计折旧的账户。该账户为资产类账户。该账户的贷方登记计提的固定资产折旧额,借方登记出售、报废、毁损等原因引起固定资产退出企业而相应注销的折旧额,余额在贷方,表示固定资产已提取的累计折旧数额。

“库存商品”账户是用以核算和监督库存商品实际成本增减变动及结存情况的账户。该账户为资产类账户,账户的借方登记已经完成全部生产过程并已验收入库,可以对外销售的产品的实际成本,贷方登记出库产品的实际成本,期末借方余额表示库存产品的实际成本。该账户可按产品的品种、种类和规格进行明细分类核算。

二、核算举例

【例 4-12】 企业某月份发出材料的情况如下:

甲产品生产耗用 A 材料 8 吨,单位成本 10 000 元,计 80 000 元;乙产品生产耗用 B 材料 25 吨,单位成本 2 000 元,计 50 000 元;车间一般耗用 C 材料 5 吨,单位成本 1 200 元,计 6 000 元。

该项经济业务的发生,一方面使企业的库存材料减少了 136 000 元,另一方面使成本费用增加了 136 000 元,直接用于产品生产的材料费用应直接计入甲、乙产品的成本,车间一般耗用的材料应先计入制造费用。该项经济业务应编制如下会计分录:

借:生产成本——甲产品　　80 000
　　　　　　——乙产品　　50 000
　　制造费用　　6 000
　　贷:原材料——A 材料　　80 000
　　　　　　——B 材料　　50 000
　　　　　　——C 材料　　6 000

【例4-13】 企业某月应付工资总额为45 000元,其中:甲产品生产工人工资25 000元,乙产品生产工人工资15 000元,车间管理人员工资5 000元。

该项经济业务的发生,一方面使企业的本月份应付工资增加了45 000元,另一方面使企业的工资费用增加了45 000元。编制会计分录如下:

借:生产成本——甲产品 25 000
——乙产品 15 000
制造费用 5 000
贷:应付职工薪酬——工资 45 000

【例4-14】 以现金支付本月工资45 000元。

该项经济业务的发生,一方面使企业的现金减少了45 000元,另一方面使应付工资减少了45 000元。该项经济业务应编制如下会计分录:

借:应付职工薪酬——工资 45 000
贷:库存现金 45 000

【例4-15】 按上述工资总额的14%提取职工福利费6 300元。

该项经济业务的发生,一方面使企业的应付福利费增加了6 300元,另一方面使企业的成本费用增加了6 300元。该项经济业务应编制如下会计分录:

借:生产成本——甲产品 3 500
——乙产品 2 100
制造费用 700
贷:应付职工薪酬——职工福利 6 300

【例4-16】 计提本月生产车间用固定资产折旧费6 000元。

该项经济业务的发生,一方面使企业的折旧费用增加了6 000元,另一方使固定资产的价值减少(即累计折旧增加了)6 000元。编制会计分录如下:

借:制造费用 6 000
贷:累计折旧 6 000

【例4-17】 以银行存款1 300元为生产工人购买劳保用品。

该项经济业务的发生,一方面使制造费用增加了1 300元,另一方面使银行存款减少了1 300元。编制会计分录如下:

借:制造费用 1 300
贷:银行存款 1 300

【例4-18】 以现金支付应由本月负担的车间用固定资产租金650元。

该项经济业务的发生,一方面使制造费用增加了650元,另一方面现金减少了650元。编制会计分录如下:

借:制造费用　　　　　　　　　650

　贷:库存现金　　　　　　　　　650

【例4-19】 以现金支付车间购买办公用品费350元。

该项经济业务的发生,一方面使企业的现金减少了350元,另一方面使制造费用增加了350元。编制会计分录如下:

借:制造费用　　　　　　　　　350

　贷:库存现金　　　　　　　　　350

【例4-20】 月末,将本月发生的制造费用20 000元分配转入生产成本。其中:甲产品12 500元,乙产品7 500元。

该项经济业务的发生,一方面使企业的生产成本增加了20 000元,另一方面使制造费用减少了20 000元。编制会计分录如下:

借:生产成本—甲产品　　　　　12 500

　　　　　—乙产品　　　　　　7 500

　贷:制造费用　　　　　　　　　20 000

【例4-21】 月末,结转本月完工验收入库产品成本191 000元。其中,甲产品成本121 000元,乙产品成本70 000元。

该项经济业务的发生,一方面使企业的库存商品增加了191 000元,另一方面使生产成本减少了191 000元。编制会计分录如下:

借:库存商品——甲产品　　　　121 000

　　　　　——乙产品　　　　　70 000

　贷:生产成本——甲产品　　　　　121 000

　　　　　　——乙产品　　　　　　70 000

三、产品生产成本的计算

产品生产成本的计算,是指将企业在生产过程中发生的生产费用,按照一定的成本计算对象进行归集和分配,以确定各成本计算对象的总成本和单位成本。产品生产成本计算的一般程序如下:

1. 确定成本计算对象。成本计算对象,即是归集生产费用的对象,或者成本的承担者。进行成本计算,首先必须确定成本计算对象,才能按照确定的成本计算对象归集各种费用,计算各种产品成本。

成本计算对象的确定要适应企业生产的特点与成本管理的要求。按照工艺技术的特点,制造企业的产品生产可分为简单生产(单步骤生产)和复杂生产(多步骤生产);按照生产组织的特点,生产分为大量生产、成批生产和单件生产。单步骤的大量生产以产品品种为成本计算对象,单件的小批量生产以产品的订单或批别为成本计算对象,多步骤连续加工式的生产以各个生产步骤(分品种)为成本计算对象。

2.按产品成本项目归集和分配生产费用。制造企业在生产过程中所发生的各项生产费用,按照费用的经济用途分类形成的项目,称为产品成本项目。产品成本项目主要包括直接材料、直接工资和制造费用等。

(1)直接材料　是指直接用于产品生产、构成产品实体的原料及主要材料,以及有助于产品形成的辅助材料等。

(2)直接工资　是指直接从事产品生产的工人工资,以及按生产工人工资总额和规定的比例计算提取的职工福利费。

(3)制造费用　是指企业各生产单位(如生产车间)为组织和管理生产而发生的各项间接费用。如工资和职工福利费、折旧费、修理费、办公费、水电费等。如果企业或生产车间只生产一种产品,所发生的应计入产品成本的各项生产费用,按产品成本项目进行归集即可计算出该产品的成本。在这种情况下,不存在按成本计算对象分配生产费用的问题。如果企业或生产车间生产的产品不止一种,即存在若干个成本计算对象,则对发生的生产费用,应区别情况处理:对直接费用,可根据原始凭证直接计入某成本计算对象的成本项目中;对于间接费用,应通过一定的账户先进行归集,然后采用适当的方法在各有关成本计算对象之间分配后计入。间接费用分配的方法多种多样,如按生产工人生产工时比例、直接工资比例等方法进行分配。其计算公式如下

$$\text{间接费用分配率} = \frac{\text{间接费用总额}}{\text{各产品分配标准总量}}$$

$$\text{某产品应分配的间接费用} = \text{该产品分配标准量} \times \text{间接费用分配率}$$

如【例4-20】中本月发生的制造费用总额为20 000元,按甲、乙产品的生产工人工资比例进行分配。

$$\text{分配率} = 20\ 000 \div (25\ 000 + 15\ 000) = 0.5$$

$$\text{甲产品应分配的制造费用} = 25\ 000 \times 0.5 = 12\ 500(\text{元})$$

$$\text{乙产品应分配的制造费用} = 15\ 000 \times 0.5 = 7\ 500(\text{元})$$

3.计算产品生产成本。企业的生产费用经过归集和分配后,各项生产费用均全部归集到“生产成本”账户及其所属各种产品成本明细账的借方,这样,就可以算出各种产品的总成本和单位成本。

如果某种产品已全部完工,则该生产成本明细账上归集的费用,即为完工产品的成本;如果某种产品只是部分完工,部分尚未完工,则要将生产费用在完工产品与月末在产品之间进行分配。

【例4-12】至【例4-21】中,假定甲产品、乙产品月初均无在产品,甲产品某月全部完工,乙产品只是部分完工,月末尚有在产品,在产品成本为4 600元。

根据前述有关会计分录,分别登记到甲、乙两种产品的生产成本明细账,见表4-11和表4-12。

表 4－11 生产成本明细账

产品名称:甲产品 单位:元

2012年		凭证号数	摘要	借方(成本项目)			
月	日			直接材料	直接人工	制造费用	合计
		(略)	领用材料	80 000			80 000
			生产工人工资		25 000		25 000
			生产工人福利费		3 500		3 500
			分配制造费用			12 500	12 500
			合计	80 000	28 500	12 500	121 000
			结转完工产品成本	80 000	28 500	12 500	121 000

表 4－12 生产成本明细账

产品名称:乙产品 单位:元

2012年		凭证号数	摘要	借方(成本项目)			
月	日			直接材料	直接人工	制造费用	合计
		(略)	领用材料	50 000			50 000
			生产工人工资		15 000		15 000
			生产工人福利费		2 100		2 100
			分配制造费用			7 500	7 500
			合计	50 000	17 100	7 500	74 600
			结转完工产品成本	47 000	16 000	7 000	70 000
			月末在产品成本	3 000	1 100	500	4 600

根据甲、乙产品生产成本明细账,编制产品生产成本汇总表,见表 4－13。

表 4－13 生产成本汇总表 单位:元

成本项目	甲产品(800件)		乙产品(150件)	
	总成本	单位成本	总成本	单位成本
直接材料	80 000	100	47 000	313.33
直接工资	28 500	35.625	16 000	106.67
制造费用	12 500	15.625	7 000	46.67
产品生产成本	121 000	151.25	70 000	466.67

第五节 销售过程业务的核算

销售过程是企业生产经营过程的最后阶段。销售业务分为产品销售业务与其他销售业务两类,产品销售业务是企业在销售过程的主要经济活动。企业售出产品,按照销售价格与购货单位办理结算,收取产品的价款,确认产品销售收入。产品销售收入减去产品销售成本、产品销售税金即为产品销售利润(或亏损)。因此,在销售过程中,企业要确认销售收入的实现,结转销售成本;计算应缴纳的销售税金;最终确定销售成果。

一、产品销售收入的核算

制造企业的产品销售收入是指企业销售产成品、自制半成品、提供工业性劳务等取得的收入。企业销售商品时,同时符合以下五个条件,予以确认销售收入:

1. 企业已将商品所有权上的主要风险和报酬转移给购货方。企业已将商品所有权上的主要风险和报酬转移给购货方,是指与商品所有权有关的主要风险和报酬同时转移。与商品所有权有关的风险,是指商品可能发生减值或毁损等形成的损失;与商品所有权有关的报酬,是指商品价值增值或通过使用商品等形成的经济利益。

判断企业是否已将商品所有权上的主要风险和报酬转移给购货方,应当关注交易的实质,并结合所有权凭证的转移进行判断。

通常情况下,转移商品所有权凭证并交付实物后,商品所有权上的主要风险和报酬随之转移,如大多数零售商品。某些情况下,转移商品所有权凭证但未交付实物,商品所有权上的主要风险和报酬随之转移,例如交款提货方式销售商品。对于已交付实物但未转移商品所有权凭证,商品所有权上的主要风险和报酬未随之转移,例如采用支付手续费方式委托代销的商品。

2. 企业既没有保留通常与所有权相联系的继续管理权,也没有对已售出的商品实施有效控制。通常情况下,企业售出商品后,不再保留通常与所有权相联系的继续管理权,也不再对已售出的商品实施有效控制,因此,企业在商品发出时确认收入。如果在售出商品后保留了与所有权相联系的继续管理权,或能够对已售出的商品继续实施有效控制,说明商品所有权上的主要风险和报酬没有转移给购货方,销售交易不能成立,不应确认收入。

3. 相关的经济利益很可能流入企业。在销售商品时,与交易相关的经济利益主要表现为销售商品的价款。相关的经济利益流入企业,是指销售商品价款收回的可能性大于不能收回的可能性。企业在销售商品时,如果估计销售价款不是很可能收回,即使收入确认的其他条件均已满足,也不应当确认收入。

4. 收入的金额能够可靠地计量。收入的金额能够可靠地计量是指收入的金额能够合理地估计。收入金额能否合理估计是确认收入的基本前提,如果收入的金额不能合理估计就无

法确认收入。企业在销售商品时,商品销售价格通常已经确定,但是,由于商品销售过程中某些不确定因素的影响,也有存在商品价格发生变动的情况,在这种情况下,新的商品价格未确定前通常不应确认销售收入。

5. 相关的已发生或将发生的成本能够可靠地计量。相关的已发生或将发生的成本能够可靠地计量是指与销售商品有关的已发生或将发生的成本能够合理地估计,如果销售商品相关的已发生或将发生的成本不能够合理地估计,就不应确认收入。

(一)账户设置

为了核算和监督企业销售商品等所实现的收入以及因销售商品而与购买单位之间发生的货款结算关系,企业应设置"主营业务收入""应收账款""预收账款"等账户。

"主营业务收入"账户是用以核算企业销售产品、自制半成品等所取得的收入的账户。该账户属损溢类账户,账户贷方登记已实现的产品销售收入,借方登记已实现收入的销售退回、销售折让和期末转入"本年利润"账户的数额,结转后本账户无余额。账户按产品的种类设置明细账,进行明细分类核算。

"应收账款"账户是用以核算企业因销售商品等应向购货单位收取货款的结算情况的账户。资产类账户,账户借方登记由于销售商品等而发生的应收账款,账户贷方登记应收账款的收回,期末一般为借方余额,表示尚未收回的应收账款。账户按各购货单位设置明细账,进行明细分类核算。

"预收账款"账户是用以核算企业按合同的规定预收购买单位货款的增减变动及结余情况的账户。属负债类账户,账户贷方登记预收账款的增加,账户借方登记销售实现时冲减的预收账款,期末余额如在贷方,表示企业预收账款的结余额,如在借方,表示购货单位应补付给本企业的款项。

(二)核算举例

【例 4-22】 向天诚公司销售甲产品 200 件,单位售价 250 元,增值税率 17%,增值税额 8 500 元,款项已收并存入银行。

该项经济业务的发生,一方面使企业的银行存款增加了 58 500 元,另一方面使产品销售收入增加了 50 000 元,应缴纳的增值税增加了 8 500 元。编制会计分录如下:

借:银行存款　　58 500
　贷:主营业务收入——甲产品　　50 000
　　应交税费——应交增值税(销项税额)　　8 500

【例 4-23】 向海丰公司销售甲产品 250 件,单位售价 250 元;乙产品 80 件,单位售价 550 元,增值税率 17%,增值税额 18 105 元,款项尚未收到。

该项经济业务的发生,一方面使企业的应收账款增加了 124 605 元,另一方面使产品销售收入和应缴增值税分别增加了 106 500 元和 18 105 元。编制会计分录如下:

借:应收账款　　124 605
　贷:主营业务收入——甲产品　　62 500
　　　　——乙产品　　44 000
　　应交税费——应交增值税(销项税额)　　18 105

【例4-24】 收到海丰公司前欠购货款51 480元。

该项经济业务的发生,一方面使企业的银行存款增加了51 480元,另一方面使应收账款减少了51 480元。编制会计分录如下:

借:银行存款　　51 480
　贷:应收账款　　51 480

【例4-25】 大华公司向本企业订购甲产品40件,收到其预付款项5 000元,存入银行。

该项经济业务的发生,一方面使企业的银行存款增加了5 000元,另一方面使预收账款增加了5 000元。编制会计分录如下:

借:银行存款　　5 000
　贷:预收账款　　5 000

【例4-26】 向大华公司发出甲产品40件,单位售价250元,增值税率17%,增值税额1 700元(已预收5000元)。

该项经济业务的发生,一方面使企业的预收账款减少了11 700元,另一方面分别使产品销售收入和应缴增值税增加了10 000元和1 700元。编制会计分录如下:

借:预收账款　　11 700
　贷:主营业务收入——甲产品　　10 000
　　应交税费——应交增值税(销项税额)　　1 700

二、产品销售成本的核算

产品销售成本是企业销售的产成品、自制半成品及工业性劳务的实际生产成本。产品销售成本等于产品销售数量乘以销售产品的单位成本。

为了核算企业的产品销售成本,应设置"主营业务成本"账户。该账户为损溢类账户,借方登记从"库存商品"账户结转的已售产品的生产成本,贷方登记冲销的产品销售成本及月末转入"本年利润"账户的数额,结转后本账户无余额。该账户应分别按产品类别设置明细分类账,进行明细分类核算。

【例4-27】 月末,结转已售产品的实际生产成本116 000元。其中甲产品490件,生产成本78 400元,乙产品80件,生产成本37 600元。

该项经济业务的发生,一方面使企业的库存产成品减少了116 000元,另一方面使产品销售成本增加了116 000元。编制会计分录如下:

借:主营业务成本——甲产品　　　　78 400
　　　　　　　——乙产品　　　　37 600
　贷:库存商品——甲产品　　　　　　78 400
　　　　　　——乙产品　　　　　　37 600

三、产品销售税金的核算

产品销售税金是企业因销售产品等按税法规定应缴纳的消费税、城市维护建设税和资源税等。

为了核算产品销售税金,企业应设置"营业税金及附加"账户。该账户为损溢类账户,其借方登记应缴纳的各种销售税金及附加,贷方登记期末转入"本年利润"账户的销售税金及附加额,结转后期末无余额。

【例4-28】 月末,按税法规定计算出应缴纳的产品销售税金2 000元。

该项经济业务的发生,一方面使企业的产品销售税金增加了2 000元,另一方面使企业的应缴税金增加了2 000元。编制会计分录如下:

借:营业税金及附加　　　　2 000
　贷:应交税费　　　　　　　2 000

第六节　财务成果形成与分配业务的核算

企业在一个会计期间内的财务成果突出地体现在利润这个基本的数据上,包括企业的收入与费用相抵后的差额和直接计入当期利润的利得和损失。利润的有关计算公式如下

营业利润=营业收入-营业成本-营业税金及附加-销售费用-管理费用-财务费用-资产减值损失+公允价值变动收益(-公允价值变动损失)+投资收益(-投资损失)

利润总额=营业利润+营业外收入-营业外支出

净利润=利润总额-所得税费用

在企业的利润总额和净利润中,营业利润代表企业的核心能力。其中主营业务的核算内容已在本章第四节作了介绍,其他业务、投资收益的核算将在后续课程中阐述,这里将主要介绍期间费用、营业外收支、所得税、净利润形成与分配的核算原理。

一、期间费用的核算

期间费用是指不能直接归属于某个特定的产品成本,应直接计入当期损溢的各种费用,包括销售费用、管理费用、财务费用。其中:销售费用是指销售商品和材料、提供劳务的过程中发生的各种费用,包括保险费、包装费、展览费和广告费、商品维修费、预计产品质量保证损

失、运输费、装卸费等以及为销售本企业商品而专设的销售机构(含销售网点、售后服务网点等)的职工薪酬、业务费、折旧费等经营费用。

管理费用是指企业为组织和管理企业生产经营所发生的管理费用,包括企业在筹建期间内发生的开办费、董事会和行政管理部门在企业的经营管理中发生的或者应由企业统一负担的公司经费(包括行政管理部门职工工资及福利费、物料消耗、低值易耗品摊销、办公费和差旅费等)、工会经费、董事会费(包括董事会成员津贴、会议费和差旅费等)、聘请中介机构费、咨询费(含顾问费)、诉讼费、业务招待费、房产税、车船使用税、土地使用税、印花税、技术转让费、矿产资源补偿费、研究费用、排污费等。

财务费用是指企业为筹集生产经营所需资金等而发生的筹资费用,包括利息支出(减利息收入)、汇兑差额以及相关的手续费、企业发生的现金折扣或收到的现金折扣等。

(一)账户设置

为了核算期间费用,需设置"销售费用""管理费用"和"财务费用"账户。

"销售费用"账户用以核算销售费用的发生和结转情况的账户。该账户为损溢类账户,其借方登记发生的各项销售费用,贷方登记期末转入"本年利润"账户的销售费用额,期末结转后该账户无余额,该账户应按销售费用的费用项目进行明细核算。

"管理费用"账户用以核算管理费用的发生和结转情况的账户。该账户为损溢类账户,其借方登记本期实际发生的管理费用,贷方登记期末转入"本年利润"账户的管理费用,期末结转后该账户无余额。该账户应按费用项目开设明细账进行明细分类核算。

"财务费用"账户用以核算财务费用的发生和结转情况的账户。该账户为损溢类账户,其借方登记本期实际发生的财务费用,贷方登记期末转入"本年利润"账户的财务费用,期末结转后该账户无余额。该账户应按费用项目设置明细账,进行明细分类核算。

(二)核算举例

【例4-29】 本月发生广告费5 000元,以银行存款支付。编制会计分录如下:

借:销售费用　　5 000
　贷:银行存款　　5 000

【例4-30】 计算本月应付企业行政管理部门人员的工资4 560元。编制会计分录如下:

借:管理费用　　4560
　贷:应付职工薪酬——工资　　4 560

【例4-31】 计提企业管理部门固定资产的折旧费2 440元。编制会计分录如下:

借:管理费用　　2 440
　贷:累计折旧　　2 440

【例4-32】 用现金支付企业行政部门购买办公用品费200元。编制会计分录如下:

借:管理费用　　　　200

　贷:库存现金　　　　200

【例4-33】 计提本月短期借款利息500元。

该项业务的发生,一方面使企业的财务费用增加了500元,另一方面使企业的应付利息增加了500元。编制会计分录如下:

借:财务费用　　　　500

　贷:应付利息　　　　500

二、营业外收支的核算

营业外收支是指与企业日常经营活动没有直接关系的各项利得和损失,包括营业外收入和营业外支出两个要素。

营业外收入是指与企业日常经营活动没有直接关系的各项利得。营业外收入并不是企业经营资金耗费所产生的,不需要企业付出代价,实际上是企业经济利益的净流入,不可能也需要与有关的费用进行配比。营业外收入主要包括非流动资产处置利得、非货币性资产交换利得、债务重组利得、政府补助利得、盘盈利得、罚没利得、捐赠利得等。

营业外支出是指企业发生的与其日常经营活动无直接关系的各项损失,包括非流动资产处置损失、非货币性资产交换损失、债务重组损失、罚款支出、公益性捐赠支出、非常损失等。

(一)账户设置

为了核算营业外收入和支出,应设置"营业外收入"账户和"营业外支出"账户。

"营业外收入"账户是用以核算营业外收入的取得及结转情况的账户。该账户为损溢类账户,账户的贷方登记确认的营业外收入,借方登记期末转入"本年利润"账户的营业外收入额,结转后该账户期末无余额。该账户应按营业外收入项目设置明细账,进行明细分类核算。

"营业外支出"账户是用以核算营业外支出的发生及结转情况的账户。该账户为损溢类账户,账户的借方登记发生的营业外支出,贷方登记期末转入"本年利润"账户的营业外支出数,期末结转后无余额。该账户应按营业外支出项目设置明细账,进行明细分类核算。

(二)核算举例

【例4-34】 收到其他企业的罚款3 000元,确认营业外收入。

该项经济业务的发生,一方面使企业银行存款增加3 000元,另一方面使营业外收入增加了3 000元。编制会计分录如下:

借:银行存款　　　　3 000

　贷:营业外收入　　　　3 000

【例4-35】 以银行存款3500元支付公益性捐赠支出。

该项经济业务的发生,一方面使企业的银行存款减少了3 500元,另一方面使营业外支出增加了3 500元。编制会计分录如下:

借:营业外支出　　　　　　　　　　3 500
　　贷:银行存款　　　　　　　　　　　3 500

三、所得税费用的核算

所得税是根据企业一定期间的应税利润和所得税税率计算确定的。这里所说的应税利润是根据税法规定确认的收入与费用配比计算的利润数,与税前会计利润(即根据会计准则确认的收入与费用配比计算的利润数)可能不同。在实际工作中,企业计算出的税前会计利润与应税利润之间产生差异时,应在缴纳所得税时,对税前会计利润按照税法规定加以调整。

有关计算公式如下

应税利润 = 税前会计利润 + 纳税调整增加额 - 纳税调整减少额

当期应交所得税 = 应税利润 × 所得税税率

所得税费用包括当期所得税和递延所得税两个组成部分。即

所得税费用 = 当期所得税 + 递延所得税

其中,当期所得税是指当期发生的交易或事项按照适用的税法规定计算确定的当期应交所得税(即:当期所得税 = 当期应交所得税);递延所得税是当期确认的递延所得税资产和递延所得税负债金额或予以转销的金额的综合结果。

为了核算企业的所得税费用,需设置“所得税费用”账户。“所得税费用”账户用以核算企业按规定从本期损溢中扣除的所得税费用的计算及其结转情况。该账户为损溢类账户,其借方登记企业计入本期损溢的所得税费用,贷方登记期末转入“本年利润”账户的所得税税额,期末结转后无余额。该账户可按“当期所得税费用”“递延所得税费用”进行明细核算。

【例 4-36】 企业本期实现的会计利润(利润总额)为 35 300 元。假定税前会计利润与应税利润一致(即无调整项目),按 25% 的所得税税率计算当期应缴纳的所得税额为 8 825 元。(假设不考虑递延所得税)

该项经济业务的发生,一方面使企业的应缴税金增加了 8 825 元,另一方面使所得税费用增加了 8 825 元。编制会计分录如下:

借:所得税费用　　　　　　　　　　8 825
　　贷:应交税费——应交所得税　　　　　8 825

四、净利润形成的核算

企业的利润总额扣除所得税费用后,即为企业的净利润。在会计核算上,只需在期末将各损溢类账户的本期发生额转入“本年利润”账户,即可求出净利润。

“本年利润”账户是用以核算企业本期实现的净利润(或亏损)的账户。该账户为所有者权益类账户,其贷方登记期末各损溢收入类账户转入的数额,借方登记期末各损溢支出类账户转入的数额,结转后,“本年利润”账户如为贷方余额即为本期净利润,如为借方余额则为本期亏损。

【例4-37】 综合【例4-22】至【例4-36】的有关资料,企业的损溢收入类账户与损溢支出类账户的本期发生额见表4-14。

表4-14 损溢类账户发生额表

单位:元

账户名称	借方发生额	贷方发生额
主营业务收入		166 500
主营业务成本	116 000	
销售费用	5 000	
营业税金及附加	2 000	
管理费用	7 200	
财务费用	500	
营业外收入		3 000
营业外支出	3 500	
所得税费用	8 825	

(1)将各项收入从有关收入账户转入"本年利润"账户。编制会计分录如下:

借:主营业务收入　　166 500
　　营业外收入　　3 000
　　贷:本年利润　　169 500

(2)将各项费用、支出从各有关支出类账户转入"本年利润"账户。该项转账业务,引起所有者权益与费用项目发生增减变化。涉及"本年利润""主营业务成本""营业税金及附加""销售费用""管理费用""财务费用""营业外支出""所得税费用"账户。编制会计分录如下:

借:本年利润　　143 025
　　贷:主营业务成本　　116 000
　　　　营业税金及附加　　2 000
　　　　销售费用　　5 000
　　　　管理费用　　7 200
　　　　财务费用　　500
　　　　营业外支出　　3 500
　　　　所得税费用　　8 825

通过结转,即可确定本期实现的净利润为26 475(169 500-143 025)元。

五、利润分配的核算

(一)利润分配的内容

前已述及,企业的利润总额扣除所得税费用后为净利润,利润应根据国家有关规定和投资者的决议进行分配。利润分配的内容和程序如下:

(1)提取法定盈余公积。法定盈余公积按照本年实现净利润的一定比例提取,公司制企业(包括国有独资公司、有限责任公司和股份有限公司,下同)按公司法规定按净利润的10%提取;其他企业可以根据需要确定提取比例,但至少应按10%提取。企业提取的法定盈余公积累计额超过其注册资本的50%以上的,可以不再提取。

(2)提取任意公积。公司从税后利润中提取法定公积金后,经股东大会决议,还可以从税后利润中提取任意公积金。

(3)分配给投资者利润或股利。公司弥补亏损和提取公积金后所余税后利润,有限责任公司依照公司法的规定分配;股份有限公司按照股东持有的股份比例分配,但股份有限公司章程规定不按持股比例分配的除外。

(二)账户设置

为了核算企业利润分配的具体业务,需要设置"利润分配""盈余公积""应付股利"等账户。

"利润分配"账户是用以核算企业利润的分配(或亏损的弥补)和历年分配(或弥补)后的未分配利润(或未弥补亏损)的账户。该账户为所有者权益类账户,平时,其借方登记已分配的利润数,贷方一般不作登记。年末,将企业实现的净利润从"本年利润"账户转入"利润分配"账户贷方,若本年发生亏损,则将亏损额从"本年利润"账户转入"利润分配"账户借方;结转后本账户如为年末贷方余额,表示累计未分配利润,如为年末借方余额,表示累计未弥补亏损。为了具体反映企业利润分配情况和未分配利润情况,本账户应设置"提取法定盈余公积""提取任意盈余公积""应付现金股利或利润""未分配利润"等明细账户进行明细分类核算。

"盈余公积"账户是用以核算企业盈余公积的提取、使用和结余情况的账户。该账户为所有者权益账户,其贷方登记提取的盈余公积数,借方登记盈余公积的使用数,期末贷方余额,表示盈余公积的结余数额。

"应付股利"账户是用以核算企业确定或宣告支付但尚未实际支付的利润或现金股利的账户。该账户为负债类账户,其贷方登记应支付给投资者的利润或现金股利,借方登记实际支付的利润或现金股利,期末贷方余额表示企业应付未付的利润或现金股利,该账户应按投资者设置明细账进行明细核算。

(三)核算举例

【例4-38】 按净利润的10%提取法定盈余公积金2 647.50元。

该项经济业务的发生,一方面使利润减少(即利润分配增加)了2 647.50元,另一方面使

盈余公积增加了2 647.50元。编制会计分录如下：

借:利润分配　　　　2 647.50

　贷:盈余公积　　　　2 647.50

【例4-39】 企业决定,应分给投资者利润11 285.90元。

该项经济业务的发生,一方面使利润分配增加了11 285.90元,另一方面使应付股利增加了11 285.90元。编制会计分录如下：

借:利润分配　　　　11 285.90

　贷:应付股利　　　　11 285.90

(四)年末结转

年末,企业需将"本年利润"账户转入"利润分配"账户。结转后,"本年利润"账户无余额。

【例4-40】 假设本年度实现的净利润为290 000元。这项转账业务,编制会计分录如下：

借:本年利润　　　　290 000

　贷:利润分配　　　　290 000

复习思考题

1. 企业筹资有哪些方式,如何核算?
2. 材料采购成本包括哪些内容,如何核算?
3. 产品生产业务的核算应设置哪些账户,如何应用?
4. 产品成本计算的一般程序是什么?
5. 产品销售收入的确认条件是什么?
6. 销售费用、管理费用、财务费用各包括哪些内容,如何核算?
7. 营业外收支各包括哪些项目,如何核算?
8. 企业的净利润怎样分配,如何核算?

练　习　题

习　题　一

【目的】 练习资金筹集业务的核算。

【资料】 某企业2012年7月发生的有关经济业务事项如下：

1. 企业收到投资者投入资本 900 000 元,已存入银行;

2. 企业收到 A 企业投入的新机器一台,价值 400 000 元;

3. 企业于 2012 年 7 月 1 日向银行借入期限为 3 个月,年利率为 4% 的借款 200 000 元,已存入银行;

4. 企业于 2012 年 7 月 1 日向银行借入期限为 2 年,年利率为 6% 的借款 500 000 元,该借款到期一次还本付息。

【要求】 根据上述经济业务事项编制会计分录。

习 题 二

【目的】 练习生产准备业务的核算。

【资料】 某企业 2012 年 7 月发生的有关经济业务事项如下:

1. 企业购入不需要安装的机器一台,设备买价和税金共 58 500 元,运输费 500 元,款项以银行存款支付。

2. 企业从星星公司购入 A 材料,增值税专用发票上注明材料数量为 5 吨,单价 10 000 元,金额 50 000 元;税率 17%,增值税额 8 500 元;价税合计 58 500 元,款项未付,材料已验收入库。

3. 企业从光明公司购入 B,C 两种材料,增值税专用发票上注明 B 材料数量 10 吨,单价 2 000 元,金额 20 000 元,税率 17%,税额 3 400 元;C 材料 5 吨,单价 1 000 元,金额 5 000 元,税率 17%,税额 850 元。B,C 材料的价税款均以银行存款支付。B,C 材料均已验收入库。

4. 用银行存款支付 A,B,C 三种材料的运输费 1 200 元。其中:A 材料运输费 300 元,B,C 两种材料的运输费 900 元(运输费按 B,C 材料重量比例分配)。

5. 计算并结转 A,B,C 三种材料的实际采购成本。

6. 以银行存款预付购买 D 材料款 25 000 元。

7. 以银行存款 58 500 元支付前欠星星公司货款。

【要求】 根据上述经济业务事项编制会计分录。

习 题 三

【目的】 练习产品生产业务的核算。

【资料】 某企业 2012 年 7 月发生的有关经济业务事项如下:

1. 企业本月份发出材料的情况如下:

甲产品生产耗用 A 材料 4 吨,单位成本 10 000 元,计 40 000 元;

乙产品生产耗用 B 材料 8 吨,单位成本 2 000 元,计 16 000 元;

车间一般耗用 C 材料 2 吨,单位成本 1 000 元,计 2 000 元。

2. 企业某月应付工资总额为 60 000 元,其中:甲产品生产工人工资 30 000 元,乙产品生产工人工资10000元,车间管理人员工资4 000元,企业行政管理部门人员工资16 000元。

3. 以现金支付本月工资60 000元。

4. 按上述工资总额的14%提取职工福利费8 400元。

5. 计提本月生产车间用固定资产折旧费10 000元,企业行政管理部门用固定资产折旧费8 000元。

6. 以现金支付车间购买办公用品费440元。

7. 月末,将本月发生的制造费用分配转入生产成本(按甲、乙产品的生产工人工资比例分配)。

8. 月末,结转本月完工验收入库产品成本(假设甲产品月初在产品成本2 000元,月末无在产品;乙产品月初无在产品,月末在产品成本400元)。

【要求】 根据上述经济业务事项编制会计分录。

习 题 四

【目的】 练习产品销售业务的核算。

【资料】 某企业2012年7月发生的有关经济业务事项如下:

1. 向天天公司销售甲产品300件,单位售价200元,增值税率17%,增值税额10 200元,款项未收。

2. 向大丰公司销售甲产品100件,单位售价200元;乙产品100件,单位售价400元,增值税率17%,增值税额10 200元,款项已收并存入银行。

3. 收到天天公司所欠账款70 200元并存入银行。

4. 海华公司向本企业订购甲产品50件,收到其预付款项4 000元,存入银行。

5. 向海华公司发出甲产品50件,单位售价200元,增值税率17%,增值税额1 700元(已预收4 000元)。

6. 月末,结转已售产品的实际生产成本。其中:甲产品单位生产成本140元,乙产品单位生产成本300元。

7. 月末,按税法规定计算出应缴纳的产品销售税金3 000元。

【要求】 根据上述经济业务事项编制会计分录。

习 题 五

【目的】 练习财务成果的核算。

【资料】 某企业2011年12月发生的有关经济业务事项如下:

1. 接受现金捐赠24 000元,并存入银行。

2. 以银行存款31 400元支付公益性捐赠支出。

3. 销售甲产品400件,单位售价1 500元,增值税率17%,增值税额102 000元,款项已通过银行收讫。

4. 销售乙产品 600 件，单位售价 800 元，增值税率 17%，增值税额 81 600 元，款项未收。

5. 用银行存款支付广告费 2 400 元。

6. 计提应由本月负担的短期借款利息 4 000 元。

7. 结转已售产品的实际生产成本。其中：甲产品单位生产成本 1 000 元，乙产品单位生产成本 550 元。

8. 月末，按税法规定计算出应缴纳的产品销售税金 2 780 元。

9. 假定税前会计利润与应税利润一致，按 25% 的所得税税率计算当期应缴纳的所得税额。（假设不考虑递延所得税）

10. 月末将各损溢类账户的本期发生额转入“本年利润”账户。

11. 按净利润的 10% 提取盈余公积金。

12. 企业决定给投资者分配利润 300 000 元。

13. 年末，根据“本年利润”账户 11 月 30 日贷方余额 800 000 元和 12 月份净利润额计算全年实现的净利润，并将其转入“利润分配”账户。

【要求】 根据上述经济业务事项编制会计分录。

第五章　账户的分类

第一节　概　　述

一、账户分类的目的

账户是对会计对象的具体内容进行分类核算和控制的一种核算工具。每一个账户都用来对经济业务产生的会计数据进行分类记录,从某一个侧面反映了会计要素的具体变化。在前面的章节中已介绍了许多账户,这些账户有的比较容易理解,如"库存现金""银行存款""原材料""短期借款"等账户,有的则比较复杂,如"生产成本""制造费用""应交税费"等账户。这些比较简单和复杂的账户构成了一个完整的账户体系,用来完整、准确地反映会计对象的具体内容。在总体上,全部账户存在着共性。这些账户虽然在性质、用途和结构上各不相同,但它们之间却存在着不可分割的内在联系,分工协作地处理着全部会计数据,执行着账户在会计核算方法体系中的整体功能。为了正确地设置和使用账户,就有必要在研究账户的性质、用途和结构的基础上,进一步明确每一个账户在整个账户体系中的地位和作用,懂得账户之间的相互联系,划分各个账户的核算内容,探求账户在使用上的规律。所以,必须对完整的账户体系加以分类,并掌握各账户提供核算指标的规律性,从而发挥账户在会计核算和监督中的作用。

二、账户分类的作用

(一)便于设置完整的账户体系,全面反映企业经营活动和资金运动情况

由于各单位的经营活动的特点不同,资金运动的内容不同,所涉及的账户体系也就不同。要想有效地反映和监督单位的经营活动,就要从本单位经营活动的特点出发,选择能够反映本单位经营活动的账户体系。它要求会计工作者必须了解不同类型的企业单位应该设置哪些具体的账户,它们反映的具体经济内容是什么,这些账户之间应该建立什么样的相互关系,又能提供什么核算资料。只有这样,才能选择并建立适合本单位的账户体系。使它们能全面、系统地记录本单位的经济活动过程和结果,为会计信息使用者提供所需的信息。

(二)便于设计会计账簿的格式

在单位内部会计管理中,由于不同经营活动各具特点,对不同性质的会计要素的信息披露方式是不一样的。如对于一般的有形资产的增减变动以及结余额,不仅要向有关管理当局披露有关金额方面的信息,而且还应适当披露有关实物量方面的信息;对于像负债和所有者权益类的会计要素,只需要披露有关时间和金额方面的信息就可以了;另外,对于一些费用类要素,不

仅要反映费用的总额,还要按项目反映费用构成的详细情况。上述不同的会计信息,要通过账户在会计账簿中体现出来。对于既要提供金额又要提供实物信息的账户,在相应的会计账簿格式设计时,应设置和运用"数量金额式"账页格式;对于只要披露有关时间和金额方面信息的账户,在相应的会计账簿格式设计时,应设置和运用"三栏式"账页格式;对于不仅要反映费用的总额,还要反映费用构成的详细情况方面信息的账户,在相应的会计账簿格式设计时,应设置和运用"多栏式"账页格式。会计账户的设置,应考虑便于设计会计账簿格式的问题。

(三)便于编制会计报表

会计六要素的增减变动过程及其结果,最终要以会计报表的形式反映出来。编制会计报表所需的相关数据资料是由各个相应的账户提供的。不同的会计报表,反映的经济内容不同,其相关数据资料的来源也不相同。为了及时、正确地编制会计报表,要根据特定会计报表所反映的经济内容,正确编制每张会计报表所需的数据资料是来自于哪些账户,这些账户能提供什么样的会计信息。例如,资产负债表是用来反映某一时点上的财务状况的,是对某一时点上企业现存经济资源及其来源的说明。它的数据资料由资产、负债和所有者权益三类账户提供。不能正确确定为编制会计报表提供数据资料的账户,就不能正确编制会计报表。因此,掌握账户分类及账户的经济内容、用途和结构,有利于正确编制会计报表。

三、账户分类的标志

运用不同的分类标志,可以把账户划分为不同的类别,账户分类的标志实质上就是从什么角度去寻找它们的共性。凡在提供核算指标方面有共同性的账户,就它们的共同性而言属于一类账户,而它们之间的共性也成为该类账户的共同性标志。本书第二章中介绍的《企业会计准则——应用指南》中设置了156个会计账户,如表2-1所示,为了方便于学习,本章主要针对一般企业常用的会计账户进行分类。

(一)账户按经济内容分类

账户按经济内容分类,就是按账户所反映的会计对象的具体内容分类。按经济内容分类是账户分类的基础。因为账户是对会计对象的具体内容进行分类反映和监督的方法,账户的经济内容也就是会计对象的具体内容,只有通过了解账户的经济内容,才能了解账户反映、控制什么;只有通过了解账户的经济内容,才能把握账户的性质。关于具体内容,将在第二节中重点阐述。

(二)账户按用途和结构分类

账户按用途和结构分类,是在账户按经济内容分类的基础上,对用途和结构基本相同的账户进行适当的归类。账户的用途能说明账户提供什么指标,账户的结构能说明怎样来使用这些账户,是具体使用中的技术方法问题。由此可知,账户的用途取决于账户的经济内容,只有理解了账户的经济内容才能运用这些账户、熟悉账户的结构。关于具体内容,将在第二节中重点阐述。

(三)其他分类

账户按经济内容分类和按用途及结构分类,是账户最主要的两种分类标准,此外,账户还

可按其他的分类标准进行分类。按提供信息的详细程度分类，可分为总分类账户和明细分类账户；按账户期末是否有余额可分为实账户和虚账户；按与报表的关系，账户可分为资产负债表账户和利润表账户。

据此编制资产负债表的账户就是资产负债表账户，它反映的是某一时点企业的资产分布状态及其相应的来源，即负债和所有者权益。可以肯定，除非企业停业清算，将所有的财产分配完毕，否则，就必然会拥有一定数量的财产，对这些财产的要求权也自然会存在。也就是说，资产负债表账户期末结账后一般都会有余额，该余额随着经营活动的延续而递延到下一个会计期间。所以这类账户也称为"实账户"或"永久性账户"，它包括资产、负债和所有者权益三大类账户。

据此编制利润表的账户是利润表账户，利润表是反映企业一定期间生产经营成果的会计报表。无论过去取得的成果如何，它只代表过去，上一个会计期间的成果不能带到下一个会计期间，每一个会计期间开始时，经营成果的计算都是从零开始，也就是说，利润表账户期末的余额不能递延到下一个会计期间，本会计期间结束时与该期间相关的利润表账户就应被结平，到下一个会计期间开始时再重新开设，所以这类账户也被称为"虚账户"或"暂记性账户"，它包括收益类账户和费用损失类账户，即损溢类账户。

将账户划分为实账户和虚账户、资产负债表账户和利润表账户，对于进一步了解账户的经济内容、用途和结构，对于正确进行期末结账工作和编制会计报表有一定的作用。

第二节　账户按经济内容分类

账户按经济内容分类就是按所反映的会计对象的具体经济内容进行分类。企业、事业、机关等单位会计对象的具体内容是不一样的。就工业企业来说，会计对象的具体经济内容是资产、负债、所有者权益、收入、费用和利润。费用又包括构成产品生产成本的生产费用及计算损溢的费用两类，利润本身又是所有者权益的一部分。所以账户按其经济内容可分为六大类：资产类账户、负债类账户、所有者权益类账户、共同类账户、成本类账户和损溢类账户。这样分类便于从账户中取得需要的核算指标，明确每个账户的核算内容。这对于准确区分每个账户的经济性质，准确使用账户是十分必要的。

一、资产类账户

资产类账户是用来反映各类资产数量变化的账户。可以按照资产类别分为流动资产账户和非流动资产账户。这些账户按照其流动性的大小在资产负债表中前后排列。流动性大的，如"库存现金""银行存款""交易性资产""应收账款"等排列在前面；流动性小的，如"长期股权投资""固定资产""无形资产"等排在后面。通过这些账户，就可以反映企业所拥有或控制的、能以货币计量的各种财产、债权变动和结存情况，也可以说明企业在正常经营周期中的资产抵债能力。

二、负债类账户

负债类账户是用来反映企业负债的增减变动及其结余情况的账户。按照偿还时间的长短分为流动负债账户和非流动负债账户。在资产负债表中，偿债时间短的，如“短期借款”“应付票据”“应付账款”“预收账款”“应付职工薪酬”“应交税费”等排列在前；偿债时间长的，如“长期借款”“应付债券”“长期应付款”等排列在后。通过这些账户就可以反映企业所承担的债务和各债务的偿还期限。

三、所有者权益类账户

所有者权益类账户是用来反映企业所有者权益的增减变动及其结存情况的账户。所有者权益包括投入资本、资本公积、盈余公积和未分配利润四个项目，按其来源可以分为所有者投入的资本和所有者投入资本的增值。因此，这类账户可以进一步分为：反映所有者投入资本的账户，如“实收资本”“资本公积”等账户；反映所有者投入资本增值的账户，如“资本公积”“盈余公积”“本年利润”“利润分配”等账户，其中，“本年利润”和“利润分配”账户相配合，共同提供了企业未分配利润的情况。

四、共同类账户

共同类账户是用来反映共同性质业务的增减变动及其结余情况的账户。包括“清算资金往来”“货币兑换”“衍生工具”“被套期项目”账户，这些账户的应用将由专业会计讲解，本书不涉及。

五、成本类账户

成本类账户是用来反映企业为生产产品、提供劳务而发生的各种耗费的增减变动及其结转情况的账户。例如，制造企业的“生产成本”和“制造费用”等账户，对外提供劳务企业的“劳务成本”账户。

成本类账户和资产类账户之间有着密切的联系。资产一经耗用就转化为费用成本；成本类账户的期末借方余额属于企业的资产。例如，“生产成本”账户的借方余额表示在产品。从这种意义上来说，成本类账户也是资产类账户。所以，账户按照经济内容进行分类时，有的账户既可以归入资产类账户，又可以归入成本类账户。

六、损溢类账户

损溢类账户，是指用于汇总企业在一个会计期间内的收益和费用损失，计算本期损溢的账户。按照损溢的组成内容，这类账户可以具体分为收益类账户和费用损失类账户。

收益类账户是用来反映企业收益的增减变动及其结存情况的账户。企业的收益包括收入和利得两部分内容，前者是企业在日常活动中所形成的收益，如“主营业务收入”“其他业务收入”等账户;后者是企业在日常活动以外的活动中所形成的收益,如“营业外收入”账户。

费用损失类账户是用来反映企业费用、损失的增减变动及其结转情况的账户,如“主营业务成本”“营业税金及附加”“其他业务成本”“销售费用”“管理费用”“财务费用”“所得税费用”“营业外支出”等账户。

按照经济内容分类,常用的账户所属的类别如图5.1所示。

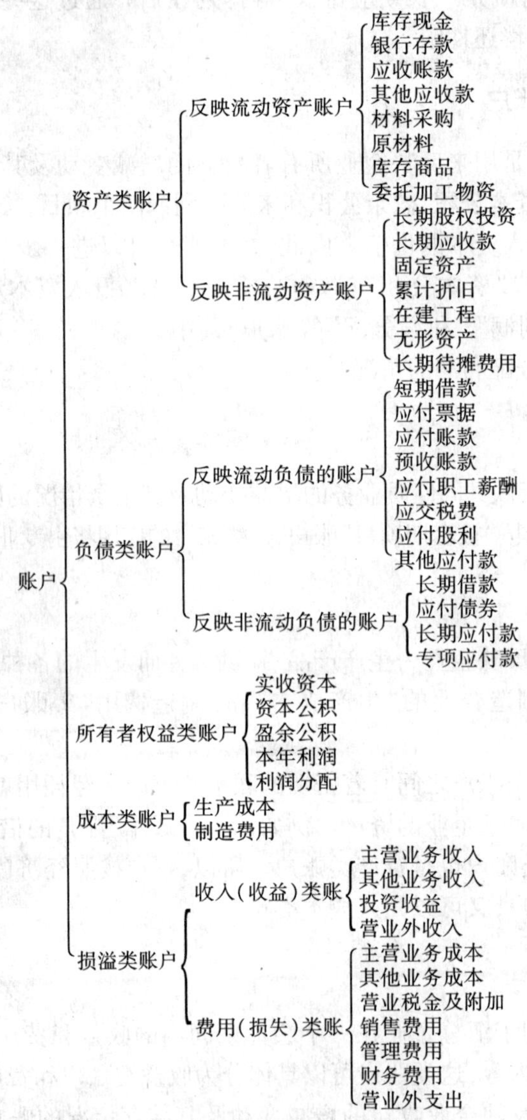

图5.1　按经济内容分类的账户体系

第三节 账户按用途和结构分类

账户按其经济内容分类,可以了解各账户反映什么,这对于正确区分账户的性质,以及如何正确地使用账户是非常必要的。但是,账户在使用过程中各提供什么指标,它们是怎样提供的,其用途和结构上有什么特点,这些问题还不够清楚。因此,必须在账户按经济内容分类的基础上,进一步按账户的用途和结构分类。

账户的用途是指通过账户的记录能够提供什么指标,设置和运用这个账户的目的是什么。如固定资产使用期限较长,在使用中价值会逐渐损耗而转移到最终完工产品价值中去,即以折旧的方式计入完工产品的成本。实际生活中,固定资产价值的高低代表了一个企业的生产规模或生产能力。若计提折旧时直接减少固定资产的价值,那就给人以企业规模在不断萎缩的假象。而实际上,固定资产在其有效使用寿命期内,只要维持适度,都能基本保持其生产能力或水平。这样,就要求"固定资产"账户来反映其购入或取得时的价值,即原始价值,已提的折旧另设"累计折旧"账户反映。从"累计折旧"账户中就可以取得固定资产的累计折旧数。固定资产按原始价值计算的实际结存数,减去固定资产累计折旧数后,就能得到固定资产净值。固定资产原值、累计折旧和固定资产净值都是资产负债表上的重要指标,分别从"固定资产""累计折旧"账户中取得,这就是账户的用途。账户的结构就是账户的借方登记什么、贷方登记什么,余额在哪一方,表示什么内容。就"固定资产"账户来看,借方登记增加额,贷方登记减少额,余额在借方,表示固定资产的实有数(原始价值)。而"累计折旧"账户,由于它所记录的是固定资产的折旧数额,是作为固定资产价值的减少数,因而"累计折旧"账户的结构与"固定资产"账户恰恰相反,"累计折旧"账户的贷方登记增加额,借方登记减少额,余额在贷方,表示累计提取的折旧额。由此可见,账户的用途和结构是一致的,它们都与账户的经济内容有着密切的联系,它是账户在按经济内容分类基础上的进一步分类。

账户按用途和结构分类,可以分为三大类、十小类。三大类包括基本账户、调整账户和业务账户。十小类包括盘存账户、结算账户、资本账户、备抵调整账户、附加调整账户、备抵附加调整账户、集合分配账户、成本计算账户、集合配比账户和财务成果计算账户。

一、基本账户

基本账户是用来核算和监督资产、负债和所有者权益的增减变动和实有数额情况的账户。这类账户的特点是所反映的内容都是经济活动的基础,因而称为基本账户。基本账户一般都有余额,期末应分别列入资产负债表的资产、负债和所有者权益方。

基本账户可分为盘存账户、资本账户和结算账户三类。

(一)盘存账户

盘存账户是用来核算和监督可以进行实物盘点的各项财产、物资和货币资金增减变动及其实有数额的账户。它是任何企业单位都必须设置的账户。属于盘存账户的有“库存现金”“银行存款”“固定资产”“原材料”“库存商品”等账户。在盘存账户中,借方登记各项财产物资和货币资金的本期增加额,贷方登记各项财产物资和货币资金的本期减少额,它的余额在借方,表示期末各项财产物资和货币资金的实有数额。“生产成本”账户的期初、期末余额表示在产品,也具有盘存账户的性质。这类账户可以通过实物盘点的方式进行财产清查,核对账实是否相符。盘存账户的结构见表5－1。

表5－1　盘存账户

借方	贷方
期初余额——财产、物资或货币资金的期初实有数额	
发生额——财产、物资或货币资金的增加数额	发生额——财产、物资或货币资金的减少数额
期末余额——财产、物资或货币资金的期末实有数额	

(二)资本账户

资本账户是用来核算和监督资本金增减变动及其实有数额的账户。属于资本账户的有“实收资本”“资本公积”“盈余公积”“利润分配”等账户。之所以将“盈余公积”归入资本类账户是因为盈余公积是企业各期利润中留存的部分,是企业运用资本从事生产经营活动而获得的资本增值部分,其最终所有权仍属于企业所有者,本质上也是企业所有者对企业的投资。这类账户的总分类账和明细分类账只能提供货币指标。在资本账户中,贷方登记资本及公积金等的增加数,借方登记资本及公积金等的减少数,余额在贷方,表示期末资本及公积金等的结存数。资本账户的结构见表5－2。

表5－2　盘存账户

借方	贷方
	期初余额——期初结存的各项资本金数额
发生额——资本金的减少额	发生额——资本金的增加额
	期末余额——资本金期末结存数

(三)结算账户

结算账户是用来核算企业与其他单位或个人之间债权(应收)、债务(应付)结算关系的账户。按照账户的具体用途和结构,结算账户还可以分为资产结算账户、负债结算账户和资产负债结算账户三类。

1. 资产结算账户

资产结算账户,又称债权结算账户,核算企业应收其他单位或个人的债权增减变动及其结存数,属于资产结算账户的有"应收票据""应收账款""其他应收款"等账户。在这类账户中,借方登记各种债权的增加额,贷方登记债权的减少额,余额在借方,表示尚未收回债权的结存数额。资产结算账户的结构见表5-3。

表5-3 资产结算账户

借方	贷方
期初余额——债权的期初实有额	
发生额——债权的增加额	发生额——债权的减少额
期末余额——债权的期末实有额	

2. 负债结算账户

负债结算账户,又称债务结算账户,核算企业应付其他单位或个人的债务增减变动及其结存数,属于负债结算账户的有"应付账款""其他应付款""应付职工薪酬""应交税费""应付股利"等账户。在这些账户中,贷方登记债务的增加额,借方登记债务的减少额,余额在贷方,表示尚未清偿债务的结存数。负债结算账户的结构见表5-4。

表5-4 负债结算账户

借方	贷方
	期初余额——债务的期初实有额
发生额——债务的减少额	发生额——债务的增加额
	期末余额——债务的期末实有额

3. 资产负债结算账户

资产负债结算账户,又称债权债务结算账户或往来结算账户,是用来核算企业与其他单位或个人以及企业内部之间的一般款项结算情况的账户。因为相互之间往来结算的性质会经常变动,有时是企业的债权,有时则是企业的债务。如企业会计准则规定,预收货款不多的企业,也可以将预收货款直接记入“应收账款”账户的贷方,这样“应收账款”账户同时核算和监督企业应收账款和预收账款的增减变动情况,从而成为一个债权债务结算账户。同样预付货款不多的企业也可将“预付账款”直接记入“应付账款”账户的借方。这样做固然可以集中反映企业与某一个单位的债权债务结算情况,但是,当企业用“应收账款”反映预收款项业务、用“应付账款”反映预付款项业务时,就会出现账户名称与其反映的业务内容不相一致,因而不利于对账户的理解和运用。因此,在设置和运用这类账户时,应指明其双重性质的特点。

有的企业为了简化手续,设置“内部往来”“其他往来”等资产负债双重性质的结算账户。这类账户具有上述两种账户的特点,在借方登记债权的增加额或者债务的减少额,贷方登记债务的增加额或者债权的减少额;余额可能在借方,也可能在贷方,余额在借方时表示尚未收回的债权大于尚未偿付的债务的差额;余额在贷方时表示尚未偿付的债务大于尚未收回的债权的差额。该账户所属明细账的借方余额之和与贷方余额之和的差额,应当与总账的余额相等。资产负债结算账户的结构见表5-5。

表5-5　资产负债结算账户

借方	贷方
期初余额——应收款项大于应付款项的差额	期初余额——应付款项大于应收款项的差额
发生额——应收款项的增加额或应付款项的减少额	发生额——应付款项的增加额或应收款项的减少额
期末余额——应收款项大于应付款项的差额(债权)	期末余额——应付款项大于应收款项的差额(债务)

二、调整账户

调整账户是用来调整其他有关账户余额而设置的账户。设置这些账户主要是为了满足管理上的需要。在会计核算中,对于某些事项,按照历史成本计量属性需要提供原始数据指标,但还需要知道变动后的情况。因此,就需要同时设置两个账户,来提供两种不同的数字。其中一个账户用来记录反映原始数字,另一个账户记录反映对原始数字的调整数字。记录反映原始数字的账户称为被调整账户,记录反映对原始数字进行调整的数字的账户称为调整账户,将被调整账户记录的原始数字与调整账户记录的调整数字相加或相减,就可求得其现实的实有数额,即变动后的情况。这样被调整账户与调整账户结合起来,既全面、完整地说明了同一会计对象,同时也满足了管理上所需特定指标的要求。

调整账户按其调整方式的不同,可以分为备抵调整账户、附加调整账户和备抵附加调整账户。

（一）备抵调整账户

备抵调整账户，也称为备抵账户或抵减账户，是用来抵减被调整账户余额的，它与被调整账户是相减的关系。其调整方式是用备抵调整账户的余额去抵减被调整账户的余额，以求得调整后的实有额。其计算公式为

被调整账户余额 - 备抵账户余额 = 被调整账户实有数额

由于被调整账户与调整账户采用互相抵减的调整方式，因此，被调整账户与调整账户的结构一定是恰恰相反的。如被调整账户的余额在借方（或贷方），那么调整账户的余额一定是在贷方（或借方）。

备抵账户是用来抵减某一账户（被调整账户）余额，以求得该账户实际余额的账户。例如，"固定资产"账户和"累计折旧"账户，"累计折旧"账户是"固定资产"账户的备抵调整账户。因为"固定资产"账户反映固定资产原始价值，为借方余额；"累计折旧"账户反映固定资产由于损耗而转移的价值，其余额在贷方。将"固定资产"账户的借方余额减去"累计折旧"账户的贷方余额，就求得固定资产的净值。现以"固定资产"和"累计折旧"账户为例，列示备抵账户的结构及其与被调整账户的关系，见表5-6。

表5-6 被调整账户

借方	固定资产	贷方
期末余额 2 000 000		

备抵调整账户

借方	累计折旧	贷方
		期末余额 250 000

上例中：

固定资产原始价值	2 000 000
减：累计折旧	250 000
固定资产净值	1 750 000

"坏账准备""累计摊销""固定资产减值准备""存货跌价准备""长期股权投资减值准备"等账户都属于备抵账户。

（二）附加调整账户

附加调整账户，也称附加账户，是用来增加被调整账户的余额的，它与被调整账户是相加

的关系。在实际工作中，单纯的附加调整账户已很少见，其调整方式是用被调整账户余额与附加调整账户余额相加，以求得调整后的实有数额。计算公式为：

被调整账户余额 + 附加调整账户余额 = 被调整账户实际数额

由于附加调整账户对被调整账户起着附加作用，所以它与被调整账户的结构是一致的。如果被调整账户借（贷）方登记增加，贷（借）方登记减少，余额在借（贷）方；那么附加调整账户的结构，也是借（贷）方登记增加，贷（借）方登记减少，余额在借（贷）方。例如，企业溢价发行债券，发行时按债券的票面金额贷记“应付债券——面值”账户，溢价的金额贷记“应付债券——利息调整”账户。“利息调整”二级账户是“面值”二级账户的附加账户，两者期末贷方余额之和表示该债券的实际发行金额。两者的关系如表 5－7 所示。

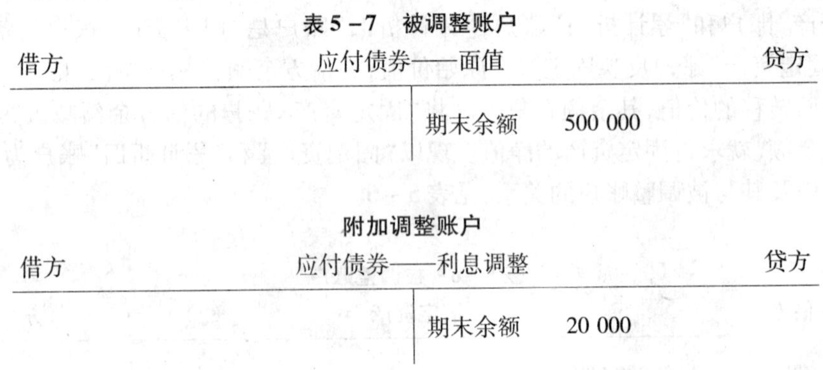

表 5－7　被调整账户

借方	应付债券——面值	贷方
	期末余额　500 000	

附加调整账户

借方	应付债券——利息调整	贷方
	期末余额　20 000	

上例中：

债券发行面值	500 000
加：债券溢价总额	20 000
债券实际发行金额	520 000

（三）备抵附加调整账户

备抵附加调整账户是兼有备抵和附加两种作用的调整账户。如“材料成本差异”“商品进销差价”都是备抵附加账户，当它的余额与被调整账户的余额在相同方向时，调整的方式与附加账户相同；当其与被调整账户的余额在相反方向时，调整的方式与备抵账户相同。

如果企业的材料收发核算采用计划成本方式，就必须设置“材料采购”“原材料”“材料成本差异”三个账户，来分别核算材料的实际采购成本和计划成本，以及实际采购成本同计划成本的差异额。通过“材料采购”账户，将材料采购成本大于计划成本的差额记入“材料成本差异”账户的借方（即超支额），材料采购成本低于计划成本的差额记入“材料成本差异”账户的贷方（即节约额）。当期末编制会计报表时，需将“原材料”账户反映的计划成本，调整为实际成本。这时“材料成本差异”账户的期末余额如在借方，则与“原材料”账户的期末借方余额相加,就可将材料计划成本调整为实际成本;反之,如果“材料成本差异”账户的期末余额在贷方,则与“原材料”账户的期末借方余额相减,从而将材料计划成本调整为实际成本。例示见表5-8,表5-9。

表5-8 被调整账户与附加账户

借方	原材料	贷方	借方	材料成本差异	贷方
期末余额 500 000			期末余 2 000 额		

上例中:

“原材料”账户的借方余额(计划成本)	500 000
加:“材料成本差异”账户借方余额(超支数)	20 000
库存材料的实际成本	502 000

表5-9 被调整账户与备抵账户

借方	原材料	贷方	借方	材料成本差异	贷方
期末余额 500 000			期末余 2 000 额		

上例中:

“原材料”账户的借方余额(计划成本)	500 000
减:“材料成本差异”账户借方余额(节约数)	20 000
库存材料的实际成本	498 000

从上可见,调整账户是一种从属账户,虽然有其自身的意义,但其最重要的作用是用来调整被调整账户,来阐明特定的意义,取得特定的指标。

三、业务账户

业务账户是用来核算和监督企业在供应、生产、销售过程中业务活动的账户。其特点是能及时考核企业账务和成本计划的完成情况,对企业的经济效益作出全面评价。业务账户可分为集合分配账户、成本计算账户、集合配比账户和财务成果计算账户四类。

(一)集合分配账户

集合分配账户是用来汇集和分配企业生产产品和提供劳务过程中所发生的各种间接费用,借以考核有关费用预算执行情况,以及费用分配情况的账户。这类账户的借方登记发生的各项费用,贷方登记费用的分配数,期末一般无余额。属于集合分配账户的是“制造费用”,其账户的结构见表5-10。

表5－10 集合分配账户

借方	制造费用 贷方
发生额——汇集本期发生的各项间接费用的数额	发生额——分配给应负担该项费用的各有关对象的数额

(二)成本计算账户

成本计算账户是用来核算经营过程中某一阶段所发生的全部费用，并确定各个成本计算对象的实际成本的账户。属于成本计算账户的有"在途物资""生产成本"和"在建工程"等账户。在这类账户中，借方登记本期发生的各项费用(其中一部分是在费用发生时直接记入的，另一部分是在会计期末通过集合分配账户转入的)，贷方登记转出的实际成本，期末如有余额，通常在借方表示正处在采购过程中的在途材料、尚未完成生产过程的在产品的实际成本或尚未完工的工程的实际成本等，又属于盘存账户。如"生产成本"账户的期末借方余额表示尚未完成生产过程的在产品。现以"生产成本"账户为例，介绍成本计算账户的结构，见表5－11。

表5－11 成本计算账户

借方	生产成本 贷方
期初余额——尚未完成经营过程某一阶段的成本计算对象的实际成本 发生额——归集经营过程中某一阶段所发生的全部费用数额	发生额——结转已完成某一阶段的成本计算对象的实际成本
期末余额——尚未完成经营过程某一阶段的成本计算对象的实际成本	

(三)集合配比账户

集合配比账户是用来汇集经营过程中所取得的收益和发生的费用损失，以便按照配比原则在期末进行配合比较，计算确定经营期内的财务成果的账户。属于这些账户的有"主营业务收入""其他业务收入""投资收益""营业外收入""主营业务成本""营业税金及附加""其他业务成本""营业外支出"以及期间费用等账户，也就是前面所述的损溢类账户。所有企业的收入(收益)和费用(损失)都在期末转入"本年利润"账户，期末没有余额。这类账户具有明显的过渡性质。

期间费用是企业行政管理部门为组织和管理生产经营活动而发生的管理费用、为筹集资金而发生的财务费用以及为销售而发生的销售费用,在期末直接计入当期损溢。期间费用的特点是:借方登记费用的发生额,贷方转入"本年利润",期末无余额。

集合配比账户的结构见表5-12,表5-13。

表5-12 集合配比账户

借方	收益类账户　　　　贷方
发生额——结转"本所利润"账户	发生额——本期实现的收益额

表5-13 集合配比账户

借方	制造费用　　　　贷方
发生额——本期发生的费用损失额	发生额——结转"本年利润"账户

(四)财务成果计算账户

财务成果计算账户是用来核算和监督企业在一定时期内财务成果的形成,确定企业最终实现利润(或发生亏损)的账户。属于这类账户的是"本年利润"账户。在这个账户中,贷方登记主营业务收入、其他业务收入、营业外收入等账户的期末转入数,借方登记主营业务成本、其他业务成本、营业税金及附加、营业外支出、期间费用、所得税费用等账户的期末转入数,这个账户的余额(年内)就表示企业本年累计所实现的利润总额(贷方余额)或发生的亏损总额(借方余额)。在年度终了时,应将全年实现的净利润(或净亏损)结转至"利润分配"账户,结转以后"本年利润"账户无余额。

财务成果计算账户的结构见表5-14。

表5-14 财务成果计算账户

借方	本年利润　　　　贷方
发生额——主营业务成本、其他业务成本、营业税金及附加、营业外支出、期间费用、所得税费用等账户期末转入数	发生额——主营业务收入、其他业务收入、投资收益、营业外收入等账户的期末转入数
期末余额——本年累计发生的亏损总额(年终结转到"利润分配"账户的借方)	期末余额——本年累计实现的净利润(年终结转到"利润分配"账户的贷方)

综上所述,账户按内容和结构分类不是绝对的,有些账户具有双重性质,例如“生产成本”“在建工程”“在途物资”等账户,既有盘存账户性质,又是成本计算账户。

复习思考题

1. 账户按用途和结构分类的意义是什么?
2. 结算账户按用途和结构如何分类?
3. 请分析调整账户在会计核算起到什么作用?
4. 账户按经济内容分类和按用途和结构分类之间存在什么关系?
5. 集合分配账户和成本计算账户之间有何区别?
6. 什么叫财务成果计算账户?请举例说明财务成果计算账户的用途和结构。
7. 如何理解账户按经济内容分类?
8. 试述为什么要设置资产负债结算账户,其结构如何?

练 习 题

习 题 一

【目的】 练习调整账户和备抵账户之间的关系。

【资料】 某企业“固定资产”账户期末余额750 000元,“累计折旧”账户期末余额80 000元。

【要求】

(1)请计算固定资产净值。

(2)请分析两个账户之间有何关系?

习 题 二

【目的】 掌握调整账户和被调整账户之间的关系。

【资料】 某企业的原材料按计划成本核算,“原材料”账户期末账户余额65 000元,“材料成本差异”账户期末贷方余额7 000元。

【要求】

(1)请计算原材料的实际成本。

(2)请分析两账户之间有何关系?

(3)如果“材料成本差异”账户期末借方余额7 000元,材料的实际成本是多少?两个账户之间又是什么关系?

习 题 三

【目的】 掌握账户的分类。

【资料】

1.“生产成本”账户按用途和结构分类,应属于盘存账户或成本计算账户。

2.属于所有者权益的所有账户,按用途和结构分类都属于资本账户。

3.按用途和结构分类,“累计折旧”应属于附加调整账户。

4.“应付职工薪酬”账户按经济内容分类,应属于资产类账户。

5.按用途和结构分类,“材料采购”账户应属于资产结算账户。

6.按经济内容分类,“应付账款”账户属于负债类,但在出现借方余额时,也可以属于资产类账户。

7.按经济内容分类,“本年利润”账户应属于所有者权益类账户。

【要求】 你认为上述说法哪些正确?对于错误的说法,请加以更正。

第六章　会 计 凭 证

第一节　会计凭证概述

一、会计凭证的概念

会计凭证是记录经济业务、明确经济责任的书面证明,也是据此登记账簿的依据。填制和审核会计凭证是会计核算的一种专门方法,也是进行会计核算工作的第一步。进行会计核算,必须要有会计凭证,即对于发生的一切经济业务和账务处理,都必须取得书面证明;一切会计凭证只有经审核无误后,才能据此登记账簿。会计凭证,对于完成会计核算任务,发挥会计在经济管理中的职能作用,具有十分重要的意义。

二、会计凭证的作用

会计凭证的作用,主要体现在以下几个方面:

(一)会计凭证能够正确反映每一笔经济业务的发生和完成情况

各企业单位在日常的生产经营活动中,会发生各种各样的经济业务,如各项资产的取得和使用、各项债务的发生和偿付、财务成果的形成和分配等,既有货币资金的收付,又有财产物资的进出。通过会计凭证的填制,可以将日常发生的大量经济业务真实地记录下来,及时地反映各项经济业务的发生和完成情况,为经营管理提供有用的会计信息。

(二)会计凭证可以为登记账簿提供依据

为了保证会计账簿资料的真实性、可靠性,对单位发生的每一项经济业务都必须及时取得或填制会计凭证,然后根据审核无误的会计凭证登记入账,这样就可以把经济业务的发生和完成情况正确及时地反映在会计凭证上,并为登记账簿提供可靠的依据。

(三)会计凭证有利于明确各个职能部门、各个经办人员的经济责任

会计凭证有利于强化经济管理的岗位责任制。在会计凭证中,列明了经济业务发生的日期、内容、数量、金额以及有关经办人员的签名盖章等。这样就可以明确各经办单位及人员所负的责任,从而加强他们的责任感。一旦发生了差错和纠纷,也可以借助会计凭证进行正确的裁决,从而增强业务人员的责任心。

(四)会计凭证有利于发挥会计的监督作用

通过取得和填制会计凭证,可以检查每项经济业务是否真实、正确、合法、合规、合理,及时发现经济管理上的不足之处和各项管理制度上的漏洞,从而采取必要的措施来改进工作。

第二节　会计凭证的种类

会计凭证是多种多样的，按其填制的程序和用途的不同，可以分为原始凭证和记账凭证两大类，每一类下面按照一定的标志可以作进一步的分类。

一、原始凭证

原始凭证是在经济业务发生或完成时取得或填制的、用以记录或证明经济业务的发生或完成情况的原始凭据。

(一)原始凭证按照来源不同，分为外来原始凭证和自制原始凭证。

外来原始凭证指在经济业务发生或完成时，从其他单位或个人直接取得的原始凭证。例如购进原材料时从购货单位取得的发票，在向外单位付款时取得的收据等。发票的一般格式如表 6－1 所示。

表 6－1　(单位名称)发票

购货单位　　　　　　　　　　年　月　日　　　　　　　　　　№

货号及品名	规 格	数 量	单 位	单 价	金　额
金额(大写)					

第二联　报销凭证

收款人：　　　　　　经办人：　　　　　　开票单位(未盖章无效)：

自制原始凭证指由本单位内部经办业务的部门和人员，在执行或完成某项经济业务时填制的、仅供本单位内部使用的原始凭证。

(二)原始凭证按照填制手续及内容不同，分为一次凭证、累计凭证和汇总凭证。

1. 一次凭证

一次凭证是指填制手续是一次完成的，用以记录一项经济业务或若干项同类经济业务的凭证。外来的原始凭证几乎都是一次凭证。自制的原始凭证绝大多数也是一次凭证。如“领料单”“收料单”和“职工借款单”等。领料单的格式如表 6－2 所示。

表 6－2 （企业名称）领料单

领料单位＿＿＿＿＿＿　　　　　　　　　　凭证编号
用　　途＿＿＿＿＿＿　　　　年　　月　　日　　　　发料仓库

材料编号	材料名称及规格	计量单位	数量		单价	金额
			请领	实发		

记账　　　　发料　　　　领料部门负责人　　　　领料

2. 累计凭证

累计凭证是指在规定期限内，为了减少凭证数量和简化凭证填制手续，将不断重复发生、且性质相同的经济业务登记在一起，进行连续反映的一种自制原始凭证。累计凭证的填制手续不是一次完成的，而是把经常发生的同类经济业务登记在一张凭证上，直到期末求出总数以后才完成凭证的填制手续，此时才可以作为记账的原始依据。如企业为了控制材料领料而采用的“限额领料单”，格式如表 6－3 所示。

表 6－3 限额领料单

领料单位＿＿＿＿＿＿　　　　　　　　　　凭证编号
用　　途＿＿＿＿＿＿　　　　年　　月　　日　　　　发料仓库

材料类别	材料编号	材料名称及规格	计量单位	领用限额	实际领用	单价	金额	备注

供应部门负责人：　　　　　　　　生产计划部门负责人：

日期	数量		领料人签章	发料人签章	退料			限额结余
	请领	实发			数量	收料人	发料人	

3. 汇总原始凭证

汇总原始凭证也称原始凭证汇总表，是根据一定时期内若干张反映同类经济业务的原始凭证汇总编制而成的凭证。如“发料凭证汇总表”“现金收入汇总表”等。“发料凭证汇总表”格式如表 6－4 所示。

表 6－4 发料凭证汇总表

年 月 日 附领料单____张

会计科目	领料部门	原材料	燃料	合计
生产成本	一车间 二车间			
	小 计			
制造费用	一车间 二车间			
	小 计			
管理费用	行政部门			
合 计				

会计主管 记账 审核 制表

4. 计算原始凭证

计算原始凭证是根据有关资料计算而形成的原始凭证。如制造费用分配表、工资费用分配表等。制造费用分配表格式如表 6－5 所示。

表 6－5 制造费用分配表

产品名称	生产工人工时	分配率	分配金额
A 产品 B 产品	20 580 8 868		10 290 4 434
合 计	29 448	0.5	14 724

(三)原始凭证按照格式不同,分为通用凭证和专用凭证。

通用凭证指由有关部门统一印制、在一定范围内使用的具有统一格式和使用方法的原始凭证。专用凭证指由单位自行印制、仅在本单位内部使用的原始凭证。

二、记账凭证

记账凭证有多种分类方法,可以按反映经济业务的内容分类、按凭证的填制方式分类等。

(一)记账凭证按照适用的经济业务的不同可以分为专用记账凭证和通用记账凭证

1. 记账凭证 专用记账凭证是专门用于某一类经济业务的记账凭证。专用记账凭证一般分为收款凭证、付款凭证和转账凭证。在实际工作中,为了便于识别,避免差错,提高会计工作效率,各种专用记账凭证通常用不同颜色的纸张印刷。

(1)收款凭证

收款凭证是指专门用以记录现金和银行存款收入业务的记账凭证,是根据现金收入和银行存款收入业务的原始凭证填制的,如表 6－6 所示。收款凭证又可以分为现金收款凭证与银行存款收款凭证。收款凭证是登记库存现金日记账和银行存款日记账以及有关明细账和总分类账的依据,也是出纳人员收入款项的依据。

表 6－6 收款凭证

应借科目________　　　　年　月　日　　　　____字第____号

摘　要	应贷科目		记账	金额
	一级科目	明细科目		
人民币合计(大写)				

附件　张

会计主管　　记账　　出纳　　审核　　制单

(2)付款凭证

付款凭证是指专门用以记录现金和银行存款付出业务的记账凭证,格式如表 6－7 所示,是根据现金或银行存款付出业务的原始凭证填制的。付款凭证又可以分为现金付款凭证和银行存款付款凭证。付款凭证是登记库存现金日记账与银行存款日记账以及有关明细账和总分类账的依据,也是出纳人员付出款项的依据。

表 6－7 付款凭证

应贷科目________　　　　年　月　日　　　　____字第____号

摘　要	应借科目		记账	金额
	一级科目	明细科目		
人民币合计(大写)				

附件　张

会计主管　　记账　　出纳　　审核　　制单

(3)转账凭证

转账凭证是指专门用以记录除现金和银行存款收、付款业务以外的其他经济业务的记账凭证,格式如表6-8所示。转账凭证是登记有关明细账与总分类账的依据。

表6-8 转账凭证

年 月 日 ____字第____号

摘 要	总账科目	二级或明细科目	记账	借方金额	贷方金额
人民币合计(大写)					

附件 张

会计主管 记账 出纳 审核 制单

2. 通用记账凭证

通用记账凭证是适用于所有经济业务的记账凭证。采用通用记账凭证的单位,无论是款项的收付还是转账业务,都采用统一格式的记账凭证。通用记账凭证通常适用于规模不大,款项收、付款业务不多的企业。通用记账凭证的基本格式与专用记账凭证的转账凭证的格式相同,如表6-9所示。

表6-9 记账凭证

年 月 日 ____字第____号

摘 要	总账科目	二级或明细科目	记账	借方金额	贷方金额
人民币合计(大写)					

附件 张

会计主管 记账 出纳 审核 制单

(二)记账凭证按照填制方式可以分为复式记账凭证和单式记账凭证

1. 复式记账凭证

复式记账凭证是将一项经济业务涉及的借方和贷方的各个会计科目都集中填列在一张记账凭证上。如前面列举的收款凭证、付款凭证和转账凭证都是复式记账凭证。复式记账凭证可以集中反映账户的对应关系,便于了解经济业务的全貌,但不便于汇总每一个会计科目的发生额。实际工作中,会计核算一般都采用复式记账凭证。

2. 单式记账凭证

单式记账凭证是指每一张凭证只填列一个会计科目的记账凭证。即把每一项经济业务所涉及的会计科目分别填列在两张或两张以上的借项记账凭证和贷项记账凭证上。单式记账凭证便于分别汇总每一个会计科目的发生额,但不能反映账户的对应关系,在相同经济业务量的条件下,记账凭证的数量也较多,因而一般只在经济业务较多,会计人员分工较细的情况下有选择的采用。单式记账凭证的格式如表6－10和表6－11所示。

表6－10　借项记账凭证

对应科目________　　年　月　日　　编号

摘　要	一级科目	二级或明细科目	金　额	记　账

会计主管　　记账　　出纳　　审核　　制单

表6－11　贷项记账凭证

对应科目________　　年　月　日　　编号

摘　要	一级科目	二级或明细科目	金　额	记　账

在实际工作中,为了简化登记总账的工作,可以将一定时期内全部记账凭证汇总编制科目汇总表,如表6－12所示;或者将一定时期内的各种记账凭证分别按照科目编制汇总收款凭证、汇总付款凭证和汇总转账凭证,如表6－13所示。

表6－12　科目汇总表

年　月　日至　日　　编号:

科　目	凭证张数	借方金额	贷方金额	总账页次
银行存款		485 600	324 800	3
在途物资		163 200	152 100	8
(以下内容略)				
合　计		980 660	980 660	

会计主管　　记账　　审核　　制表

表 6－13 ××凭证汇总表

年　月　日至　日　　×字第　号

会计科目	账页号	本期发生额		记账凭证号
		借方	贷方	
合　计				

会计主管　　记账　　审核　　制表

第三节　原始凭证的填制与审核

一、原始凭证的基本内容

各个单位发生的经济业务事项复杂多样，记录和反映经济业务事项的原始凭证来源于不同渠道，原始凭证的内容、格式不尽相同。作为反映经济业务事项已经发生或完成并承担明确经济责任的书面文件，无论是哪一种原始凭证，都应当具备以下基本内容：

1. 原始凭证的名称，如发货票、入库单；
2. 原始凭证的填制日期和编号，一般应当是经济业务事项发生或完成的日期；
3. 接受原始凭证单位名称或个人姓名；
4. 经济业务事项的内容摘要；
5. 经济业务事项的数量、单价和金额；
6. 填制原始凭证的单位名称；
7. 有关经办人员的签名或盖章。

从外单位取得的原始凭证，应该使用统一的发票，发票上印有税务专用章，并且必须盖有填制单位的公章。从个人取得的原始凭证，必须有填制人员的签名或者盖章。自制原始凭证必须有经办部门的负责人或者指定的人员签名或者盖章，对外开出的原始凭证必须加盖本单位的公章。

原始凭证为了满足其他业务需要，还可列入相应的内容，如预算项目、合同号数等等，使原始凭证能够发挥多方面的作用。

二、原始凭证的填制要求

1. 内容要真实

原始凭证所填列的经济业务内容和数字,必须真实可靠,符合实际情况。

2. 项目要完整

原始凭证所要求填列的项目必须逐项填列齐全,不得遗漏和省略。

3. 手续要完备

单位自制的原始凭证必须有经办单位领导人或者其他指定的人员签名盖章;对外开出的原始凭证必须加盖本单位公章;从外部取得的原始凭证,必须盖有填制单位的公章;从个人取得的原始凭证,必须有填制人员的签名盖章。

4. 书写要清楚、规范

原始凭证要按规定填写,文字要简要,字迹要清楚,易于辨认,不得使用未经国务院公布的简化汉字。大小写金额必须相符且填写规范,小写金额用阿拉伯数字逐个书写,不得写连笔字,在金额前要填写人民币符号"¥",人民币符号"¥"与阿拉伯数字之间不得留有空白,金额数字一律填写到角分,无角分的,写"00"或符号"-",有角无分的,分位写"0",不得用符号"-";大写金额用汉字壹、贰、叁、肆、伍、陆、柒、捌、玖、拾、佰、仟、万、亿、元、角、分、零、整等,一律用正楷或行书字书写,大写金额前未印有"人民币"字样的,应加写"人民币"三个字,"人民币"字样和大写金额之间不得留有空白,大写金额到元或角为止的,后面要写"整"或"正"字,有分的,不写"整"或"正"字。如小写金额为¥1 008.00,大写金额应写成"壹仟零捌元整"。

5. 编号要连续

如果原始凭证已预先印定编号,在写坏作废时,应加盖"作废"戳记,妥善保管,不得撕毁。

6. 不得涂改、刮擦、挖补

原始凭证有错误的,应当由出具单位重开或更正,更正处应当加盖出具单位印章。原始凭证金额有错误的,应当由出具单位重开,不得在原始凭证上更正。

7. 填制要及时

各种原始凭证一定要及时填写,并按规定的程序及时送交会计机构、会计人员进行审核。

三、原始凭证的审核

原始凭证的审核内容主要包括:原始凭证的真实性、合法性、合理性、完整性、正确性、及时性。经审核的原始凭证应根据不同情况处理。

(1)对于完全符合要求的原始凭证,应及时据此编制记账凭证入账。

(2)对于真实、合法、合理但内容不够完整、填写有错误的原始凭证,应退回给有关经办人员,由其负责将有关凭证补充完整、更正错误或重开后,再办理正式会计手续。

(3)对于不真实、不合法的原始凭证,会计机构、会计人员有权不予接受,并向单位负责人报告。

第四节 记账凭证的填制与审核

一、记账凭证的基本内容

记账凭证是登记账簿的依据。在登记账簿前,必须根据原始凭证编制记账凭证。为了保证账簿记录的正确性,记账凭证必须具备以下基本内容:

(1)记账凭证的名称;

(2)填制单位的名称;

(3)凭证的编号、日期;

(4)经济业务内容摘要;

(5)应借、应贷科目的名称及金额;

(6)所附原始凭证的张数;

(7)有关经办人员的签章。

二、记账凭证的填制要求

收款凭证是根据有关现金和银行存款收款业务的原始凭证填制的。收款凭证的左上角“借方科目”,应填写“现金”或“银行存款”科目;右上角应填写凭证的编号;“摘要”栏应填写所记录的经济业务的简要内容;“贷方科目”栏应填写与现金收入或银行存款收入相对应的一级科目和二级科目或明细科目;“金额”栏应填写现金与银行存款的收入金额;入账后要在“过账”栏打“√”或注明登记入账的页数,以防止重复记账或漏账;“附件张数”栏记录记账凭证所附的原始凭证张数。

付款凭证是根据有关现金和银行存款付款业务的原始凭证填制的。付款凭证的填制方法与收款凭证基本相同。不同的是凭证左上角应填列相应的贷方科目;“借方科目”栏应填写与现金付出或银行存款付出相应的一级科目和二级科目或明细科目。

对于现金与银行存款之间的相互划转业务,如从银行提取现金或将现金送存银行,一般只填制银行存款或现金的付款凭证,以避免重复记账。

转账凭证是根据转账业务的原始凭证编制的。转账凭证中一级科目和二级科目或明细科目应分别填列应借、应贷的一级科目和所属的二级科目或明细科目,借方科目的应记金额应在同一行的“借方金额”栏填列;贷方科目的应记金额应在同一行的“贷方金额”栏填列。“借方金额”栏合计数与“贷方金额”栏的合计数应相等。

各种记账凭证都必须按照规定的格式和内容填制,除必须做到记录真实、内容完整、填制及时、书写清楚外,还必须符合下列要求:

(1)摘要是对经济业务内容的简要说明,要求文字说明简练、确切。

(2)应当根据经济业务的内容,按照企业会计准则的规定,确定应借、应贷科目。科目使用必须正确,不得任意改变、简化会计科目的名称。有关的二级科目和明细科目要填写齐全。应借、应贷账户必须保持清晰的对应关系。

(3)记账凭证必须连续编号,以免凭证散失。如果企业采用通用记账凭证,记账凭证的编号可以采取顺序编号法,即按月编制序号。如果是采取收款凭证、付款凭证和转账凭证的专用记账凭证形式,则记账凭证应该按照字号编号法,即把不同类型的记账凭证用“字”加以区别,再把同类的记账凭证按照顺序加以连续编号。如“收字第××号”“付字第××号”“转字第××号”等。如果一项经济业务需要填制两张或两张以上的记账凭证时,记账凭证的编号可以采取分数编号法。如1号会计事项分录需要填制三张记账凭证,即可以编成$1\frac{1}{3}$号、$1\frac{2}{3}$号、$1\frac{3}{3}$号。

(4)记账凭证可以根据一张原始凭证填制,或者根据若干张同类原始凭证汇总填制,也可以根据原始凭证汇总表填制。但是不得将不同内容和类别的原始凭证汇总填制在一张记账凭证上。

(5)除结账和更正错误的记账凭证可以不附原始凭证外,其他记账凭证必须附有原始凭证。如果一张原始凭证涉及几张记账凭证,可以把原始凭证附在一张主要的记账凭证后面,并在其他记账凭证上注明附有该原始凭证的记账凭证编号或者附原始凭证的复印件。一张原始凭证所列支出需要几个单位共同负担的应当将其他单位负担的部分,开给对方原始凭证分割单,进行结算。原始凭证分割单必须具备原始凭证的内容和费用分摊情况。

(6)如果在填制记账凭证时发生错误,应当重新填制。已经登记入账的记账凭证,在发现填写错误时,可用红字填写一张与原内容相同的记账凭证,同时再用蓝字重新填制一张正确的记账凭证。如果会计科目正确,只是金额错误,也可以将正确数额与错误数额间的差额,另编一张调整的记账凭证,调增数额用蓝字,调减用红字。

(7)记账凭证填制后,如果有空行,应当自金额栏最后一笔金额数字下的空行处至合计数上的空行处划线注销。

(8)实行会计电算化的单位,对于机制记账凭证应当符合记账凭证的一般要求,打印出来的机制记账凭证要加盖制单人员、审核人员、记账人员及会计机构负责人、会计主管人员的印章或者签名,以明确经济责任。

三、记账凭证的审核

记账凭证填制以后,必须经过专人认真审核,才能登记账簿。记账凭证的审核主要包括以下内容:

(1)记账凭证是否附有原始凭证,所附原始凭证的内容和张数是否与记账凭证相符。

(2)记账凭证所确定的应借、应贷会计科目(包括二级或明细科目)是否正确,对应关系是否清楚,金额是否正确。

(3)记账凭证中的有关项目是否填列齐全,有无错误,有关人员是否签名或者盖章。

在审核记账凭证的过程中,发现已经入账的记账凭证填写错误时,应区别不同情况,采用规定的方法进行更正。

第五节 会计凭证的传递和保管

一、会计凭证的传递

会计凭证的传递是指会计凭证从填制或取得开始,经审核、记账到装订保管的全过程。各种会计凭证,其所记录的经济业务不尽相同,所以办理会计手续的程序和占用的时间也不同。实际工作中,应该为每种会计凭证的传递程序和在各个环节上的停留时间作出规定。即会计凭证填制后,应当交到哪个部门、哪个工作岗位上,由谁接办业务手续,直到归档保管为止。会计凭证的传递是会计准则的一个重要组成部分,应在会计准则中作出明确的规定。

正确组织会计凭证的传递,对及时地反映和控制经济业务的发生与完成情况,合理组织会计核算,强化经济责任制,具有重要的意义。科学的传递程序,应该使会计凭证按最快捷、最合理的流向运行。因此,在制定会计凭证传递程序时,应该着重考虑以下几点。

(1)根据经济业务的特点,企业内部机构设置和人员分工情况以及经营管理上的需要,具体规定各种凭证的联数和传递程序;注意流程的合理性,避免不必要的环节,以免影响传递的速度。

(2)根据有关部门与经办人员对经济业务办理必要手续的需要,确定会计凭证在各个环节的停留时间。防止在各个流经环节过多的、不必要的耽搁。

(3)建立严格的会计凭证交接和签收制度,保证会计凭证的安全完整。做到责任明确,手续齐全、严密。

二、会计凭证的保管

会计凭证的保管是指会计凭证登记账后的整理、装订和归档保存。

会计凭证是一个单位的重要经济档案和历史资料,任何单位在根据会计凭证记账后,必须按照《会计档案管理办法》的规定,对会计凭证进行整理归档和妥善保管,以备日后查阅。会计凭证保管的方法和要求,主要包括以下几个方面。

(1)每月记账完毕,要将本月的记账凭证按编号顺序整理,检查有无缺号和附件是否齐全,然后加上封面封底,装订成册,以防散失。在封面上应注明单位名称、所属的年份和月份、记账凭证的种类、起讫号数、总计册数等,并由有关人员签章。为了防止任意拆装,在装订线上要加贴封签,并由会计主管人员签章,会计凭证封面的格式如表 6-14 所示。

表 6－14　会计凭证封面

凭证种类　　　　　　　　××年度

本月共	册之第		册	
本册号数：	自		号起止	号
本册日期：	自	月	日起止　月	日止

(2)对一些性质相同,数量很多或随时需要查阅的原始凭证,可以单独装订保管,在封面上写明原始凭证日期、编号、种类,同时在凭证上注明"附件另订"字样。

(3)各种经济合同和重要的涉外文件等应另编目录,单独记录,并在有关原始凭证和记账凭证上注明。

(4)其他单位因有特殊原因需要使用已入账的原始凭证时,经本单位领导批准,可以复制,但应在专门的登记簿上进行登记,并由提供人和收取人共同签章。

(5)会计凭证装订成册后,应由专人负责保管,年终应移交财会档案室保管一年,期满后,应由财会部门编制清册移交单位的档案保管。

(6)会计凭证的保管期限和销毁手续,必须严格按照《会计档案管理办法》的有关规定执行。对于保管期满需要销毁的会计凭证,必须开列清单,经本单位领导审核,报经上级主管部门批准后,才能销毁,任何人不得自行销毁会计凭证。

复习思考题

1. 填制审核会计凭证有什么作用?
2. 会计凭证有哪些种类?
3. 原始凭证应具备哪些内容?
4. 填制原始凭证应符合哪些基本要求?
5. 审核原始凭证的主要内容有哪些?
6. 记账凭证应具备哪些内容? 填制记账凭证的具体要求有哪些?
7. 如何审核记账凭证?
8. 设计会计凭证传递程序应该考虑哪些因素?

练　习　题

习　题　一

【目的】 练习原始凭证的填制。

【资料】 A 企业为一般纳税人。该企业于 2010 年 6 月 12 日向 B 公司购买钢材 10 吨，单价 2 300 元/吨，增值税税率为 17%，增值税为 3 910 元，总计支付价税合计 26 910 元，以银行汇票支付，B 公司开具一张增值税发票。

A 企业的基本信息如下：

企业名称：A 企业

开户银行：工商银行交大办事处

账户：105249086778

税务登记号：240204556399867

联系电话：010－87568796

B 公司的基本信息如下：

企业名称：B 公司

开户银行：交通银行哈滨办事处

账号：105249077897

税务登记号：238400968786225

联系电话：010－87526863

【要求】 根据以上的资料填制增值税专用发票，如表 6－15 所示。

表 6－15 ××省增值税专用发票

开票日期：年 月 日

<table>
<tr><td rowspan="2">购货单位</td><td colspan="2">名　称</td><td colspan="3"></td><td>税务登记号</td><td colspan="2"></td></tr>
<tr><td colspan="2">地址、电话</td><td colspan="3"></td><td>开户银行及账号</td><td colspan="2"></td></tr>
<tr><td>货物应税劳务名称</td><td>规格型号</td><td>计量单位</td><td>数量</td><td>单价</td><td colspan="2">金　额</td><td>税率</td><td>税额</td></tr>
<tr><td></td><td></td><td></td><td></td><td></td><td colspan="2"></td><td></td><td></td></tr>
<tr><td></td><td></td><td></td><td></td><td></td><td colspan="2"></td><td></td><td></td></tr>
<tr><td></td><td></td><td></td><td></td><td></td><td colspan="2"></td><td></td><td></td></tr>
<tr><td>合计</td><td></td><td></td><td></td><td></td><td colspan="2"></td><td></td><td></td></tr>
<tr><td>价税合计</td><td colspan="8">佰 拾 万 仟 佰 拾 元 角 分¥</td></tr>
<tr><td>备注</td><td colspan="8"></td></tr>
<tr><td rowspan="2">销货单位</td><td colspan="2">名　称</td><td colspan="3"></td><td>税务登记号</td><td colspan="2"></td></tr>
<tr><td colspan="2">地址、电话</td><td colspan="3"></td><td>开户行及账号</td><td colspan="2"></td></tr>
</table>

习 题 二

【目的】 练习记账凭证的填制。

【资料】 某企业2011年9月发生下列经济业务：

(1)4日，收到A公司归还前欠货款40 000元，存入银行。

(2)6日从银行提取现金1 000元备用。

(3)7日，以现金暂付张某的差旅费600元。

(4)7日，出售甲产品10台，单价1 000元，增值税税率为17%，价税合计为11 700元，对方交来转账支票一张并存入银行。

(5)10日，以银行存款支付购买材料款2 000元，增值税340元，价税合计2 340元。

(6)15日，基本生产车间领用甲材料1 000元，用以生产甲产品。

(7)15日，管理人员张某出差回来，报销差旅费980元，补付现金380元。

(8)20日，以银行存款支付购买办公用品款560元。

(9)28日，以银行存款2 000元归还银行短期借款。

(10)30日，以银行存款支付本月电费1 500元。

【要求】

1. 根据上列经济业务，确定应填制的记账凭证的种类。

2. 根据上列经济业务填制记账凭证。

第七章 会计账簿

第一节 会计账簿的作用和分类

一、会计账簿的概念和作用

(一)会计账簿的概念

会计账簿是由具有一定格式、相互联系的账页所组成,以会计凭证为依据,序时、分类、系统、全面地记录和反映一个单位经济业务事项的簿籍,是会计资料的主要载体之一,也是会计资料的重要组成部分。簿籍是会计账簿的外表形式,账户记录才是会计账簿的内容。

会计账簿和账户既有区别又有密切联系,它们所反映的经济内容是一致的,区别在于:账户只是在会计账簿中按规定的会计科目设置的户头,是对会计对象进行分类反映和监督的工具,而账簿则是账户的集结和综合,可以连续、系统地记录和反映经济业务事项,是积累、储存经济活动信息资料的簿籍。

在会计核算中,填制和审核会计凭证是不可缺少的一个重要环节,但是,仅有这一环节还不能提供加强经营管理所必需的诸多会计信息。因为填制和审核会计凭证,虽然能够将每天发生的经济业务事项进行如实、正确的记录,明确其经济责任。但每一张会计凭证只能反映一项经济业务事项,说明个别经济业务事项的内容,其数量很多,信息分散,缺乏系统性,不便于会计信息的整理与报告,也不便于日后查阅使用,因而不能满足经营管理的需要。为了全面、系统、连续地核算和监督单位的经济活动及其财务收支情况,应设置会计账簿。设置和登记账簿,是对会计资料进行加工整理的一种专门方法,是会计核算工作的又一个重要环节。

(二)会计账簿的作用

合理的设置和登记账簿,能系统地记录和提供企业经济活动的各种数据。设置和登记会计账簿是会计工作的重要环节,它对加强经济核算、改善和提高经营管理方面的作用,主要表现在以下几个方面:

(1)设置和登记账簿,可以记载和储存会计信息。将会计凭证所记录的经济业务事项,一一记入有关账簿,可以全面反映单位在一定时期所发生的各项资金运动,储存所需要的各项会计信息。

(2)设置和登记账簿,可以分类和汇总会计信息。账簿由不同的相互关联的账户所构成;通过账簿记录,一方面可以分门别类地反映各项会计信息,提供一定时期内经济活动的详细情况;另一方面可以通过发生额和余额的计算,提供各方面所需要的总括会计信息,反映财务

状况及经营成果的综合价值指标。

(3)设置和登记账簿,可以检查和校正会计信息,发挥会计的监督作用。账簿记录是会计凭证信息的进一步整理。如在永续盘存制下,通过有关盘存账户余额与实际盘点或核查结果的核对,可以确认财产的盘盈或盘亏数,并根据实际结存数额调整账簿记录,做到账实相符,提供真实、可靠的会计信息。通过对账簿资料的检查、分析,可以了解企业执行有关方针、政策、制度的情况,可以考核各项计划的完成情况,检查经济效益有无提高,利润的形成与分配是否符合规定等,从而找出差距,挖掘潜力,提出改进措施。

(4)通过账簿的设置和登记,可以编制财务报表、输出会计信息。为了反映一定日期的财务状况及一定时期的经营成果和现金流动情况,应定期进行结账工作,进行有关账簿之间的核对,计算出本期发生额和余额,据以编制会计报表,向有关各方提供所需要的会计信息。

二、会计账簿的种类

会计账簿的种类是多种多样的,不同的会计账簿所登记的内容、方法各不相同,为满足不同经济业务事项对账簿的不同需要,通常对会计账簿按其用途、外表形式和格式的不同进行分类。

(一)按用途分类

会计账簿按用途不同,可分为序时账簿、分类账簿和备查账簿。

1. 序时账簿

序时账簿,又称日记账,是按经济业务发生或完成时间的先后顺序逐日逐笔登记的账簿。设置和登记日记账,可以提供对经济业务事项及时、连续和完整的会计记录,反映会计对象的具体变化情况,便于随时核对账目。

日记账按其登记内容不同,可分为普通日记账和特种日记账。

(1)普通日记账

普通日记账,又称会计分录簿,是记载一定时期内发生的全部经济业务事项的会计分录的日记账。普通日记账是根据全部经济业务事项的原始凭证或记账凭证逐日逐笔登记的,因此账内可以全面反映经济业务事项的发生情况。其缺点是将全部业务事项都记入日记账,不能分类地反映经济业务事项,也不便于各会计岗位的分工记账,而且查阅也不方便;在使用记账凭证为登记依据的条件下,登记普通日记账与填制记账凭证会增加会计人员的核算工作量,同时存在较多过账错误的可能。目前,手工记账的企业较少采用这种日记账,主要适用于采用电子计算机数据处理系统的企业。

(2)特种日记账

特种日记账是将发生频繁、需要经常查核、性质相同的经济业务,按时间顺序逐笔登记的日记账。为了避免重复,设置普通日记账的单位,一般情况下不再单独设置特种日记账;但是,在绝大多数情况下,各个单位只对现金和银行存款的收付业务,设置库存现金日记账和银行存款日记账，用以加强对货币资金的监督和控制。

2. 分类账簿

分类账簿是按经济业务事项所涉及会计科目的类别逐类登记的账簿。设置和登记分类账，可以按照会计科目类别分类归集、汇总会计资料，根据需要提供经营管理者所需的详略不同的多层次会计信息。

分类账按其记录内容详尽程度的不同，可分为总分类账簿和明细分类账簿。

(1)总分类账簿

总分类账簿，简称总账，是根据总分类科目开设账户，概括记录各类经济业务事项，提供总括会计核算资料的分类账。通过总分类账，既能提供总括的经济指标，为编制会计报表和进行会计检查提供依据，又能统驭日记账和明细分类账，建立账簿间的勾稽关系，保证会计账簿记录的正确性。

(2)明细分类账簿

明细分类账簿，亦称明细账，是根据二级科目或明细科目开设账户，详细记录某类经济业务事项，提供明细会计核算资料的分类账簿。通过明细分类账簿，既能提供详细的经济指标，为日常的管理和监督提供依据，又能表明总分类账簿的构成要素，作为总分类账簿的补充说明或具体反映。

在实际工作中，若经济业务事项较简单、总账科目数量不多的单位，可将日记账和分类账合并设置和登记，使一本账簿有日记账和分类账两种用途。这种将不同用途的账簿内容相结合的账簿，称为联合账，如将日记账和总分类账结合而成为日记总账等。

(3)备查账簿

备查账簿，亦称辅助账，是为便于查询而对日记账和分类账等主要账簿中不能记载或记载不全的经济业务事项补充登记的账簿。例如，租入固定资产登记簿、委托加工材料登记簿、代销商品登记簿等。备查账簿是对日记账和分类账记录的一种补充，与其他账簿之间不存在严密的依存和勾稽关系。

在上述三种账簿中，日记账和分类账为主要账簿，备查账为辅助账簿。各种账簿相互联系、相互制约形成一个账簿体系。总分类账统驭日记账和明细账，其总括指标制约日记账和明细账的明细指标；日记账和明细账的指标，是对总分类账指标的具体说明，要与其核对相符。备查账簿的资料是对某些经济业务事项的补充说明。

(二)按外表形式分类

会计账簿按外表形式不同，可分为订本式账簿、活页式账簿和卡片式账簿。

1. 订本式账簿

订本式账簿是在启用前将编有顺序页码的一定数量的账页，固定装订成册的账簿。订本式账簿可防止账页散失或任意抽换，保证账簿的使用安全和记录完整。但订本式账簿的账页总数和账簿中各账户预留账页数同实际需用量不一致时，账页不足会影响账户的连续记录，账页过多又造成浪费;同时,订本式账簿不便在同一时间内分工记账。订本式账簿一般用于总分类账簿、库存现金日记账和银行存款日记账等账簿。

2. 活页式账簿

活页式账簿是将一定数量的账页置于活页账夹内,可根据记账内容的变化而随时增加或减少部分账页的账簿。活页式账簿可适应经济业务事项的数量变化,随时加入、抽出或移动账页,使用灵活,便于分工记账、分类计算和汇总;空白账页可由账簿中取出另用,避免浪费。但账页容易散失和被抽换。活页式账簿在使用前须由有关人员编制账户目录和账户编号,并在账页上加盖有关人员图章,以防弊端。会计期末,将活页式账簿装订成册。活页账一般用于明细分类账簿。

3. 卡片式账簿

卡片式账簿是将一定数量的卡片式账页,按一定顺序置于卡片箱内,根据需要可随时存入或取出账卡,可以跨年度使用。卡片式账簿具有一般活页式账簿的优缺点外,它不需每年更换,可以跨年度使用。在实际应用时,账卡上应有连续编号并加盖有关人员的印章,以保证记录内容的完整和安全。卡片式账簿一般用于固定资产明细账。

(三)按格式分类

会计账簿按格式不同,可分为两栏式账簿、三栏式账簿、数量金额式账簿和多栏式账簿。

1. 两栏式账簿

两栏式账簿是指只有借方和贷方两个主要金额栏目的账簿。普通日记账和转账日记账一般采用两栏式账簿,格式如表 7 – 1 所示。

2. 三栏式账簿

三栏式账簿是指有借方、贷方、余额三个主要金额栏目的账簿。总分类账、特种日记账以及债权、债务明细分类账一般采用三栏式,格式如表 7 – 3、表 7 – 11 和表 7 – 13 所示。

3. 数量金额式账簿

数量金额式账簿是指采用数量与金额双重记录的账簿。即在账簿的借方、贷方、余额三个主要金额栏目内,分别设置数量、单价、金额三个小栏。原材料、产成品、库存商品等存货类账户一般采用数量金额式账簿,格式如表 7 – 14 所示。

4. 多栏式账簿

多栏式账簿是指采用一个借方栏目、多个贷方栏目或一个贷方栏目、多个借方栏目的账簿。成本计算账户、费用账户、收入账户等一般采用多栏式账簿,格式如表 7 – 15 和表 7 – 16 所示。

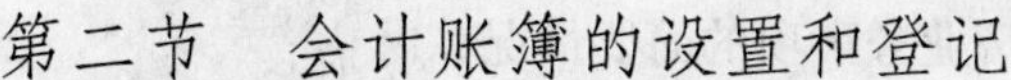

第二节 会计账簿的设置和登记

一、设置会计账簿的原则

企、事业单位均应按照会计核算的基本要求和会计规范的有关规定，结合本单位经营规模、业务特点和管理需要设置会计账簿，力求科学严密，一般应遵循以下原则。

(1)设置的账簿要保证全面、连续、系统地核算和监督各项经济业务事项，账簿之间应互相衔接，互相补充，互相制约，为企业的经营管理、国家有关部门及投资者、债权人等提供完整、系统的会计信息。

(2)设置的账簿要在充分满足核算和监督经济业务事项的前提下，考虑人力、物力的节约，注意防止重叠设账、重复记账，力求会计工作以低支出争取高质量。

(3)设置的账簿在格式设计上，要以核算对象的内容和需要提供的指标为出发点，力求简明实用，避免繁琐复杂，以提高会计工作效率。

(4)禁止账外设账。各单位发生的各项经济业务事项应当在依法设置的会计账簿上统一登记、核算，不得违反《会计法》和企业会计准则私设会计账簿。违反规定账外设账，主要表现为在法定会计账簿之外，另设一套或多套账簿用于登记没有纳入法定会计账簿之内统一核算的其他经济业务事项，以达到种种非法目的。账外设账，是一种极为严重的违法行为。

二、会计账簿的基本内容

会计账簿的形式和格式多种多样，但其均应具备以下基本内容。

(一)封面

用于填写账簿的名称、使用年度等内容。订本式账簿通常将账簿名称印刷在封面中央和账背上，使封面用时可不必填写；活页式账簿需要在封面中央填写账簿的名称和使用年度，以便于使用和查阅。

(二)扉页

扉页一般是封面之后账页之前印有“账簿启用及交接表”的一页。它记载账簿使用单位、账簿名称、账簿编号、启用日期、经管人员和交接记录。账簿启用及交接表的格式如表 7 - 18 所示。

(三)账页

账页是会计账簿的主要组成部分。不同的账簿其账页格式虽然存在很大区别，但一般都包括以下主要内容：

(1)账户名称，填写该账页所设立账户的名称；

(2)日期栏，填写记账凭证的日期；

(3)凭证种类及号数栏,填写凭证的字和号;

(4)摘要栏,填写经济业务事项的简要情况;

(5)金额栏,填写经济业务事项引起资金的数量增减变化和结存情况;

(6)页次,填写该账页的页次。

三、日记账的设置和登记

(一)普通日记账的设置和登记

普通日记账是指将全部的经济业务不分类别按经济业务发生的时间先后顺序进行登记的账簿。它将发生的经济业务以会计分录的形式记录下来,因此普通日记账也称分录簿。在不设特种日记账的企业,则需设置普通日记账,序时地逐笔登记企业的全部经济业务事项。

普通日记账是会计人员根据经济业务发生的原始凭证直接登记的,其格式如表 7-1 所示,它一般分为"借方金额"和"贷方金额"两栏,登记每一分录的借方账户和贷方账户及金额,这种账簿不结余额。

【例 7-1】 现将某企业 2012 年 2 月 1 日发生的全部经济业务登记在普通日记账上,如表 7-1 所示。

表 7-1 普通日记账

第　　页

2012 年		摘　要	账户名称	借方金额	贷方金额	过账
月	日					
2	1	收回职工王刚借款	库存现金	300.00		√
			其他应收款		300.00	√
	1	从银行提现金	库存现金	800.00		√
			银行存款		800.00	√
	1	支付购料款	在途物资	20 000.00		√
			应交税费	3 400.00		√
			银行存款		23 400.00	√
	1	赊购机器一台	固定资产	36 000.00		√
			应付账款		36 000.00	√
	1	购买办公用品	管理费用	60.00		√
			库存现金		60.00	√
	1	李斌借差旅费	其他应收款	900.00		
			库存现金		900.00	

表 7－1(续)

2012年 月	日	摘 要	账户名称	借方金额	贷方金额	过账
	1	现销产品	银行存款	35 100.00		
			主营业务收入		30 000.00	
			应交税费		5 100.00	
	1	王伟报销差旅费	库存现金	30.00		
			管理费用	1 270.00		
			其他应收款		1 300.00	
	1	赊销产品	应收账款	5 850.00		
			主营业务收入		5 000.00	
			应交税费		850.00	
	1	收到购货单位还欠款	银行存款	23 400.00		
			应收账款		23 400.00	
	1	支付业务招待费	管理费用	80.00		
			库存现金		80.00	

普通日记账登记步骤：

(1)将发生的经济业务事项的日期登入日期栏内，年度登在日期栏上方，月和日记入会计分录的第一行。

(2)摘要栏内，简单摘录经济业务事项的内容。

(3)将应借账户记入“账户名称”栏第一行，并将金额登入借方金额栏；将应贷账户名称记入“账户名称”栏第二行(缩进一格)，并将金额登入贷方金额栏。

(4)根据日记账登记总账后，在该账户对应行内“过账”栏划“√”，或注明总账账户所在页数，表示已登过总账。

(二)特种日记账的设置和登记

特种日记账是专门记载一定时期内发生的某类经济业务事项的日记账。企事业单位常设置的特种日记账有“库存现金日记账”和“银行存款日记账”。除此之外，企业可根据核算和管理的需要设置一些记载转账业务的转账日记账、记载有关采购业务的购货日记账、记载有关销售业务的销售日记账等。

1. 库存现金日记账

库存现金日记账是由出纳人员根据审核无误的现金收、付款凭证和银行存款付款凭证

(从银行提取现金业务),按照经济业务发生的先后顺序逐日逐笔登记的。企事业单位均应设置库存现金日记账,以便及时核算和监督本单位现金的收入、付出和结存情况。对于拥有外币(人民币以外的货币)现金的单位,还需根据不同币种分设不同的库存现金日记账,以反映不同币种现金的收付和结存情况。

库存现金日记账采用订本式账簿形式。库存现金日记账视企事业单位核算和管理的需要可选用不同的账页形式,一般采用三栏式账页,也可采用多栏式账页,对于外币(人民币以外的货币)现金的登记需要采用双币式账页。

(1)三栏式库存现金日记账

【例7-2】 现以某企业2012年2月1日发生的现金收、付经济业务为例,说明三栏式库存现金日记账的登记方法,某企业2012年2月1日发生的现金收、付经济业务如表7-2所示。

表7-2 某企业部分现金经济业务

记账凭证号数	摘 要	会计分录
现收字1号	收回职工王刚借款	借:库存现金 300 贷:其他应收款——王刚 300
银付字1号	从银行提现金	借:库存现金 800 贷:银行存款 800
现付字1号	购买办公用品	借:管理费用 60 贷:库存现金 60
现付字2号	李斌借差旅费	借:其他应收款——李斌 900 贷:库存现金 900
现收字2号	王伟报销差旅费	借:库存现金 30 贷:其他应收款——王伟 30
现付字3号	支付业务招待费	借:管理费用 80 贷:库存现金 80

根据以上经济业务登记三栏式库存现金日记账如表7-3所示。

表 7-3 库存现金日记账(三栏式)

2012 年		凭证种类及编号	摘要	对方科目	收入	支出	结余
月	日						
2	1		期初余额				360.00
	1	现收 001	收回王刚借款	其他应收款	300.00		660.00
	1	银付 001	提取现金	银行存款	800.00		1 460.00
	1	现付 001	购买办公用品	管理费用		60.00	1 400.00
	1	现付 002	李斌借差旅费	其他应收款		900.00	500.00
	1	现收 002	王伟报差旅费余款	其他应收款	30.00		530.00
	1	现付 003	支付业务招待费	管理费用		80.00	450.00
	1		本日合计		1 130.00	1040.00	450.00
2	29		本月合计		96 120.00	96 080.00	400.00

库存现金日记账登记方法如下：

①日期栏:记账凭证的日期,应与现金实际收付日期一致。

②凭证栏:登记入账的收付款凭证的种类和编号,如:现金收款凭证第 1 号,简写为“现收 001”。

③摘要栏:简要说明经济业务的内容。

④对方科目栏:与“库存现金”科目对应的会计科目,如:从银行提取现金,其对应科目就是“银行存款”。对应科目栏的作用是了解经济业务的来龙去脉。

⑤收入、支出栏:现金实际收付的金额。

⑥结余栏:库存现金的余额。经济业务发生后,出纳要随时结出库存现金的余额。

(2)多栏式库存现金日记账

在现金收付业务较多、使用会计科目少的单位,为反映一定时期现金的收入渠道和支出方向,监督现金合理、正确地收支,可设置使用多栏式库存现金日记账。多栏式的设计系在三栏式基础上,将原“对方科目”删除,而将借方和贷方金额分别按其对应科目设置专栏,将每笔业务金额依借、贷方向按对应科目记入相应专栏中。登记多栏式库存现金日记账应注意将业务金额准确记入相应栏目中,防止因数字串行或串栏出现记账错误,其格式如表 7-4 所示。

【例 7-3】 以表 7-2 所示的经济业务资料为例,登记多栏式库存现金日记账。

表 7-4　库存现金日记账(多栏式)

2012年		凭证种类及编号	摘要	收入			支出			结余
				应贷科目		合计	应借科目		合计	
月	日			其他应收款	银行存款		管理费用	其他应收款		
2	1		期初余额							360.00
	1	现收001	收回王刚借款	300.00		300.00				660.00
	1	银付001	提取现金		800.00	800.00				1 460.00
	1	现付001	购买办公用品				60.00		60.00	1 400.00
	1	现付002	李斌借差旅费					900.00	900.00	500.00
	1	现收002	王伟报差旅费余款	30.00		30.00				530.00
	1	现付003	支付业务招待费				80.00		80.00	450.00
	1		本日合计	330.00	800.00	1 130.00	140.00	900.00	1 040	450.00
2	29		本月合计			96 120.00			96 080.00	400.00

采用多栏式库存现金日记账格式时,如果会计科目过多时,收入栏和支出栏下需要设置多个专栏,导致账簿账页过长,不利于使用,在这种情况下,可以将多栏式库存现金日记账分设为现金收入日记账和现金付出日记账两部分,其格式如表 7-5 和表 7-6 所示。

【例 7-4】 以表 7-2 所示的经济业务资料为例,登记现金收入日记账和现金付出日记账。

表 7-5　现金收入日记账

2012年		凭证种类及编号	摘　要	贷方科目		收入合计	支出合计	余额
月	日			其他应收款	银行存款			
2	1		期初余额					360.00
	1	现收001	收回王刚借款	300.00		300.00		660.00
	1	银付001	提取现金		800.00	1 100.00		1 460.00
	1	现收002	王伟报差旅费余款	30.00		1 130.00		1 490.00
	1		本日合计	330.00	800.00	1 130.00	1 040.00	450.00
2	29		本月合计	45 000.00	51 120.00	96 120.00	96 080.00	400.00

表 7－6 现金付出日记账

2012 年		凭证种类及编号	摘要	借方科目		支出合计
月	日			管理费用	其他应收款	
2	1	现付 001	购买办公用品	60.00		60.00
	1	现付 002	李斌借差旅费		900.00	960.00
	1	现付 003	支付业务招待费	80.00		1 040.00
	1		本日合计	140.00	900.00	1 040.00
2	29		本月合计	36 000.00	60 080.00	96 080.00

多栏式库存现金日记账登记方法：出纳人员根据审核无误的收、付款凭证逐日逐笔登记库存现金收入日记账和库存现金付出日记账，每日应将支出日记账中的当日合计数，转计入库存现金收入日记账中当日支出合计栏中以结出当日账面余额。

(3)双币式库存现金日记账

格式见银行存款日记账内容。

每日终了，应分别计算现金收入和付出的合计数，结出余额，并以账面余额同库存现金的实存数相核对，保证账实相符，即通常说的“日清”。如账实不符应查明原因，并记录备案。月终同样要计算现金收、付和结存的合计数，即通常所说的“月结”。

2. 银行存款日记账

银行存款日记账是由出纳人员根据审核无误的银行存款收款凭证、银行存款付款凭证和库存现金付款凭证（将现金存入银行业务），按经济业务发生时间的先后顺序，逐日逐笔进行登记的账簿，每日经济业务事项登记完毕应结计当日余额，并定期以账面余额同银行对账单余额相核对。

银行存款日记账采用订本式账簿形式，一般采用三栏式账页格式，如果有外币银行存款的企业可以采用双币式账页格式。

(1)三栏式银行存款日记账

三栏式银行存款日记账除了为反映办理银行存款收付手续所用单据的种类外，增设“结算凭证”栏目（以便于同银行核对账目）外，其他格式基本同于三栏式库存现金日记账，具体格式如表 7－8 所示。

【例 7－5】 现以某企业 2012 年 2 月 1 日发生的银行存款增、减经济业务为例，说明三栏式银行存款日记账的登记方法，某企业 2012 年 2 月 1 日发生的银行存款增、减经济业务如表 7－7 所示。

表 7－7　某企业部分银行存款业务

凭证数号	摘　　要	会计分录		
银付 001	提取现金	借:库存现金	800	
		贷:银行存款		800
银付 002	支付购料款	借:在途物资	20 000	
		应交税费——应交增值税	3 400	
		贷:银行存款		23 400
银收 001	销售产品收到款项	借:银行存款	35 100	
		贷:主营业务收入		30 000
		应交税费——应交增值税		5 100
银收 002	收到购货单位偿还欠款	借:银行存款	23 400	
		贷:应收账款		23 400

根据以上经济业务登记三栏式银行存款日记账,如表 7－8 所示。

表 7－8　银行存款日记账(三栏式)

2012 年		凭证种类及编号	摘要	结算凭证		对方科目	收入	支出	结余
月	日			种类	号码				
2	1		期初余额						576 840.00
	1	银付 001	提取现金	现支	271	库存现金		800.00	576 040.00
	1	银付 002	支付购料款	转支	412	在途物资		20 000.00	556 040.00
						应交税费		3 400.00	552 640.00
	1	银收 001	现销产品	转支	357	主营业务收入	30 000.00		582 640.00
						应交税费	5 100.00		587 740.00
	1	银收 002	收回欠款			应收账款	23 400.00		611 140.00
	1		本日合计				58 500.00	24 200.00	611 140.00
2	29		本月合计				376 000.00	476 860.00	475 980.00

收付分页式、多栏式银行存款日记账的格式、填制方法与库存现金日记账基本相同。

(2)双币式银行存款日记账

对于企事业单位所持有的外币(人民币以外的货币)银行存款,应按外币种类的不同分设不同的外币银行存款日记账,其账页格式为双币式。双币式日记账是在三栏式日记账的基础上,将借方、贷方和余额三个金额栏分别设立"外币""汇率"和"人民币(记账本位币)"栏目而成,以便同时记录各种外币及折算人民币(记账本位币)的增减变化和结存情况。

登记双币式日记账时,借方登记外币金额和折合人民币(记账本位币)金额的增加值及折合人民币(记账本位币)的记账汇率;贷方登记外币金额和折合人民币(记账本位币)金额的减少值及折合人民币(记账本位币)的记账汇率;将每日的外币余额记入余额的外币栏,人民币(记账本位币)余额记入余额的人民币栏,并将人民币余额和外币余额的比值作为账面汇率记入"余额"栏的"汇率"栏。双币式银行存款日记账格式如表 7－9 所示。

表 7－9　外币银行存款日记账

明细科目________

年		凭证号	摘要	借方			贷方			余额		
月	日			外币	汇率	人民币	外币	汇率	人民币	外币	汇率	人民币

四、分类账的设置和登记

(一)总分类账簿的设置和登记

总分类账簿概括地反映经济业务事项,一般只提供较总括的金额(货币量)指标。因此,其格式一般采用借、贷、余三栏式的订本账(如表 7－11 所示),按科目分类连续登记。企业由于采用不同的账务处理程序,总分类账就有不同的登记方法。可以根据记账凭证逐笔登记,也可以将记账凭证按一定方式进行汇总,然后一次性登记到总分类账中去。

【例 7－6】　某企业 2012 年 2 月初原材料账户的余额如下:原材料甲 5 000 千克,单价 100 元,金额 500 000 元;原材料乙 2 000 千克,单价 50 元,金额 100 000 元;两者合计 600 000 元。某企业 2012 年 2 月发生的部分原材料经济业务,如表 7－10 所示。

表 7－10　某企业部分原材料经济业务

记账凭证号数	摘　　要	会计分录
转字 001	向飞云公司采购原材料	借:原材料—甲　200 000 原材料—乙　10 000 贷:应付账款　210 000
转字 002	向大洋公司采购材料	借:原材料—丙　40 000 贷:应付票据　40 000
转字 003	生产产品领料	借:生产成本　320 000 贷:原材料—甲　250 000 原材料—乙　50 000 原材料—丙　20 000

根据上述经济业务登记原材料总分类账,如表 7－11 所示。

表 7－11　总分类账(三栏式)

会计科目:原材料　　　　单位:元

2012 年		凭证种类及编号	摘　要	借方	贷方	借或贷	余额
月	日						
2	1		期初余额			借	600 000.00
2	5	转字 001	向飞云公司采购原材料	210 000.00		借	810 000.00
2	10	转字 002	向大洋公司采购材料	40 000.00		借	850 000.00
2	12	转字 003	生产产品领料		320 000.00	借	530 000.00
		(略)					
2	29		本月合计	720 000.00	520 000.00	借	800 000.00

(二)明细分类账簿的设置和登记

明细分类账簿是总分类账簿的必要补充,它所提供的信息对日常经营管理很重要。明细分类账簿一般采用活页式账簿,也有的采用卡片式账簿。明细分类账账页格式通常采用三栏式、数量金额式和多栏式三种格式。

1. 三栏式明细分类账

三栏式明细分类账的结构与总分类账结构相同(如表 7－13 所示),这种格式适用于只要求提供货币量信息不需要提供非货币信息(实物量指标等)的账户,如债权、债务等,常用于应付账款、应收账款、其他应收款、其他应付款等的登记工作。

【例7－7】 某企业2012年2月初应付账款飞云公司账户余额为30 000元。2月发生的应付账款经济业务如表7－12所示。

表7－12 某企业“应付账款——飞云公司”经济业务

记账凭证号数	摘 要	会计分录		
转字001	向飞云公司采购原材料	借:原材料—甲	200 000	
		原材料—乙	10 000	
		贷:应付账款——飞云公司		210 000
银付053	归还飞云公司前欠材料款	借:应付账款——飞云公司	240 000	
		贷:银行存款		240 000
转字045	向飞云公司采购原材料	借:原材料－甲	40 000	
		贷:应付账款——飞云公司		40 000

根据上述经济业务登记“应付账款——飞云公司”明细分类账,如表7－13所示。

表7－13 应付账款明细分类账(三栏式)

二级科目或明细科目:飞云公司　　　　单位:元

2012年		凭证种类及编号	摘 要	借方	贷方	借或贷	余额
月	日						
2	1		期初余额			贷	30 000.00
	5	转字001	向飞云公司采购原材料		210 000.00	贷	240 000.00
	15	银付053	归还飞云公司前欠材料款	240 000.00		平	0.00
	21	转字045	向飞云公司采购原材料		40 000.00	贷	40 000.00
2	29		本月发生额及余额	240 000.00	250 000.00	贷	40 000.00

2. 数量金额式明细分类账

数量金额式明细分类账要求在账页上的收入、发出、结存三栏内,再分别设置“数量”“单价”“金额”等栏目,以同时提供货币信息和实物量信息。这种格式适用于既要进行金额核算,又要进行实物数量核算的财产物资项目,如原材料、产成品、库存商品等账户的明细分类账。

【例7－8】 以表7－11所示的经济业务资料为例,登记乙材料的明细分类账,如表7－14所示。

表 7－14　材料明细分类账

明细科目:乙材料　　　　单位:元

2012年		凭证种类及编号	摘　要	收入			发出			结存		
月	日			数量	单价	金额	数量	单价	金额	数量	单价	金额
2	1		期初余额							2 000	50	100 000.00
	5	转字 001	向飞云公司采购原材料	200	50	10 000.00				2 200	50	110 000.00
	12	转字 003	生产产品领料				1 000	50	50 000.00	1 200	50	60 000.00
2	29		本月合计	200	50	10 000.00	1 000	50	50 000.00	1 200	50	60 000.00

3. 多栏式明细分类账

多栏式明细分类账簿是将属于同一个一级账户或二级账户的明细分类账户合并在一张账页上进行登记,以集中提供同类一组的若干详细资料。即在“借方发生额”(或“贷方发生额”)之下,再分别设置若干金额栏,分栏登记各明细分类账的发生额,格式如表 7－15 和表 7－16 所示。它适用于费用、成本和收入等类账户的明细分类核算。实际工作中,生产成本、制造费用、管理费用、销售费用等账户的多栏式明细分类账可以只按借方发生额设置专栏,而贷方发生额由于每月只发生一笔或少数几笔,可运用红字冲账原理在有关栏内用红字登记。

表 7－15　生产成本明细账

明细科目:甲产品　　　　第　　页

2012年		凭证种类及编号	摘　要	成本项目					贷方	余额
月	日			直接材料	直接工资	其他直接费用	制造费用	合计		
2	1		月初余额	6 000.00	3 000.00	400.00	1 600.00	11 000.00		11 000.00
	1		本月领用材料	13 000.00				13 000.00		24 000.00
	29		生产工人工资		6 500.00			6 500.00		30 500.00
	29		计提福利费			600.00		600.00		31 100.00
	29		本月制造费用				2 450.00	2 450.00		33 550.00
	29		生产费用合计及余额	19 000.00	9 500.00	1 000.00	4 050.00	33 550.00		33 550.00
	29		产品完工入库						33 550.00	0

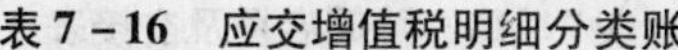

表 7－16 应交增值税明细分类账

第 页

年		凭证号码	摘要	借方			贷方				借或贷	余额
月	日			合计	进项税额	已交税金	合计	销项税额	进项税额转出	出口退税		

五、备查账簿的设置和登记

备查账簿是一种辅助账簿，对主要账簿起补充说明作用，因此，它没有固定的格式，一般是根据各单位会计核算和经营管理的需要而自行设置，如实登记有关业务的发生时间、原因、经手人、期限等。如表 7－17，租入固定资产登记簿。

表 7－17 租入固定资产登记簿

固定资产名称及规格	租约合同编号	租出单位名称	租入日期	租金	使用记录		归还日期	备注
					单位	日期		

第三节 会计账簿的使用和登记规则

登记账簿是会计核算的重要环节，为充分保证会计核算的质量，必须遵守账簿的使用和登记规则。

一、账簿的启用规则

(1)为了保证账簿记录的合法性和完整性，明确记账责任，在账簿启用时，应当在账簿封面上写明单位名称和使用年度；并在扉页的“账簿启用及交接表”上详细写明账簿名称、单位全称、账簿编号、账簿册数、账簿共计页数、启用日期，由会计主管人员、记账人员等签章，并加盖公章。账簿启用及交接表一般内容和格式见表 7－18 所示。

表 7-18　账簿启用及交接表

<table>
<tr><td colspan="3">单位名称</td><td colspan="6">（加盖公章）</td><td colspan="3" rowspan="8">贴印花处</td></tr>
<tr><td colspan="3">账簿名称</td><td colspan="6">账簿第　　册</td></tr>
<tr><td colspan="3">账簿编号</td><td colspan="6">第　　号</td></tr>
<tr><td colspan="3">启用日期</td><td colspan="6">年　　月　　日</td></tr>
<tr><td colspan="3">账簿页数</td><td colspan="6">本账簿共计　　页</td></tr>
<tr><td rowspan="3">经管人员</td><td colspan="4">会计主管</td><td colspan="4">记账人员</td></tr>
<tr><td colspan="2">姓名</td><td colspan="2">盖章</td><td colspan="2">姓名</td><td colspan="2">盖章</td></tr>
<tr><td colspan="2"></td><td colspan="2"></td><td colspan="2"></td><td colspan="2"></td></tr>
<tr><td rowspan="4">交接记录</td><td colspan="3">日期</td><td colspan="2">监交</td><td colspan="3">移交</td><td colspan="3">接管</td></tr>
<tr><td>年</td><td>月</td><td>日</td><td>职务</td><td>姓名</td><td>职务</td><td>姓名</td><td>盖章</td><td>职务</td><td>姓名</td><td>盖章</td></tr>
<tr><td></td><td></td><td></td><td></td><td></td><td></td><td></td><td></td><td></td><td></td><td></td></tr>
<tr><td></td><td></td><td></td><td></td><td></td><td></td><td></td><td></td><td></td><td></td><td></td></tr>
<tr><td colspan="2">备注</td><td colspan="10"></td></tr>
</table>

(2)上表的内容填写完毕之后,应在扉页上贴印花税票,并划线注销,表明该账簿开立的合法性。

(3)中途更换记账人员,应办理有关交接手续,记录交接日期,由移交人和接管人双方签章,以明确责任。同时,须有会计主管人员监交并签章。

(4)在分类账中,应在“启用表”后增加目录,注明每一账户的名称和页次,以便查阅,注意一张活页账不得开设两个账户。

二、账簿的登记规则

(1)登记账簿的依据只能是经审核无误的会计凭证。为了加强数据之间的稽核,减少信息传递过程中的失误,总分类账和明细分类账的登记必须遵循平行登记的原则,即总分类账和明细分类账均以记账凭证为依据进行登记,而不能互为依据。

(2)为使账簿记录清晰整洁,便于长期保存,防止篡改,记账时必须以蓝、黑墨水书写,不能使用铅笔或圆珠笔(银行复写账簿除外),红色墨水只能在划线、改错和冲账时使用(会计中的红色数字表示负数)。账簿的文字书写要端正清楚,数字要登记在金额线内,不能占满格,一般应占格距的二分之一。

(3)依据记账凭证,将记账凭证的有关各栏在账簿中进行登记。“时间”栏内登记的是记账凭证的填制日期不是登记账簿的日期;“凭证”栏登记凭证的种类和编号,以利于会计凭证和账簿记录相核对;“摘要”栏一般以记账凭证的摘要栏内容填写,要求既简单扼要,又表达清楚;“金额”栏的数字应与账页上标明的位数对准,并按记账凭证金额栏相应的记账方向和金额进行登记,不能记错方向,没有角分的整数,小数点后应写“00”字样,不可省略;需要结出余额的账户,要结出余额,并在“借或贷”一栏内写“借”或者写“贷”字,没有余额的账户,应当在“借或贷”一栏内写“平”字,并在“余额”栏内写“0”。

(4)账簿登记完毕,应在记账凭证的“记账”栏(或“√”栏)内注明账簿的页数,或划“√”表示已登记入账,避免重记或漏记,也便于查阅、核对,并在记账凭证上签名或盖章。

(5)记账时应按照账户页次逐页逐行登记,不得隔页或跳行。如不慎发生此种情况,应在空页或空行处用红色墨水划线注销,或者注明“此行空白”“此页空白”字样,并由记账人员签名或盖章。对各种账簿的账页不得任意抽换和撕毁,以防舞弊。

(6)为了保持账簿记录的连续性,每一张账页登记完毕时(最后一行不记),要办理转页手续。在最后一行加计本页发生额合计数及余额,写在本页最后一行,并在摘要栏内注明“转次页”,然后将结出的发生额合计数和余额记入下一张账页的第一行有关栏内,并在摘要栏注明“承上页”,以便对账和结账。

(7)账簿记录发生错误时,不能刮擦、挖补、涂抹或用褪色药水更改字迹,不准重新抄写,应根据具体情况,按规定的方法予以更正。

三、错账查找与更正方法

(一)错账查找

在对账过程中,可能发生各种各样的差错,产生错账,如重记、漏记、数字颠倒、数字错位、数字记错、科目记错、借贷方向记反(反向)等,从而影响会计信息的准确性,应及时找出差错,并予以更正。错账查找的方法主要有以下几种。

(1)差数法。它是指按照错账的差数查找错账的方法。例如,在记账过程中只登记了会计分录的借方或贷方,漏记了另一方,从而形成试算平衡中借方合计与贷方合计不等。其表现形式是:借方金额遗漏,会使该金额在贷方超出;贷方金额遗漏,会使该金额在借方超出。对于这样的差错,可由会计人员通过回忆和相关金额的记账核对来查找。

(2)尾数法。对于发生的角、分的差错可以只查找小数部分,以提高查错的效率。

(3)除2法。它是指以差数除以2来查找错账的方法。当某个借方金额错记入贷方(或相反)时,出现错账的差数表现为错误的2倍,将此差数用2去除,得出的商即是反向的金额。例如,应记入“库存现金”日记账借方的1 000元误记入贷方,则库存现金日记账的期末余额将小于现金总分类账期末余额2 000元,被2除的商1 000元即为借贷方向反向的金额。同理,如果借方总额大于贷方400元,即应查找有无200元的贷方金额误记入借方。如非此类错误,则应另寻差错的原因。

(4)除9法。它是指以差数除以9来查找错数的方法。适用于以下三种情况。

首先,将数字写小。如将500写为50,错误数字小于正确数字9倍。查找的方法是:以差数除以9后得出的商即为写错的数字,商乘以10后所得的积为正确的数字。上例差数450

(即 500 - 50)除以 9,商 50 即为错数,扩大 10 倍后即可得出正确的数字 500。

其次,将数字写大。如将 30 写为 300,错误数字大于正确数字 9 倍。查找的方法是:以差数除以 9 后得出的商为正确的数字,商乘以 10 即为错误数字。上例差数 270(即 300 - 30)除以 9 后,所得的商 30 为正确数字,30 乘以 10(即 300)为错误数字。

第三,是数字颠倒。如将 36 写为 63,将 68 写为 86,将 96 写为 69 等。颠倒数的差数最小为 1,最大为 8(9 - 1)。查找的方法是:将差数除以 9,得出的余数连续加 11,直到找出颠倒的数字为止。如 36 与 63 的差数为 27,除 9 得 3,连加 11 为 14、25、36、47、58、69,如有 36 数字的业务,即有可能是颠倒的数字。参见表 7 - 19。

表 7 - 19

颠倒数的差数	1		2		3		4		5		6		7		8	
颠倒的数字	12	21	13	31	14	41	15	51	16	61	17	71	18	81	19	91
	23	32	24	42	25	52	26	62	27	72	28	82	29	92		
	34	43	35	53	36	63	37	73	38	83	39	93				
	45	54	46	64	47	74	48	84	49	94						
	56	65	57	75	58	85	59	95								
	67	76	68	86	69	96										
	78	87	79	97												
	89	98														

(二)错账更正方法

在登记账簿的过程中,由于各种原因,难免发生记账错误,这就是通常所说的错账。对于错账,会计人员必须按规定的更正方法进行更正,不得任意涂改。

1. 划线更正法

在结账之前,如果发现账簿记录有文字或数字错误,但记账凭证正确,即纯属过账时笔误或计算错误,一般即可采用划线更正法更正。更正时,先将错误的文字或数字划一条红线予以注销,但应使划销的文字或数字保持原有字迹且仍可辨认,以备考查。然后,将正确的文字或数字用蓝笔写在原数字的上端,并由记账人员在更正处盖章,以明确责任。

对于文字错误,可只划去错误的部分并进行更正;对于数字错误,必须全部划销,不能只划销整个数字中的个别错误数码。如记账员登账时,将 1,560.00 元误记为 1,650.00 元,应先在 1,650.00 上划一条红单线以示注销,并保证原来的字迹仍可辨认,然后在其上方空白处填写正确的数字 1,560.00,而不能只将 65 划去更正为“56”。

2. 红字更正法

在记账以后,如果发现(指本会计年度内)记账错误是由于记账凭证中的应借应贷科目有误,或金额有错误引起的,可以采用红字更正法改正错误。红字在记账中表示减少,它起到抵销的作用。

红字更正法一般适用于以下两种情况。

(1)记账以后,发现记账凭证中的应借、应贷科目有误,从而引起账簿记录错误,可用红字更正法予以更正。

更正时,先用红字金额填制一张与原错误记账凭证完全相同的记账凭证,在摘要栏内注明"注销×月×日第×号凭证",并据以用红字金额登记入账,冲销原来的错误记录;然后再用蓝字填写一张正确的记账凭证,在摘要栏内注明"订正×月×日第×号凭证",并据以用蓝字登记入账。

【例7-9】 某单位开出支票付凭证文具等办公用品款2 500元。这笔业务应贷记"银行存款",但编制记账凭证时,误作下列会计分录,并已登记入账。

①借:管理费用　　2 500

　贷:库存现金　　2 500

更正时,应先用红字金额填制一张与原错误凭证内容完全相同的凭证,并据以用红字金额登记入账,冲销错账(方框代表红字)。

②借:管理费用　　[2 500]

　贷:库存现金　　[2 500]

然后再用蓝字编写一张正确的记账凭证,用蓝字登记入账。

③借:管理费用　　2 500

　贷:银行存款　　2 500

②③两张记账凭证的分录登入相应的账簿中去,就使账簿得到了正确的记录,从而保证了信息的可靠性(账簿记录的更正见表7-20)。

表7-20

借方	管理费用	贷方
① 2500.00		
② [2 500.00]		
③ 2 500.00		

借方	库存现金	贷方
期初余额 3 000.00		① 2 500.00
		② [2 500.00]

借方	银行存款	贷方
期初余额 200 000.00		③ 2 500.00

(2)记账以后,发现记账凭证中应借、应贷科目并无错误,只是所填列的金额大于应填列的金额,并已过账,这时也要用红字更正法进行更正。

更正时,用红字按多记的金额(错误金额超过正确金额部分)填制一张应借应贷会计科目与原错误记账凭证会计科目相同的记账凭证,在摘要栏内注明“注销某月某日第×号凭证多记金额”,并据以用红字金额登入有关账簿,以冲销多记的金额。

【例7-10】 车间领用76 00元的乙材料生产A产品,已登记入账,但记账凭证的分录误为

④借:生产成本 7 800

贷:原材料 7 800

发现上述多记金额,更正时,先计算多记金额7 800-7 600=200元,然后将多记金额200元红字金额填制一张与原记账凭证上应借、应贷科目完全相同的记账凭证(会计分录如⑤)予以更正,并据以记账(方框代表红字),账簿记录的更正见表7-21所示。

⑤借:生产成本 [200]

贷:原材料 [200]

表7-21

借方 原材料	贷方	借方 生产成本	贷方
期初余额 100000.00	④ 7 800.00	④ 7 800.00	
	⑤ [200.00]	⑤ [200.00]	

3.补充登记法

如果在记账过程中出现了与上述情况恰好相反的错误,即记账以后,发现记账凭证中应借、应贷科目并无错误,只是所填列的金额小于应填列的金额,并已过账,就可用补充登记法更正。

更正时,先计算少记金额,用蓝字填制一张与原记账凭证上应借、应贷科目完全相同的记账凭证登入少记金额,在摘要栏内注明“补记×月×日第×号凭证少记金额”,并据以用蓝字补充登记有关账簿,补足账内少记的金额。

【例7-11】 沿用【例7-10】,车间领用7 600元的乙材料生产A产品,已登记入账,但记账凭证的分录误为

⑥借:生产成本 6 700.00

贷:原材料 6700.00

发现上述少记金额,更正时,先计算少记金额7 600-6 700=900元,然后将少记金额900元用蓝字填制一张如下会计分录的记账凭证予以更正,并据以记账,账簿记录的更正见表7-22。

⑦借:生产成本　　　　900.00
　　贷:原材料　　　　　900.00

表 7－22

借方	原材料	贷方	借方	生产成本	贷方
⑥	6 700.00		⑥	6 700.00	
⑦	900.00		⑦	900.00	

第四节　对账与结账

一、对账

对账就是核对账簿记录,也称账目核对,是保证会计账簿记录质量的重要程序。1999 年再次修订的《会计法》第十七条规定:“各单位应当定期将会计账簿记录与实物、款项及有关资料相互核对,保证会计账簿记录与实物及款项的实有数额相符、会计账簿记录与会计凭证的有关内容相符、会计账簿之间相对应的记录相符、会计账簿记录与会计报表的有关内容相符。”根据这一规定账目核对应做到账实相符、账证相符、账账相符和账表相符。

(一)账实相符

账实相符,是会计账簿记录与实物、款项和有价证券实有数核对相符的简称。保证账实相符,是会计核算的基本要求。由于会计账簿记录是实物、款项和有价证券使用情况的价值量反映,实物、款项和有价证券的增减变化情况,必须在会计账簿记录上如实记录、登记。因此,通过会计账簿记录与实物、款项和有价证券的实有数相核对,可以检查、验证会计账簿记录的正确性,发现财产物资和款项、有价证券管理中存在的问题,有利于查明原因、明确责任、改善管理、提高效益,有利于保证会计资料真实和完整。

(二)账证相符

账证相符,是会计账簿记录与会计凭证有关内容核对相符的简称。保证账证相符,也是会计核算的基本要求。由于会计账簿记录是根据会计凭证等资料编制的,两者之间存有逻辑联系,因此,通过账证核对,可以检查、验证会计账簿记录和会计凭证的内容是否正确无误,以保证会计资料真实、完整。各单位应当定期将会计账簿记录与其相应的会计凭证记录(包括时间、编号、内容、金额、记账方向等)逐项核对,检查是否一致。如果发现有不一致之处,应逐步查到原始依据,直到查出差错的原因,并按照规定予以更正。

（三）账账相符

账账相符，是有关账簿之间的记录核对相符的简称。保证账账相符，同样是会计核算的基本要求。由于会计账簿之间，包括总账各账户之间、总账与明细账之间、总账与日记账之间、会计机构的财产物资明细账与保管部门、使用部门的有关财产物资明细账之间等相对应的记录存在着内在联系，通过定期核对，可以检查、验证会计账簿记录的正确性，便于及时发现问题，纠正错误，保证会计资料的真实、完整和准确无误。账账核对的主要内容包括以下几个方面：

（1）所有总账账户借方发生额合计与贷方发生额合计是否相符；

（2）所有总账账户借方余额合计与贷方余额合计是否相符；

（3）有关总账账户余额与其所属明细分类账余额合计是否相符；

（4）库存现金日记账和银行存款日记账的余额与其总账余额是否相符；

（5）会计机构有关财产物资明细账余额与财产物资保管、使用部门的有关明细账余额是否相符等。

（四）账表相符

账表相符，是会计账簿记录与会计报表有关内容核对相符的简称。保证账表相符，同样也是会计核算的基本要求。由于会计报表是根据会计账簿记录及有关资料编制的，两者之间存在相对应的关系，因此，通过检查会计报表各项目的数据与会计账簿相关数据是否相符，可以检查、验证会计账簿记录和会计报表数据是否正确无误，确保会计资料质量。

二、结账

结账是在将本期内所发生的经济业务事项全部登记入账的基础上，按照规定的方法对该期内的账簿记录进行小结，结算出本期发生额合计和余额，并将其余额结转下期或者转入新账。

根据《会计基础工作规范》规定，结账可分为月结、季结和年结等。为了正确反映一定时期内在账簿记录中已经记录的经济业务事项，总结有关经济业务活动和财务状况，确定本期的经营成果（利润或亏损），也为编制财务会计报告准备数据。各单位必须在会计期末进行结账，不能为赶编财务会计报告而提前结账，更不能先编制财务会计报告后结账。

（一）结账前准备工作

结账是在月份、季度和年度终了时进行的，结账前必须做好一切有关结账的准备工作，主要有以下内容。

（1）认真检查本期内所发生的经济业务事项是否全部登记入账，是否有记录错误，以便在结账前及时更正。

（2）在本期发生的经济业务事项全部入账的基础上，按照权责发生制原则，认真检查本期内所有应收未收、应付未付的各种债权、债务已发生而尚未实际收付的业务，是否按规定手续记入有关账簿,对需要调整的账项要及时调整。即根据权责发生制确定本期应计的收入和应计的费用,以正确划分上、下期的财务收支,并合理地核算财务成果。

(3)认真进行对账工作,保持账面记录的正确性,并做到账证相符、账账相符和账实相符。

(二)结账

上述准备工作做好以后,才办理正式结账手续,结账的程序为:先结平收入(收益)、费用(损失)等虚账户;再结清本年利润账户;再次结清利润分配各明细账户;最后结出资产、负债和所有者权益等实账户的余额。

1. 结平虚账户

结平收入(收益)、费用(损失)类账户一般采用账结法,即每月终了编制结账分录,并过入各收入(收益)、费用(损失)类账户和"本年利润"账户,使收入(收益)、费用(损失)类账户的月末余额为零,在"本年利润"账户结出本月份实现利润(或发生亏损)总额。

具体做法:期末将"主营业务收入""其他业务收入""营业外收入""投资收益"等收入(收益)类账户的余额转入"本年利润"账户,即借记"主营业务收入""其他业务收入""营业外收入""投资收益"等账户,贷记"本年利润"账户;将"主营业务成本""营业税金及附加""其他业务成本""管理费用""财务费用""销售费用""营业外支出""所得税费用"等费用(损失)类账户的期末余额,分别转入"本年利润"账户,即借记"本年利润"账户,贷记"主营业务成本""营业税金及附加""其他业务成本""管理费用""财务费用"'、"销售费用""营业外支出""所得税费用"等账户。

2. 年末结清"本年利润"账户

"本年利润"账户是用来计算会计年度内所实现的利润(或亏损)总额的一个过渡性账户,期末余额表示本年累计实现的利润(或累计亏损)。为了分别反映每一个会计期间的经营成果,在每一个会计期间开始时,经营成果的计算都是从零开始,所以在年度终了时,企业应将本年度实现的利润总额(或亏损总额),全部从"本年利润"账户转入"利润分配—未分配利润"账户,以结清"本年利润"账户。年度终了,企业结转本年实现的利润总额时,借记"本年利润",贷记"利润分配—未分配利润";如为亏损总额,则作相反的会计记录。

3. 年末结清"利润分配"账户的有关明细分类账户

"利润分配"账户是用来核算企业利润的分配(或亏损的弥补)和历年分配(或弥补)后的结存余额的账户,为了反映企业利润的分配(或亏损的弥补)情况,该账户一般须设置"盈余公积转入""提取法定盈余公积""提取任意盈余公积""应付现金股利或利润""未分配利润"等明细账户。年末,除"利润分配—未分配利润"明细账户外,应结清"利润分配"总账所属的各明细账的余额,即借记"利润分配—未分配利润",贷记"利润分配—提取法定盈余公积""利润分配—任意盈余公积""利润分配—应付现金股利或利润"等账户。结账后,"利润分配—未分配利润"明细账户若有贷方余额,则表示历年来结存的未分配利润;若有借方余额,则表示历年来未弥补的亏损。

4. 结出各实账户的本期发生额和余额

结账时，应当根据不同的账户记录，分别采用不同的方法。

(1)对不需要按月结计本期发生额的账户，如各项应收、应付款明细账和各项财产物资明细账等，每次记账以后，都要随时结出余额，每月最后一笔余额即为月末余额。也就是说，月末余额就是本月最后一笔经济业务事项记录的同一行内余额。月末结账时，只需要在最后一笔经济业务事项记录之下通栏划单红线，不需要再结计一次余额。

(2)库存现金、银行存款日记账和需要按月结计发生额的收入(收益)、费用(损失)等明细账，每月结账时，要在最后一笔经济业务事项记录下面通栏划单红线，结出本月发生额和余额，在摘要栏内注明"本月合计"字样，在下面再通栏划单红线。

(3)需要结计本年累计发生额的某些明细账户，每月结账时，应在"本月合计"行下结出自年初起至本月末止的累计发生额，登记在月份发生额下面，在摘要栏内注明"本年累计"字样，并在下面再通栏划单红线。十二月末的"本年累计"就是全年累计发生额，全年累计发生额下通栏划双红线(表示封账)。

(4)总账账户平时只需结出月末余额。年终结账时，为了总括反映全年各项资金运动情况的全貌，核对账目，要将所有总账账户结出全年发生额和年末余额，在摘要栏内注明"本年合计"字样，并在合计数下通栏划双红线。

5. 年终结转余额

年度终了结账时，有余额的账户，要将其余额结转下年。结转的方法是，将有余额的账户的余额直接记入新账余额栏内，不需要编制记账凭证，也不必将余额再记入本年账户的借方或者贷方，使本年有余额的账户的余额变为零。因为，既然年末是有余额的账户，其余额应当如实地在账户中加以反映，否则，容易混淆有余额的账户和没有余额的账户之间的区别。

第五节 账簿的更换与保管

一、账簿的更换

所谓更换新账簿是指在会计年度终了，将上年旧账更换为次年新账。总账和日记账必须每年更换一次，大部分明细分类账也应每年更换。只有个别明细账如固定资产明细账等，可以连续使用。

更换新账的程序方法比较简单，就是将上年度末各账户的年末余额直接记入新启用的有关账户中去。新、旧账户之间的转记余额，不需编制记账凭证。这种方法简便，得到普便采用。

建立新账后，即在新的会计年度开始时，把上年旧账余额转入新账中，才能开始登记新发生的经济业务事项。建立新账时，除了登记启用规则中规定的事项外，还须注意以下问题。

第一,更换新账时,要注明各账户的年份,然后在第一行日期栏内写明 1 月 1 日,记账凭证栏空置不填,摘要栏注明"上年结转"字样;最后,根据上年旧账的年末余额直接写入该行的"余额"栏内,作为新年度开始的年初余额。

第二,总账应根据各账户经济业务事项发生数量的多少和每月记账次数,详细计算各账户所需页数,并填写账户目录,然后据以设立账户。

第三,有些明细分类账户,如应收账款、应付账款、其他应收款、其他应付款等,须将各明细账户余额的构成内容,详细或逐笔结转到新账户中去,以备清算或查阅。

二、账簿的保管

会计账簿和会计凭证一样,都属于重要的经济档案和历史资料,必须建立科学管理制度,妥善保管,以供检查、分析和审计。账簿管理制度分为平时管理和归档保管二部分。

(一)平时账簿管理的具体要求

(1)各种账簿要明确分工,指定专人管理,账簿经管人员既要负责保证账簿安全,又要负责记账、对账、结账等全部工作,每日下班前,整理账册,加锁保存,以防丢失。

(2)会计账簿未经单位负责人和会计负责人或有关人员批准,非经管人员不能随意翻阅查看会计账簿。

(3)会计账簿除需要与外单位核对外,一般不能携带外出。对携带外出的账簿,一般应由经管人员或会计主管指定专人负责。会计账簿绝不许随意交与其他人员管理,以保证账簿安全和防止任意涂改账簿等问题发生。

(二)旧账归档保管

年度终了更换并启用新账以后,对更换下来的旧账要整理装订成册,归档保管。

旧账在归档前的整理工作包括:⑴检查和补齐应办的手续,如改错盖章、结账画线、结转余额、注销空行及空页等;⑵活页账应撤出账簿中未使用的空白账页,再装订成册,并注明各账页的总账页号及每一账户的明细账页号。

旧账装订时,应注意以下事项:⑴活页账装订时一般按账户(科目)分类装订成册,一个账户装订成一册或数册。某些账户账页较少,也可以几个账户合并装订成一册,但应分别按资产、负债及所有者权益类账户分别装订;⑵装订时应检查账簿扉页的内容是否填写齐全,要将账簿启用及交接表及账户目录放在账页前面,并加封面封底;⑶装订时,应将账页整齐牢固地装订在一起,并在装订线处贴封签,由经办人员及装订人员、会计主管人员在封口处签名或盖章。

旧账装订完毕先暂由本单位会计机构保管一年。保管期满之后,原则上应由会计机构编移交清册,移交本单位的档案部门保管;未设立档案部门的,应当在会计机构内部指定专人保管,但出纳人员不得兼管会计档案。企业的总账、明细分类账和一般日记账保管 15 年,现金和银行存款日记账保管 25 年,固定资产卡片在固定资产报废清理后保管 5 年,涉及外事和对私改造的会计账簿永久保管。

复习思考题

1. 什么是账簿？有了会计凭证,为什么还要设置账簿？

2. 账簿有哪些种类,它们分别用于登记哪些方面的业务？

3. 试述库存现金日记账和银行存款日记账的内容和登记方法？

4. 试述总分类账的格式。

5. 明细分类账有哪几种格式,各应如何登记？

6. 试述账簿的启用规则和登记规则。

7. 试述总分类账与明细分类账的平行登记。

8. 什么是对账？对账工作包括哪些内容？

9. 什么是结账？结账工作包括哪些内容？

10. 更正错账的方法有哪几种？各种更正方法的特点和适用条件是什么？

练　习　题

习　题　一

【目的】 练习库存现金日记账的登记方法。

【资料】 某企业 2012 年 4 月 1 日"库存现金日记账"的余额为 600 元,当日发生如下与现金收付有关的经济业务事项如下：

1. 用现金 120 元支付购买材料的运杂费。

2. 销售部门人员张鸣出差回来报销差旅费 2 400 元,出差前借款 2 000 元,垫付部分已付给张鸣本人。

3. 从银行提取现金 50 000 元,以备发放工资。

4. 用现金 50 000 给职工发工资。

5. 张顺出差报销差旅费 2 250 元,出差前借款 3 000 元,交回借款余额 750 元。

6. 处理积压材料收入现金 936 元。

7. 将现金 1 000 元存入银行。

【要求】 1. 根据上述经济业务事项确认应编制的专用记账凭证名称,按五种编号方法编号,然后编制会计分录。

2. 开设并登记库存现金日记账。

3. 登记库存现金总账,计算出当日余额。

习 题 二

【目的】 练习错账更正的基本方法。

【资料】 某企业2012年3月发生错账如下(假定以下资料中所给出的经济业务已全部入账)。

1. 收到投资者投入的货币资金投资200 000元,已存入银行。收款凭证上编制的会计分录为

借:银行存款　　20 000
　贷:实收资本　　20 000

2. 用银行存款40 000元购入一台不需安装的设备。付款凭证上编制的会计分录为

借:固定资产　　400 000
　贷:银行存款　　400 000

3. 用银行存款35 000元偿还应付账款。付款凭证上编制的会计分录为

借:应收账款　　35 000
　贷:银行存款　　35 000

3. 生产产品领用原材料一批,价值12 000元。转账凭证上编制的会计分录为

借:生产成本　　12 000
　贷:原材料　　12 000

在账簿中登记该项经济业务时,"生产成本"账户的借方登记1 200元。

【要求】 1. 根据资料分析错账原因。

2. 确定更正方法。

3. 运用所学方法对错账进行更正。

第八章　账务处理程序

第一节　账务处理程序的意义和种类

一、账务处理程序的概念和意义

(一)账务处理程序的概念

账务处理程序,也称会计核算组织程序,或会计核算形式,是指在会计核算处理过程中,账簿组织、记账程序和记账方法相互结合的方式。账簿组织是指会计凭证和账簿的种类、格式及各种凭证与各种账簿之间的相互联系;记账程序和记账方法是指从审核、整理原始凭证开始,到填制记账凭证、登记各种账簿、编制会计报表为止的一系列工作顺序和方法。

不同的账簿组织、记账程序和记账方法相互结合在一起将构成不同的账务处理程序。不同的账务处理程序各有其特点,但也有其共同的基本模式,其基本模式如图 8.1 所示。

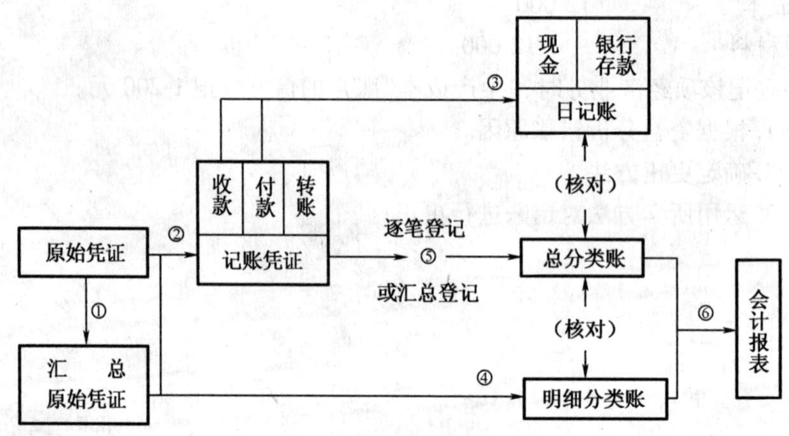

图 8.1　账务处理程序基本模式图

(二)账务处理程序的意义

为了核算和监督经济活动,为编制会计报表提供核算资料,各单位都必须完成图 8.1 所示的业务及各程序,但各单位由于在业务性质、规模大小和业务繁简方面各有特点,管理的要求也不同,因而企业应根据实际情况选择适合本企业特点的账务处理程序。

账务处理程序的选择是企业会计工作的一个非常重要的方面。合理、适当的账务处理程序其重要意义具体表现在以下几个方面。

(1)可以明确会计工作的分工,加强岗位责任制,从而有利于提高会计工作的质量。

(2)可以减少不必要的核算环节,减少凭证和账簿的使用数量,节约周转时间和核算费用,从而提高会计工作的效率。

(3)可以加强对企业经济活动和财产物资的管理,更好地发挥会计的职能作用。

合理的账务处理程序的确定,一般应符合以下三项要求。

①要与本单位的性质、规模和经济业务事项的繁简相适应,以保证会计核算的顺利进行。

②要及时、准确、系统、全面提供会计核算资料,以利于及时掌握资金运动现状,有效地参与经营决策,为有关各方决策提供依据。

③在保证核算资料及时、准确、完整的基础上,要力求简化核算手续,节约人力、物力和财力,提高会计核算的效率。

二、账务处理程序的种类

目前,我国企业、事业、机关等单位一般采用的账务处理程序主要有:

(1)记账凭证账务处理程序;

(2)汇总记账凭证账务处理程序;

(3)科目汇总表账务处理程序;

(4)多栏式日记账账务处理程序。

以上四种账务处理程序,都是在经济业务事项发生或完成后,先根据原始凭证填制记账凭证,再根据原始凭证和记账凭证登记日记账和明细分类账,都是根据账簿记录提供会计信息和编制会计报表。它们的根本区别,在于登记总分类账簿的依据不同。

第二节　记账凭证账务处理程序

一、记账凭证账务处理程序的特点

记账凭证账务处理程序是一种直接根据各种记账凭证逐笔登记总分类账的会计核算形式。它是会计核算中最基本的一种账务处理程序,它包括账务处理程序的一般内容,其他各种账务处理程序都是在这种账务处理程序的基础上发展、演变而形成的。

采用记账凭证账务处理程序,账簿组织一般应设置库存现金日记账、银行存款日记账、总分类账和明细分类账。现金、银行存款日记账和总分类账均可采用三栏式;明细分类账可根据需要采用三栏式、数量金额式或多栏式;记账凭证可采用通用记账凭证,也可将收款凭证、付款凭证和转账凭证同时应用。在这种核算形式下,总分类账一般是按户设页。

记账凭证账务处理程序的主要特点是总分类账根据记账凭证逐笔登记。在这种账务处理程序下，库存现金日记账和银行存款日记账，只是用来序时地登记现金、银行存款的收支业务，它所记录的内容与总分类账中相应账户的内容相同。

二、记账凭证账务处理程序登记总账的方法

现举例说明记账凭证账务处理程序登记总分类账的方法，某单位 2012 年 5 月上旬发生以下经济业务事项：

(1)1 日，从银行提现 2 000 元，补足备用金；

(2)3 日，购进一批甲材料，专用发票注明货款 5 000 元，增值税 850 元；

(3)4 日，收到发达公司转账支票 15 000 元偿还其前欠购货款，已送存银行；

(4)6 日，为生产 A 产品领用甲材料 9 000 元；

(5)7 日，销售 A 产品一批，售价 10 000 元，增值税率 17%，款已收存银行；

(6)8 日，采购员李志报销差旅费 1 400 元，以现金支付；

(7)9 日，开出转账支票 7 000 元偿还前欠远东公司购货款。

上述经济业务事项的记账凭证（以会计分录代替）如表 8－1 所示。

表 8－1　会计分录汇总表　　单位：元

月	日	账户名称	借方金额	贷方金额	过账
5	1	库存现金	2 000.00		
		银行存款		2 000.00	
	3	原材料	5 000.00		
		应交税费	850.00		
		银行存款		5 850.00	
	4	银行存款	15 000.00		
		应收账款		15 000.00	
	6	生产成本	9 000.00		
		原材料		9 000.00	
	7	银行存款	11 700.00		
		主营业务收入		10 000.00	
		应交税费		1 700.00	
	8	管理费用	1 400.00		
		库存现金		1 400.00	
	9	应付账款	7 000.00		
		银行存款		7 000.00	

根据上述记账凭证逐笔登记银行存款总分类账如表 8-2 所示。

表 8-2 总分类账

会计科目 银行存款　　　　第 × 页

2012 年		凭证号数	摘要	对方科目	借方金额	贷方金额	借或贷	余额
月	日							
5	1		期初余额				借	124 000.00
	1	略	提现备用	库存现金		2 000.00	借	122 000.00
	3	略	购甲材料	原材料		5 000.00	借	117 000.00
				应交税费		850.00	借	116 150.00
	4	略	收回货款	应收账款	15 000.00		借	131 150.00
	7	略	销售产品	主营业务收入	10 000.00		借	141 150.00
				应交税费	1 700.00		借	142 850.00
	9	略	偿还货款	应付账款		7 000.00	借	135 850.00
			……				借	
	31		本月合计		67 290.00	53 310.00	借	137 980.00

三、记账凭证账务处理程序的核算步骤和图示

(一)记账凭证账务处理程序的核算步骤

记账凭证账务处理程序的核算步骤表明了这种账务处理程序的具体工作过程,它有以下几个核算步骤:

(1)根据原始凭证填制汇总原始凭证(原始凭证汇总表);

(2)根据原始凭证或汇总原始凭证填制记账凭证(包括收款凭证、付款凭证和转账凭证);

(3)根据收款凭证、付款凭证逐笔登记库存现金日记账和银行存款日记账;

(4)根据记账凭证和原始凭证(或汇总原始凭证)逐笔登记各种明细分类账;

(5)根据记账凭证逐笔登记总分类账;

(6)定期(一般在月终)将库存现金日记账、银行存款日记账的余额,及各种明细分类账的余额,分别与总分类账中有关账户的余额核对相符;

(7)月终,根据总分类账和明细分类账的记录,编制会计报表。

(二)记账凭证账务处理程序的图示

记账凭证账务处理程序如图 8.2 所示。

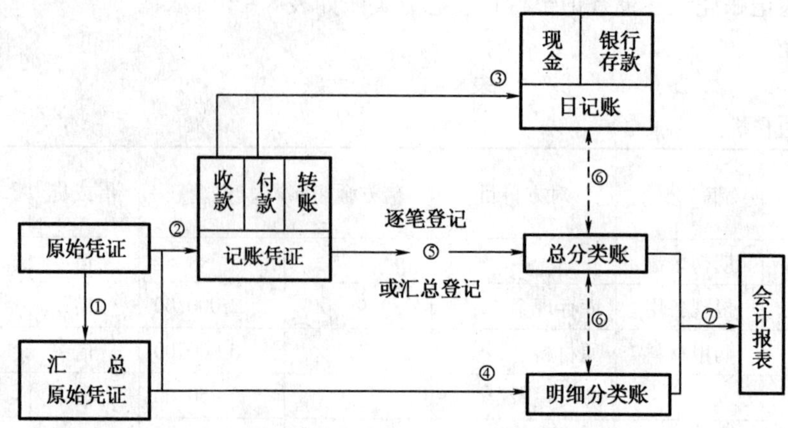

图 8.2 记账凭证账务处理程序图

四、记账凭证账务处理程序的优缺点及适用范围

记账凭证账务处理程序的优点是:简单明了,层次清楚,易于掌握。总分类账可详细记录和反映经济业务事项状况,对经济业务事项发生较少的科目,总账可以代替明细账(需在总账的"摘要"栏中对经济业务事项加以说明)。其缺点是:根据记账凭证逐笔登记总账,就使得登记总分类账的工作量较大,也不便于会计分工。

随着经济的发展和经济业务事项的增加,这种核算程序就不能适应经济日益发展的需要。因此,记账凭证账务处理程序一般只适用于规模较小、经济业务事项数量较少、凭证不多的单位,一般大中型企业都不采用这种账务处理程序。

第三节 汇总记账凭证账务处理程序

一、汇总记账凭证账务处理程序的特点

汇总记账凭证账务处理程序是根据原始凭证(或汇总原始凭证)填制记账凭证,并定期根据记账凭证编制汇总记账凭证,再据此登记总账的一种会计核算形式。它是针对由于记账凭证数量多,登记总分类账工作量大而形成的。

汇总记账凭证账务处理程序的主要特点是:先定期(5 或 10 天)把全部记账凭证汇总编成各种汇总记账凭证,然后再根据汇总记账凭证登记总分类账。

采用这种账务处理程序,账簿组织主要设置库存现金日记账、银行存款日记账、总分类账

和明细分类账。库存现金日记账、银行存款日记账和总分类账都可采用三栏式，明细分类账可采用三栏式、数量金额式或多栏式。汇总记账凭证须分为汇总收款凭证、汇总付款凭证和汇总转账凭证三种，在各种汇总凭证中都要求反映会计账户的对应关系。

二、汇总记账凭证的编制及其登记总账的方法

汇总记账凭证要定期填制，间隔天数视企业的业务量多少而定，一般为每隔 5 天或 10 天（最长不超过 10 天），每月汇总编制一张，月终结出合计数，据以登记总分类账。

汇总收款凭证和汇总付款凭证，均应以现金、银行存款账户为中心设置，因为这两个账户的收、付情况反映了现金存量和银行存款存量变动的情况，单位应及时掌握。具体来说，汇总收款凭证应根据现金和银行存款的收款凭证，分别按库存现金、银行存款账户的借方设置，并按与该两账户对应的贷方账户归类汇总，加计发生额，月终时，结算出汇总收款凭证的合计数，据以登记总分类账，汇总收款凭证格式见表 8－3。

表 8－3 汇总收款凭证

借方科目 银行存款　　　　2012 年 5 月　　　　汇收第 1 号

贷方科目	金额				总账页数	
	(1)	(2)	(3)	合计	借方	贷方
主营业务收入	10 000.00	12 000.00	15 000.00	37 000.00		
应收账款	15 000.00		9 000.00	24 000.00	（略）	（略）
应交税费	1 700.00	2 040.00	2 550.00	6 290.00		
合计	26 700.00	14 040.00	26 550.00	67 290.00		

会计主管×××　　记账×××　　审核×××　　制表×××

附注：(1)——1 日至 10 日，收款凭证共×张；

(2)——11 日至 20 日，收款凭证共×张；

(3)——21 日至 31 日，收款凭证共×张。

汇总付款凭证则刚好相反，分别按库存现金、银行存款账户的贷方设置汇总付款凭证，按相对应的各个借方账户分别汇总，加计发生额，月终时，结算出汇总付款凭证的合计数，据以登记总分类账（汇总付款凭证格式见表 8－4）。如果库存现金和银行存款之间相互划转的业务，则视同转账凭证处理。

表8-4 汇总付款凭证

贷方科目 银行存款　　　　2012年5月　　　　汇付第1号

借方科目	金额				总账页数	
	(1)	(2)	(3)	合计	借方	贷方
库存现金	2 000.00	1 400.00		3 400.00	(略)	(略)
应付账款	7 000.00		16 000.00	23 000.00		
原材料	5 000.00	8 000.00	10 000.00	23 000.00		
应交税费	850.00	1 360.00	1 700.00	3 910.00		
合计	14 850.00	10 760.00	27 700.00	53 310.00		

会计主管××× 记账××× 审核××× 制表×××

附注:(1)——1日至10日,付款凭证共×张;

(2)——11日至20日,付款凭证共×张;

(3)——21日至31日,付款凭证共×张。

汇总转账凭证,一般按每一贷方账户分别设置,并以对应科目的借方账户归类汇总,加计发生额(汇总转账凭证格式见表8-5)。因此,平时填制的转账凭证只能是一贷一借或一贷多借,而不能相反,否则就不能以贷方科目汇总。为简化会计核算,如果在一个会计期间内,某一贷方科目的转账凭证不多,也可直接根据转账凭证登记总账。

表8-5 汇总转账凭证

贷方科目 应付账款　　　　2012年5月　　　　汇转第10号

借方科目	金额				总账页数	
	(1)	(2)	(3)	合计	借方	贷方
原材料	58 500.00	16 380.00		74 880.00	略	略
应交税费	9 945.00	2 784.60		12 729.60		
合计						

会计主管××× 记账××× 审核××× 制表×××

附注:(1)——1日至10日,转款凭证共×张;

(2)——11日至20日,转款凭证共×张;

(3)——21日至31日,转款凭证共×张。

总分类账的登记方法是:月终时,根据汇总收款凭证的合计数,记入总分类账中的"库存现金"或"银行存款"账户的借方,以及有关账户的贷方;根据汇总付款凭证的合计数,记入总分类账中的"库存现金"或"银行存款"账户的贷方,以及有关账户的借方;根据汇总转账凭证的合计数,记入总分类账中有关账户的借方和设证账户(据其编制汇总转账凭证的账户)的贷方。根据汇总记账凭证登记总账的方法如表 8-6、表 8-7 所示。

表 8-6 总分类账

会计科目 银行存款　　　　　　　　　　第×页

2012年		凭证号数	摘要	对方科目	借方金额	贷方金额	借或贷	余额
月	日							
5	1		期初余额				借	124 000.00
	31	汇收1号		主营业务收入	37 000.00		借	
	31			应收账款	24 000.00			
	31			应交税费	6 290.00			
	31	汇付1号		库存现金		3 400.00		
	31			应付账款		23 000.00		
	31			原材料		23 000.00		
	31			应交税费		3 910.00		
	31		本月合计		67 290.00	53 310.00	借	137 980.00

表 8-7 总分类账

会计科目 应付账款　　　　　　　　　　第×页

2012年		凭证号数	摘要	对方科目	借方金额	贷方金额	借或贷	余额
月	日							
5	1		期初余额				贷	18 000.00
	31	汇付1号		银行存款	23 000.00			
	31	汇转10号		原材料		74 880.00	贷	
	31			应交税费		12 729.60		
	31		本月合计		23 000.00	87 609.60	贷	82 609.60

三、汇总记账凭证账务处理程序的核算步骤和图示

(一)汇总记账凭证账务处理程序的核算步骤

(1)根据原始凭证填制汇总原始凭证(原始凭证汇总表);

(2)根据原始凭证或汇总原始凭证填制记账凭证(包括收款凭证、付款凭证和转账凭证);

(3)根据收款凭证、付款凭证逐笔登记库存现金日记账和银行存款日记账;

(4)根据记账凭证和原始凭证(或汇总原始凭证)逐笔登记各种明细分类账;

(5)根据收款、付款、转账三种记账凭证编制各种汇总记账凭证;

(6)月终,根据各种汇总记账凭证登记总分类账;

(7)定期(一般在月终)将库存现金日记账、银行存款日记账和明细分类账的余额,分别与总分类账中有关账户的余额核对相符;

(8)月终,根据总分类账和明细分类账的记录,编制会计报表。

(二)汇总记账凭证账务处理程序的图示

汇总记账凭证账务处理程序如图 8.3 所示。

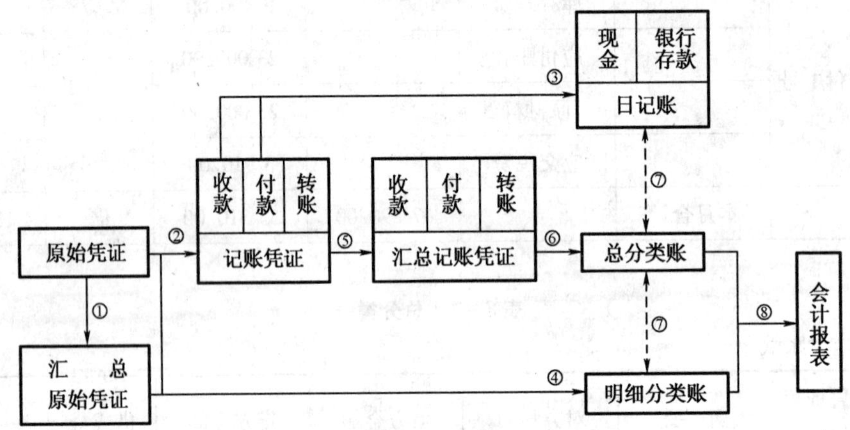

图 8.3　汇总记账凭证账务处理程序图

四、汇总记账凭证账务处理程序的优缺点及适用范围

汇总记账凭证账务处理程序的优点是:由于总账是在月终根据汇总记账凭证一次过入的,克服了记账凭证账务处理程序所存在的总账登记工作量过大的缺点,可以大大地简化核

算工作,而且汇总记账凭证是根据多张记账凭证按照账户对应关系进行归类、汇总编制,这样就便于了解有关账户之间的相互关系。

该账务处理程序的缺点是:由于记账凭证的汇总是按有关账户的借方或贷方而不是按经济业务事项性质归类汇总的,因而不便于自身进行试算平衡,记账的准确度受到限制,也不利于会计核算分工;同时,需要设置的汇总记账凭证数量较多,汇总的工作量较大,如果单位经济业务事项较少和凭证不多时,采用该种核算形式就未能起到简化的作用。因此,这种账务处理程序一般适用于规模较大、业务较多的企业。

第四节 科目汇总表账务处理程序

一、科目汇总表账务处理程序的特点

科目汇总表账务处理程序,也称记账凭证汇总表账务处理程序。它是根据记账凭证定期编制科目汇总表,据此登记总分类账的一种会计核算形式。

科目汇总表账务处理程序的主要特点是定期编制科目汇总表,并据此登记总分类账。

采用这种账务处理程序,对凭证和账簿的要求及记账程序与前两种账务处理程序基本相同,科目汇总表的性质和作用与汇总记账凭证相似,但两者的结构和编制的方法却不同。科目汇总表不分对应科目进行汇总,而是将所有科目的本期借方、贷方发生额汇总在一张科目汇总表(格式如表 8 - 8 所示)内,然后据此登记总账。

二、科目汇总表的编制及其登记总账的方法

由于科目汇总表不分对应科目进行汇总,而是将所有科目的本期借方、贷方发生额汇总在一张科目汇总表内,因此,为了便于汇总,必须注意以下几点。

(1)每一张收款凭证一般应填列一个贷方科目,每一付款凭证一般应填列一个借方科目;转账凭证,则应填列一个借方科目和一个贷方科目,一式二联,一联为借方科目转账凭证,一联为贷方科目转账凭证。

(2)为了便于登记总账,科目汇总表上的科目排列应按总分类账上科目排列的顺序来定。

(3)科目汇总表汇总的时间不宜过长,业务量多的单位可每天汇总一次,一般间隔最长不超过 10 天,以便对发生额进行试算平衡,及时了解资金运动状况。

科目汇总表的编制及其过账的方法,如表 8 - 8 和表 8 - 9 所示。

表 8－8　科目汇总表

2012 年 5 月 10 日　　第 1 号

会计科目	总账页数	本期发生额		记账凭证起止号数
		借　方	贷　方	
库存现金	略	2 000.00	1 400.00	略
银行存款		26 700.00	14 850.00	
原材料		5 000.00	9 000.00	
应收账款			15 000.00	
应付账款		7 000.00		
应交税费		850.00	1 700.00	
生产成本		9 000.00		
主营业务收入			10 000.00	
管理费用		1 400.00		
合计		51 950.00	51 950.00	

表 8－9　总分类账

会计科目 银行存款　　第 × 页

2012 年		凭证号数	摘　要	借方金额	贷方金额	借或贷	余额
月	日						
5	1		期初余额			借	124 000.00
	10	科汇 ×	汇总登记	26 700.00	14 850.00	借	135 850.00
			……				
	31		本月合计	67 290.00	53 310.00	借	137 980.00

三、科目汇总表账务处理程序的核算步骤和图示

（一）科目汇总表账务处理程序的核算步骤

（1）根据原始凭证填制汇总原始凭证（原始凭证汇总表）；

（2）根据原始凭证或汇总原始凭证填制记账凭证（包括收款凭证、付款凭证和转账凭证）；

（3）根据收款凭证、付款凭证逐笔登记库存现金日记账和银行存款日记账；

（4）根据记账凭证和原始凭证（或汇总原始凭证）逐笔登记各种明细分类账；

（5）根据收款、付款、转账三种记账凭证，每日或定期编制科目汇总表；

（6）根据科目汇总表，每日或定期登记总分类账；

（7）定期（一般在月终）将库存现金日记账、银行存款日记账和明细分类账的余额，分别与总分类账中有关账户的余额核对相符；

(8)月终,根据总分类账和明细分类账的记录,编制会计报表。

(二)科目汇总表账务处理程序的图示

科目汇总表账务处理程序如图8.4所示。

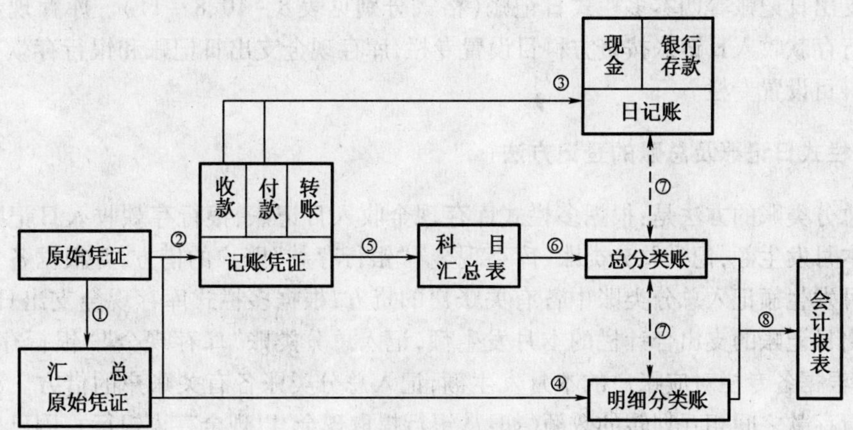

图8.4 科目汇总表账务处理程序图

四、科目汇总表账务处理程序的优缺点及适用范围

科目汇总表账务处理程序的优点是:根据科目汇总表登记总账,每月只有为数不多的记录,因而大大地简化登记总分类账的工作量;同时,每天或定期还可以就科目汇总表进行试算平衡,便于及时发现问题,采取措施,从而保证记账工作的质量。

科目汇总表账务处理程序的缺点是:由于科目汇总表和总分类账中都不反映账户的对应关系,不便于查对账目和了解经济业务事项的内容。只有规模大、经济业务事项发生频繁的单位,才采用这种账务处理程序。

第五节 多栏式日记账账务处理程序

一、多栏式日记账账务处理程序的特点

多栏式日记账账务处理程序是指根据多栏式库存现金日记账和多栏式银行存款日记账及转账凭证(或转账凭证科目汇总表)登记总分类账的一种会计核算形式。

这种账务处理程序的主要特点是:凡涉及货币资金的经济业务事项,先登记于所设置的多栏式库存现金日记账和多栏式银行存款日记账,然后根据它们登记总分类账;对于不涉及货币资金的转账业务,可以根据转账凭证逐笔登记总分类账,也可以根据转账凭证编制转账

凭证科目汇总表登记总分类账。

在这种账务处理程序下，为了明确反映收、付款业务的账户对应关系，简化收、付款业务的记账工作，应分别设置库存现金收入日记账、银行存款收入日记账、库存现金支出日记账和银行存款支出日记账等四本多栏式日记账（格式分别见表8－10、8－11）。库存现金收入日记账和银行存款收入日记账按贷方科目设置专栏，库存现金支出日记账和银行存款支出日记账按借方科目设置专栏。

二、多栏式日记账及总账的登记方法

登记总分类账的方法是：根据多栏式库存现金收入日记账、银行存款收入日记账的收入合计栏的本月发生额，记入总分类账"库存现金""银行存款"账户的借方，并根据各专栏对应账户的本月发生额记入总分类账中各有关账户的贷方；根据多栏式库存现金支出日记账、银行存款支出日记账的支出合计栏的本月发生额，记入总分类账"库存现金""银行存款"账户的贷方，并根据各专栏对应账户的本月发生额，记入总分类账各有关账户的借方。只是对于现金和银行存款之间相互划转的数额（如：从银行提取现金，以现金存入银行），因已分别包括在有关收入日记账和支出日记账合计栏的本月发生额之内，就不能根据有关对应账户专栏的合计数登记总分类账，以免重复。对于转账业务，则根据转账凭证科目汇总表登记总分类账，但在转账业务不多的单位，也可根据转账凭证逐笔登记总分类账。总分类账格式与科目汇总表账务处理程序下总分类账的格式相同。

现举例说明多栏式日记账的登记及其登记总账的方法，如表8－10、表8－11、表8－12、表8－13、表8－14所示。

表8－10　库存现金收入日记账

第×页

2012年		凭证号	摘要	贷方科目		收入	支出	余额
月	日			银行存款	其他应收款			
5	1	略	期初余额					800.00
	2		提现备用	700.00		700.00		1 500.00
	5		预支款收回		500.00	500.00		2 000.00
	10		转记				600.00	1 400.00
	15		提现备发工资	4 000.00		4 000.00		5 400.00
	26		转记				4 000.00	1 400.00
	31		本月合计	4 700.00	500.00	5 200.00	4 600.00	1 400.00

表 8－11 库存现金支出日记账

第×页

2012年		凭证号	摘要	借方科目			支出合计
月	日			管理费用	其他应收款	应付职工薪酬	
5	10	略	报销差旅费	200.00			200.00
	10		李瑞借款		400.00		600.00
	26		发放工资			4 000.00	4 600.00
	31		本月合计	200.00	400.00	4 000.00	4 600.00

表 8－12 转账凭证科目汇总表

第×页

会计科目	本期发生额		账页
	借方	贷方	
应收账款	291 189.60		略
原材料	74 880.00	96 408.00	
库存商品	149 533.40	167 076.00	
累计折旧		31 732.00	
应付账款		82 609.60	
应付利息		4 000.00	
应付职工薪酬		31 278.00	
应交税费	12 729.60	67 415.20	
本年利润	231 376.20	278 460	
生产成本	151 343.40	149 533.40	
制造费用	23 657.40	23 657.40	
主营业务收入	278 460.00	278 460.00	
主营业务成本	167 076.00	167 076.00	
营业税金及附加	20 077.00	20 077.00	
财务费用	585.00	585.00	
管理费用	12 386.40	14 926.40	
销售费用	4 680.00	4 680.00	
合计	1 417 974.00	1 417 974.00	

表 8-13 总分类账

会计科目 库存现金　　　　第×页

2012 年		凭证号数	摘　要	借方金额	贷方金额	借或贷	余额
月	日						
5	1		期初余额			借	800.00
	31	略		5 200.00		借	6 000.00
	31				4 600.00	借	1 400.00
	31		本月合计	5 200.00	4 600.00	借	1 400.00

表 8-14 总分类账

会计科目 管理费用　　　　第×页

2012 年		凭证号数	摘　要	借方金额	贷方金额	借或贷	余额
月	日						
5	31	略	库存现金日记账过入	200.00			
	31		银行存款日记账过入	2 340.00			
	31		转账凭证科目汇总表过入	12 386.00	14 926.40	平	0
	31		本月发生额及月末余额	14 926.40	14 926.40	平	0

三、多栏式日记账账务处理程序的核算步骤和图示

(一)多栏式日记账账务处理程序的核算步骤

(1)根据原始凭证填制汇总原始凭证(原始凭证汇总表);

(2)根据原始凭证或汇总原始凭证填制记账凭证(包括收款凭证、付款凭证和转账凭证);

(3)根据收款凭证登记多栏式现金收入日记账和多栏式银行存款收入日记账,根据付款凭证登记多栏式库存现金支出日记账和多栏式银行存款支出日记账;

(4)根据记账凭证和原始凭证(或汇总原始凭证)逐笔登记各种明细分类账;

(5)根据转账凭证编制转账凭证科目汇总表;

(6)根据四种多栏式日记账和转账凭证科目汇总表(或转账凭证)登记总分类账;

(7)月终,总分类账的余额与所属明细分类账的余额之和核对相符;

(8)月终,根据总分类账和明细分类账的记录,编制会计报表。

(二)多栏式日记账账务处理程序的图示

多栏式日记账账务处理程序图 8.5 所示。

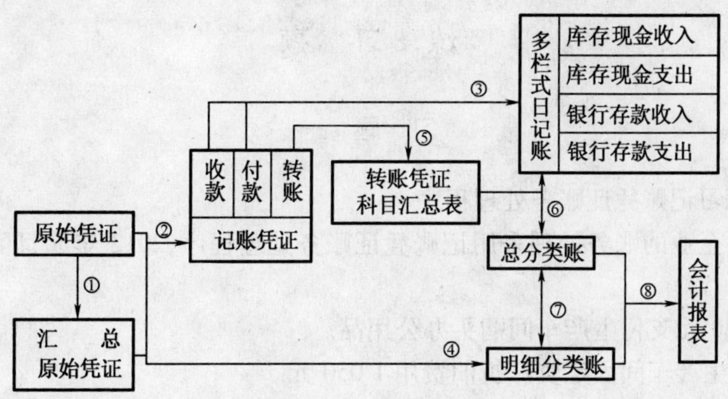

图 8.5 多栏式日记账账务处理程序图

四、多栏式日记账账务处理程序的优缺点及适用范围

多栏式日记账账务处理程序的优点是:由于收付款凭证采用多栏式日记账汇总后才登记总分数账的,所以这种核算形式可简化登记总分类账的工作量,效率较高。

这种账务处理程序的缺点是:虽然多栏式日记账能较好地反映账户的对应关系,但是它限制了会计科目的数量,在会计科目较多的企业日记账设置专栏必然较多,致使账页过长,不便于记账,也不便于保管。另外,转账凭证科目汇总表仍反映不出账户的对应关系。因而多栏式日记账账务处理程序只能用于收、付款业务数量较多而会计科目不多的单位。转账业务较多的单位不宜采用这种账务处理程序。

复习思考题

1. 什么是账务处理程序,我国主要的账务处理程序形式有哪几种?它们之间的根本区别是什么?
2. 说明记账凭证账务处理程序的基本内容、优缺点及适用范围。
3. 说明科目汇总表账务处理程序的基本内容、优缺点及适用范围。
4. 说明汇总记账凭证账务处理程序的基本内容、优缺点及适用范围。
5. 说明多栏式日记账账务处理程序的基本内容、优缺点及适用范围。

练 习 题

习 题 一

【目的】 练习记账凭证账务处理程序。

【资料】 丙企业的账务处理采用记账凭证账务处理程序,2012 年 5 月的部分经济业务事项如下:

1. 以现金 180 元支付生产车间购买办公用品。
2. 计提本月生产车间固定资产折旧费用 1 050 元。
3. 从银行提现 4 500 元。
4. 以现金 4 500 元发放工资。
5. 从银行提现 1 500 元。

【要求】

1. 根据上述经济业务事项编制记账凭证。
2. 根据记账凭证登记“制造费用”总账。

习 题 二

【目的】 练习科目汇总表账务处理程序。

【资料】 丙企业的账务处理采用科目汇总表账务处理程序,2012 年 5 月的部分经济业务事项如习题一所示。

【要求】

1. 根据记账凭证编制科目汇总表。
2. 根据科目汇总表登记“制造费用”总账。

习 题 三

【目的】 练习汇总记账凭证账务处理程序。

【资料】 丙企业的账务处理采用汇总记账凭证账务处理程序,2012 年 5 月的部分经济业务事项如习题一所示。

【要求】

1. 根据记账凭证编制汇总记账凭证。
2. 根据汇总记账凭证登记“制造费用”总账。

第九章 财产清查

第一节 概 述

一、财产清查的概念

财产清查是通过对货币资金、实物资产和往来款项的盘点或核对，确定其实存数，查明实存数与账存数是否相符的一种会计核算的专门方法。

财产清查是会计核算体系中的一个有机组成部分。财产清查，主要解决如下问题：确定企业财产实有数额，查明账实的差异和产生原因；调整账目，使之做到账实相符。

二、财产物资的盘存制度

财产物资盘存制度，又称财产物资盘存法，按照确定财产物资账面结存数的依据不同，分为实地盘存制和永续盘存制两种。

(一)实地盘存制

实地盘存制，又称实地盘存法，是指平时在账簿中只登记财产物资的增加数，不登记减少数，到月末结账时，根据实地盘点确定财产物资的结存数量，来倒挤本月财产物资的减少数，并据以登记有关账簿。这种方法，计算出的多是库存财产物资耗用(或销售)成本，所以在实际工作中，有的部门称之为“以存计耗制”或“盘存计耗制”；有的部门称之为“以存计销制”或“盘存计销制”。其计算公式为

期末库存成本 = 库存数量 × 进货单价

本期耗用(或销售)成本 = 期初库存成本 + 本期购货(或收进)成本 - 期末库存成本

采用实地盘存制，平时对减少的财产物资不做明细记录，可以简化日常工作。但由于平时在账面上无法随时反映财产物资的增加、减少和结存情况，将可能存在的损耗、差错、短缺等，全部挤入成本中，不利于财产物资的管理，即采用实地盘存制既难控制损失、浪费，也难防止丢失。因此这种盘存制度只适用于那些价值很小而收发又很频繁的零星材料，或是零售商店的非贵重商品、鲜活商品等。即使采用实地盘存制，也要尽可能地增加盘点次数，以免把过多的财产物资的短缺隐含在发出数量之内，掩盖管理上存在的问题。

(二)永续盘存制

永续盘存制，是指平时对各项财产物资的增加数和减少数，都要根据会计凭证连续记入有关账簿，并随时在账上结算出各种财产物资的账面结存数额。因此，它也称之为“账面盘存

制”。其计算公式为

期初结存数额+本期增加额-本期减少额=期末结存数额

不同的盘存制度,各项财产物资在账簿中的记录方法和盘存的目的是不同的。采用永续盘存制,可随时反映出财产物资的收入、发出和结余情况,从数量和金额上进行双重控制,加强了对财产物资的管理,在实际工作中广泛应用这种方法。永续盘存制的缺点是财产物资的明细分类核算工作量较大,特别是在财产物资品种复杂、繁多的企业,需要投入大量的人力和物力。但由于主客观原因的存在,即使采用了永续盘存制,也可能发生账实不符的情况,因此,对各项财产物资仍须定期或不定期地进行清查盘点,以便核对账面结存数和实际结存数是否相符,做到账实相符。

三、财产清查的意义

(一)造成账实不符的原因

在日常会计工作中,由于许多自然和人力的原因,往往使得账簿记录与财产物资的实存数不相符,从而影响会计核算指标的真实性和正确性。造成账实不符的原因是多方面的,有时是由于工作上的差错,有时则是受外界的影响;有些是可以避免的,而有些是不能完全避免的,一般说来,有以下两个方面。

1. 客观原因

(1)各项财产物资在保管过程中,由于受自然因素或其他条件的影响,发生了数量或质量上的变化,如汽油的自然挥发损失、油漆的干耗或袋装材料漏失等造成的数量短缺。

(2)发生风、水、火等自然灾害和意外损失。

2. 主观原因

(1)财产收发时,由于计量、检验不准确而造成品种、数量或质量上的差错,使得所填凭证与实际情况不符;或者由于财产物资发错品种、规格,从而造成某种财产物资账实不符。

(2)在凭证和账簿中,出现漏记、错记或计算上的错误。

(3)由于管理不善或工作人员失职而造成了财产的损坏、变质或短缺,以及货币资金、往来款项的长短。

(4)由于坏人的破坏或不法分子的贪污盗窃、营私舞弊,而发生的财产数量上的变化和损失。

(5)结算过程中账单未到或拒付等原因,造成本单位与其他企业结算、往来款项数额上的不符。

因此,为了保证会计核算资料的正确性,提高会计信息的质量,必须在账簿记录和反映的基础上,运用财产清查这一会计方法,对各种财产物资进行盘点和核对,从而作到账实相符。

(二)财产清查的意义

1. 保证会计核算资料的真实可靠

通过财产清查,可以确定各项财产物资的实存数,查明实存数与账存数之间的差异及产生差异的原因和责任,以便及时调整账面记录,使账存数与实存数一致,从而保证会计核算资料的真实可靠。

2. 挖掘财产物资的潜力,加速资金周转

通过财产清查,可以查明各项财产物资的储备和利用情况,既要防止因储备不足而延误生产经营,又要避免财产物资积压、呆滞而造成的浪费。从而可以充分挖掘财产物资的潜力,避免损失,加速资金周转。

3. 健全财产物资的管理制度,促进经营管理水平的提高

通过财产清查,可以查明有关财产物资验收、保管、收发、调拨、报废的情况,及时发现财产物资管理上存在的问题,促使单位采取相应措施,改进、健全财产物资管理,建立有关规章制度,提高经营管理水平,确保财产物资的安全与完整。

4. 保证财经纪律和结算制度的贯彻执行

通过对现金、往来款项的清查,可以检查单位财经纪律的执行情况,有无贪污盗窃、挪用公款的情况;查明各项债权、债务的结算情况,对于各项应收款项应及时催收,对确认的坏账应及时处理,对于各项应付款项应及时清偿,避免长期拖欠,从而使工作人员更加自觉地遵纪守法,自觉遵守财经纪律和结算制度。

四、财产清查的种类

财产清查可按下列不同标准进行分类。

(一)按其清查范围分类

财产清查按其清查范围的不同,可分为全面清查和局部清查。

1. 全面清查

全面清查是指对所有的财产进行盘点与核对。其清查对象主要包括:原材料、在产品、半成品、产成品或商品、现金、银行存(借)款、有价证券及外币、在途物资、委托加工物资、往来款项、固定资产等,存放在外面但属于本单位的财产物资也在清查范围之内。全面清查范围广、工作量大、时间长、参与人员多,一般在年终决算、单位撤销或合并、改变隶属关系、清产核资以及单位主要领导调离岗位时进行。

2. 局部清查

局部清查也称重点清查,是指根据需要只对部分财产进行的盘点与核对。如货币资金和流动资产中变化较频繁的原材料、在产品、产成品(或商品)等,除年度全面清查外,还应根据需要随时轮流盘点或重点抽查。局部清查范围小、内容少、时间短、参与人员少,但专业性较强,一般包括下列清查内容:库存现金应每天清点一次,银行存款每月至少同银行核对一次

（要按银行对账单逐笔核对），债权、债务每年至少核对一至两次，各项存货应有计划、有重点地抽查，贵重物资每月至少清查一次等。

（二）按清查时间分类

财产清查按其清查时间的不同，可分为定期清查和不定期清查。

1. 定期清查

定期清查是指按预先规定的时间对财产所进行的清查。一般是在年、季、月度终了后进行。

2. 不定期清查

不定期清查也称临时清查，是指根据实际需要临时进行的财产清查。一般是在更换财产物资保管人员、企业撤销或合并、发生财产意外灾害等情况时进行的财产清查。

定期清查和不定期清查的范围应视具体情况而定，可全面清查也可局部清查。

第二节　财产清查的方法

一、财产清查的准备工作

财产清查是一项复杂细致的工作，它涉及面广、政策性强、工作量大。为了加强领导，保质保量完成此项工作，一般应在单位负责人的领导下，组织一个有领导干部、专业人员、职工群众参加的专门小组，负责财产清查工作。在清查前，必须首先做好以下几项准备工作。

（一）组织准备

为了使财产清查能够顺利地进行，首先要成立清查小组，具体负责财产清查的领导工作。清查小组一般以单位负责人为领导，有各职能部门的主管人员、技术人员、保管人员等参加，根据需要还可以分成各专门小组，负责各种实物资产、货币资金和结算款项的盘点、核对工作。清查小组事前应当订出清查计划，配备必要的人员，并在清查过程中做好组织、检查和督促工作，对清查结果要填写清查结果报告表。

（二）账簿记录的准备

清查以前，会计部门和会计人员应将截至清查日止的所有实物收发凭证，全部登记入账，并结出总分类账和明细分类账的余额，相互核对，做到账证相符、账账相符，为账实核对提供正确的账簿资料，对于银行存（借）款和结算款项，应及时取得核对凭据，以便查对。

（三）实物整理准备

财产物资管理部门和实物保管人员应将截至清查日止的所有实物收发凭证，全部登记入账，并结出余额，将准备清查的各种实物整理清楚，排列整齐，挂上标签标明实物的名称、规格、品种、编号和结存数量，以备查对。

(四)度量衡的准备

要准备必要的度量衡器具,事先要进行校验,保证计量的准确可靠。并准备财产核对时的各种记录表格,以作清查盘点之用。

二、财产清查的方法

因财产物资有不同的形态和特征,财产清查的方法也就不尽相同,常用的方法有实地盘点法、技术推算法、查询法和核对法。

(一)实物资产的清查

实物的清查是指对原材料、在产品、产成品或商品、固定资产等财产物资的清查。对这类财产物资的清查通常可按其实物特点,如体积、形态、数量、质量及堆垛方式的不同,而采用不同的方法。主要有以下两种方法。

(1)实地盘点法。是指在财产物资存放现场逐一进行点数、或量尺、过秤确定其实存数的一种方法。在清点中,对于包装完整的商品、物资,可按大件清点,必要时可抽查细点。此方法数字准确可靠,但工作量较大。

(2)技术推算法。是指利用技术方法推算财产物资实存数的一种方法。例如煤炭、砂石等堆垛笨重的商品,点数、过秤确有困难,这时就可采用技术测算的方法,以确定其实存数。此方法盘点数字不够准确,但工作量较小。

在财产清查过程中,实物保管人员与盘点人员须同时在场清查,以明确经济责任。清查盘点的结果,应及时登记在“盘存单”上(格式见表9-1),由盘点人员和实物保管人签字或盖章。

表9-1 盘存单

财产类别　　　　存放地点　　　　盘点时间　　　　编号

编号	名称	规格	计量单位	盘点数量	单价	金额	备注

盘点人盖章　　　　　　　　　　实物保管人盖章

盘存单是记录实物盘点结果的书面文件,也是反映资产实有数的原始凭证。为了进一步查明盘点结果同账簿余额是否一致,还应根据“盘存单”和账簿记录编制“实存账存对比表”(格式见表9-2)。该表是一个非常重要的原始凭证,在这个凭证上所确定的各种实物的实存同账存之间的差异,既是经批示后调整账簿记录的依据,也是分析差异原因,查明责任的依据。

表9-2 实存账存对比表

单位名称：　　　　　　　　＿＿年＿＿月＿＿日　　　　　　　　编号

编号	类别及名称	计量单位	单价	实账		账存		对比结果				备注
				数量	金额	数量	金额	盘盈		盘亏		
								数量	金额	数量	金额	

盘点人签章　　　　　　　　会计签章　　　　　　　　制表

(二)货币资金的清查

1. 现金的清查

现金是企业流动性最强的财产,应经常对现金进行清查。清查时采用实地盘点法来确定库存现金的实有数额,并与库存现金日记账的余额进行核对,以查明账实是否相符。它包括出纳人员每日终了前进行的现金账款核对和清查小组进行的定期或不定期的现金盘点。

清查小组盘点之前,出纳人员应将现金收、付款凭证全部登记入账,并结出余额;盘点时由清查人员逐一清点现钞,由出纳监督。为了明确经济责任,在盘点现金时,出纳人员必须在场。如发生盘盈或盘亏,应由盘点人员和出纳共同核实。现金盘点应当有突然性,盘点中要注意有无违反现金管理规定行为,以白条、收据抵充现金或库存现金超过规定限额等现象。清查结束后,应根据清查结果编制"库存现金盘点报告表",并由盘点人员和出纳人员盖章。"库存现金盘点报告表"既是盘存清单,又是实存账存对比表,其一般格式如表9-3所示。

表9-3 库存现金盘点报告表

单位名称：　　　　　　　　年　　月　　日

账存金额	实有金额	对比结果		备注
		盘盈	盘亏	

盘点人签章　　　　　　　　出纳员签章

有价证券主要包括:国库券、公司债券、其他金融债券、股票等,其清查方法和现金相同。

2. 银行存款的清查

银行存款的清查,同实物、现金的清查方法不同。它是运用银行发出的"对账单"与本单位银行存款日记账核对，以查明账实是否相符。即采用与银行核对往来账目的方法(核对法)进行财产清查。

银行送来的"对账单"，是银行记账复写的账页，它完整地记录了本单位银行存款的增加、减少和结存数额，是清查银行存款账目的重要依据。

企业在同银行核对账目前，应先检查本单位银行存款日记账的正确性、完整性，再与"对账单"逐笔核对。核对时，如发生错账、漏账，应及时查清更正。尽管银行对账单与本单位的银行存款日记账所记录的内容相同，但银行对账单上的存款余额与本单位银行存款日记账上的余额，仍会出现不一致的现象。这除了本单位与银行之间的一方或双方记账有错误外，另一个原因就是双方之间往往出现未达账项。所谓"未达账项"，是指本单位和开户银行之间对于同一款项的收、付业务，由于双方凭证传递时间及记账时间不一致，一方接到凭证已经入账，而另一方尚未接到有关凭证没有入账的款项。企业与开户银行之间的"未达账项"，具体有以下四种情况：

第一，企业已收款记账，银行尚未收款记账；

第二，企业已付款记账，银行尚未付款记账；

第三，银行已收款记账，企业尚未收款记账；

第四，银行已付款记账，企业尚未付款记账。

上述任何一种情况发生，都会使企业和银行之间产生未达账项，从而导致双方的账面余额不一致，在第一、第四两种情况下，会使企业账面的存款结余额大于银行账面的存款结余额；在第二、第三两种情况下，又会使企业账面的存款结余额小于银行账面的存款结余额。

在对账过程中，如果发现存在未达账项，为了排除"未达账项"的影响，保持双方银行存款余额一致，企业应编制"银行存款余额调节表"进行调整，以便检查账簿记录的正确性。经过核对调整后，"银行存款余额调节表"中调整后的本单位日记账存款余额与调整后的银行账面存款余额应相符(调节后的余额表示企业实际的存款余额)。如不符，说明银行或本单位记账有错，则需进一步查明原因予以更正。

下面举例说明"银行存款余额调节表"的编制方法。

假设某企业2011年10月31日"银行存款日记账"的存款余额为46 000元，银行送来的对账单上存款余额为47 500元，经逐笔核对发现下列"未达账项"：

①10月28日，企业销售产品从某单位收到转账支票4 000元，企业已登记入账，而银行尚未入账；

②10月29日，企业开出转账支票1 500元支付货款，企业已登记入账，而银行尚未入账；

③10月30日，企业委托银行代收货款7 000元，银行已收到并已登记入账，而企业尚未接到收账通知，尚未入账；

④10月30日，银行代企业支付水电费3 000元，银行已记企业存款减少，企业尚未接到付款通知，尚未入账。

据此编制“银行存款余额调节表”，如表9－4所示。

表9－4　银行存款余额调节表

2011年10月31日

银行存款日记账	金额	银行对账单	金额
账面存款余额	46 000	对账单余额	47 500
加：银行已收单位未收款项	7 000	加：单位已收银行未收款项	4 000
减：银行已付单位未付款项	3 000	减：单位已付银行未付款项	1 500
调节后的存款余额	50 000	调节后的存款余额	50 000

注意，编制银行存款余额调节表，只是为了检查银行存款日记账的记录是否正确，并不是要更改账簿的记录，不能据此记账。对于银行已入账而本单位尚未入账的业务，待以后会计凭证到达后，再作账务处理。经过调节后重新求得的余额，既不等于本单位账面余额，也不等于银行账面余额，而是银行存款的真正实有数，是单位可动用的存款数额。

上述清查方法也适用于银行借款。

（三）往来款项的清查

往来款项的清查主要是指对各种应收款、应付款、暂收款、暂付款的清查。各种往来款项的清查，采用查询或核对账目的方法。清查单位应在各种往来款项账簿记录正确、完整的基础上，编制对账单，寄发或派人送交对方单位进行核对。对账单按往来款项明细科目逐笔抄列，一式两联，其中一联作为回单，对方单位核对无误后，应在回单上盖章后退还本单位；如发现数字不符，应在回单上注明不符情况，或另抄对账单退回，作为进一步核对的依据。如有未达账项，双方都应采用调节账面余额的方法，核对是否相符，并将清查结果编制“往来款项清查表”，其一般格式如表9－5所示。

表9－5　往来款项清查表

总分类科目名称：　　　　　　　　年　　月　　日

明细分类科目		清查结果		核对不符原因			备注
名称	账面余额	核对相符金额	核对不符金额	未达账项金额	有争议款项金额	其他	

通过往来款项的清查，可以查明有无双方发生争议的款项以及无法收回的款项，以便及时采取措施，避免或减少坏账损失。

第三节 财产清查结果的处理

一、财产清查结果的处理工作

对于财产清查中发现的问题，如财产物资的盘盈、盘亏、毁坏或其他各种损失，应核实情况，调查分析产生的原因，按照国家的有关政策、法令、制度和规定，进行相应的处理。

(1)认真分析差异的性质和形成的原因，按规定程序报批。

对于财产清查中所发现的各种财产的损溢，应于期末前查明原因，明确经济责任，提出处理意见。因个人原因造成的损失，应由个人赔偿；因企业经营管理不善造成的损失，应计入管理费用；因自然灾害发生的意外损失，应列入营业外支出，处理方案应按规定，经股东大会或董事会，或经理（厂长）会议或类似机构批准后，在期末结账前处理完毕。

(2)积极处理多余积压的物资和长期不清的债权债务。

对于企业在财产清查中发现的不需用或多余的物资，除在本单位内部设法利用、改制代用外，在报请有关领导批准后，要积极组织外调外销，以充分发挥财产物资的应有效能。对于材料、商品储备不足或不能配套等问题，应提请有关领导和部门注意，设法补缺配套或调剂余缺。对于长期不清的债权、债务，要指定专人负责，查明原因，主动与对方单位协商解决。

(3)认真总结经验教训，提出改进工作的措施，建立和健全财产管理制度。

针对财产清查中发现的问题，应及时查明原因，认真地总结经验教训，并据以制订改进工作的具体措施，建立和健全以岗位责任制为中心的财产管理制度，明确财产管理责任，保证企业财产的安全和完整。

(4)根据清查的结果，调整账簿记录，做到账实相符。

财产清查中所发现的差异以及对差异处理的结果，都要及时进行账簿记录的调整，以使其账实相符。如清查的各种财产的损溢，在期末结账前尚未经批准的，在对外提供财务会计报告时先按上述规定进行处理，并在会计报表附注中作出说明；如果其后批准处理的金额与已处理的金额不一致的，调整会计报表相关项目的年初数。

二、财产清查结果的账务处理

财产清查所发现的差异及其处理，都必须通过对账簿记录的调整予以反映，做到账实相符。由于清查的结果要报经批准后才能进行处理，所以在账务处理上要分两步进行。

第一步，将已查明的财产盘盈、盘亏和损失，根据有关原始凭证，编制记账凭证，在账簿上据实登记，使各项财产做到账实相符。

第二步，根据产生账实差异的性质、原因及报经批准的结果，编制记账凭证，记入有关账簿，结束处理工作。

（一）科目设置

为了反映和监督各种财产的盘盈、盘亏和毁损及处理情况，应设置和运用“待处理财产损溢”科目（固定资产盘盈需设置“以前年度损溢调整”科目）。通过“待处理财产损溢”科目，以财产盘盈、盘亏和毁损的数字来调整有关科目，使账实相符，然后根据批准的处理意见，再从“待处理财产损溢”科目转入有关科目，以反映财产溢缺经济责任的处理情况。因此，“待处理财产损溢”是一个暂记账户，也称过渡账户，其借方用来登记发生的财产的盘亏、毁损金额，待盘亏、毁损的原因查明，并报经批准作出处理时，再从该科目的贷方转入有关科目的借方；“待处理财产损溢”科目的贷方先用来登记发生的财产的盘盈金额，待查明原因并报经批准处理时，再从该科目的借方转入有关科目的贷方。处理前的借方余额，表示尚未处理的各种财产的净损失；处理前的贷方余额，表示尚未处理的各种财产的净溢余。期末，处理后本科目应无余额。“待处理财产损溢”科目的结构如表9－6所示。

表9－6　“待处理财产损溢”科目的结构

借方　　　　待处理财产损溢	贷方
发生额：（1）发生的待处理财产盘亏和毁损数 （2）结转已批准处理的财产盘盈数	发生额：（1）发生的待处理财产盘盈数 （2）转销已批准处理财产盘亏和毁损数
处理前余额：表示尚未处理的各种财产净损失	处理前余额：表示尚未处理的各种财产的净溢余

“待处理财产损溢”总分类科目下应设置“待处理固定资产损溢”和“待处理流动资产损溢”两个明细科目，分别用来核算固定资产和流动资产的盘盈、盘亏和毁损及处理情况。

（二）财产清查结果的账务处理

由于财产清查的对象不同，其账务处理方法也不同，现分别介绍存货、固定资产、现金和往来款项的财产清查结果的账务处理。

1. 存货清查结果的账务处理

存货是指企业在生产经营过程中为销售或者耗用而储备的各种资产，包括库存商品或产成品、半成品、各种材料、包装物、低值易耗品等。

（1）存货盘盈的账务处理

发生存货盘盈后，应查明发生的原因，及时办理存货入账手续，调整存货账簿记录，借记有关存货科目，贷记“待处理财产损溢”科目，报经批准后，借记“待处理财产损溢”科目，贷记有关科目。

【例9-1】 某企业在财产清查中,发现盘盈A种材料500千克,单价10元;经查是由于收发计量上的原因造成的。

①在报批前,应根据“实存账存对比表”所确定的A种材料盘盈数额,作如下会计分录

借:原材料——A材料　　5 000

　　贷:待处理财产损溢——待处理流动资产损溢　　5 000

②报经批准后,冲减管理费用,作如下会计分录:

借:待处理财产损溢——待处理流动资产损溢　　5 000

　　贷:管理费用　　5 000

(2)存货盘亏和毁损的账务处理

存货发生盘亏和毁损后,在报批前应转入“待处理财产损溢”科目,待批准后根据不同情况,分别进行处理:属于定额内的自然损耗,按规定转作管理费用;属于超定额损耗及存货毁损,能确定过失人的,应由过失人赔偿,属保险责任范围的,应向保险公司索赔,扣除过失人或保险公司赔偿和残值后,计入管理费用;属于自然灾害所造成的存货损失,扣除保险公司赔款和残值后,计入营业外支出。

【例9-2】 某企业在财产清查中发现B种材料盘亏6 000元,经查属定额内损耗600元,管理员过失4 000元,自然灾害损失为1 400元。

①在报批前,根据“实存账存对比表”作如下调整分录

借:待处理财产损溢——待处理流动资产损溢　　6 000

　　贷:原材料——B种材料　　6 000

②报经批准后,属于定额内的自然损耗,转作管理费用;属于管理人员过失造成,由过失人赔偿;属于非常灾害造成的,则列作营业外支出。作如下会计分录

借:管理费用　　600

　　其他应收款　　4 000

　　营业外支出　　1 400

　　贷:待处理财产损溢——待处理流动资产损溢　　6 000

根据增值税会计处理的规定,企业购进的材料、产成品等发生非正常损失以及因改变用途等原因发生的损溢,其进项税额应相应转入有关科目,所以存货盘亏时借记“待处理财产损溢”等科目,贷记“应交税金——应交增值税(进项税额转出)”科目。属于转作待处理财产损失的部分,应与遭受损失的购进材料、产成品成本一并处理。如本例进项税额为1 020元(6 000×17%),应先借记“待处理财产损溢”科目,然后分别不同情况,转入“管理费用”“其他应收款”或“营业外支出”科目。

2. 固定资产清查结果的账务处理

(1)固定资产盘盈的账务处理

企业在财产清查过程中,发现有盘盈的固定资产,经查确实属于本企业所有,应根据盘存

凭证填制固定资产交接凭证,经有关人员签字后送交会计部门,填写固定资产卡片,并按重置价值和估计已提折旧额记账,待批准后再列作营业外收入。

【例9-3】 某企业在财产清查中,发现账外设备一台,其重置价值6 000元,估计折旧为2 000元。

①在报批前,作如下会计分录

借:固定资产　　4 000
　贷:以前年度损溢调整　　4 000

②报经批准后,作如下会计分录

确定应交所得税时

借:以前年度损溢调整　　1 000
　贷:应交税费——应交所得税　　1 000

结转为留存收益

借:以前年度损溢调整　　3 000
　贷:盈余公积——法定盈余公积　　300
　　利润分配——未分配利润　　2 700

(2)固定资产盘亏的账务处理

在财产清查中,如发现固定资产盘亏,企业应及时办理固定资产注销手续,按盘亏的固定资产净值,借记"待处理财产损溢"科目,按已提折旧额,借记"累计折旧"科目,按原值,贷记"固定资产"科目。

【例9-4】 某企业在财产清查中,发现盘亏机器一台,其原始价值为50 000元,已提折旧10 000元。

①在报批前,作如下会计分录

借:待处理财产损溢——待处理固定资产损溢　　40 000
　累计折旧　　10 000
　贷:固定资产　　50 000

②报经批准后,列作营业外支出,作如下会计分录

借:营业外支出　　40 000
　贷:待处理财产损溢——待处理固定资产损溢　　40 000

3. 现金的清查

在现金清查中,如果发现账实不符,应及时查明原因,并将短款或长款记入"待处理财产损溢——待处理流动资产损溢"科目。查明原因后,应分别情况处理。

(1)现金溢余的账务处理

如为现金溢余,属于应支付给有关人员或单位的,应向对方支付现金;无法查明原因的长款,经批准后计入营业外收入。

【例9-5】 ①现金清查中,发现库存现金较账面余额多出25元。

借:库存现金 25

　贷:待处理财产损溢——待处理流动资产损溢 25

②经反复核查,上述长款原因不明,经批准转作营业外收入处理。

借:待处理财产损溢——待处理流动资产损溢 25

　贷:营业外收入 25

(2)现金短缺的账务处理

如为现金短缺,由出纳人员失职造成的短款或属于保险公司赔偿的部分,应责成其赔偿;无法查明的其他原因,根据管理权限,经批准后记入管理费用。

【例9-6】 ①现金清查中,发现库存现金较账面短缺16元。

借:待处理财产损溢——待处理流动资产损溢 16

　贷:库存现金 16

②经查,上述现金短缺属于出纳员责任,应由该出纳员赔偿。

借:其他应收款——应收现金短缺款(×××) 16

　贷:待处理财产损溢——待处理流动资产损溢 16

4.往来款项的清查

在财产清查中,发现长期不清的往来款项,应及时清理。对于经查明确实无法支付的应付款项或无法收回的应收款项,按规定程序报经批准后,应分别情况及时核销,而且不通过“待处理财产损溢”科目核算。

(1)无法收回的应收款项的账务处理

对于在财产清查中,经查确实无法收回的应收款项,对于按期提取坏账准备的企业,应当冲销坏账准备。

【例9-7】 某企业在财产清查中,查明应收某公司货款20 000元,经查证确实无法收回,该企业在日常核算中按期提取坏账准备,经批准,予以核销,冲销坏账准备。作如下会计分录

借:坏账准备 20 000

　贷:应收账款 20 000

(2)无法支付的应付款项的账务处理

对于在财产清查中,经查确实无法支付的应付款项,在按规定的程序报经批准后,转作营业外收入。

【例9-8】 某企业在财产清查中,查明本单位所欠外单位货款3 000元,确实无法支付,经批准列作营业外收入。作会计分录如下

借:应付账款 3 000

　贷:营业外收入 3 000

复习思考题

1. 存货的盘存制度有哪两种？试述各种盘存制度的具体内容和优缺点。
2. 什么是财产清查？为什么要进行财产清查？其意义何在？
3. 对财产清查如何分类？分类的具体内容有哪些？
4. 财产清查的方法有哪些？在财产清查中如何应用？
5. 什么是未达账项？未达账项有哪些？如何编制银行存款余额调节表？
6. 财产清查的核算应设置什么账户？其结构如何？
7. 对财产清查的结果如何进行账务处理？

练　习　题

习　题　一

【目的】　练习银行存款余额调节表的编制。

【资料】　某企业 2012 年 3 月份银行存款日记账的余额为 50 000 元,银行对账单余额为 61 000 元,经过逐笔核对,查无错账,但有如下几笔未达账项。

1. 3 月 24 日,银行代收 8 000 元,已入企业存款账,但企业尚未入账。
2. 3 月 25 日,结算银行存款利息 2 000 元,已入企业存款账,但企业尚未入账。
3. 3 月 26 日,银行代扣电费 1 000 元,已入企业存款账,但企业尚未入账。
4. 3 月 27 日,企业存入转账支票一张计 3 000 元,银行尚未入账。
5. 3 月 27 日,企业采购材料开出现金支票一张计 5 000 元,银行尚未入账。

【要求】

1. 根据以上资料编制“银行存款余额调节表”,调整双方余额。
2. 说明该调节表能否作为调节账簿的依据？为什么？

表 9－7　银行存款余额调节表

2012 年 3 月 31 日

银行存款日记账	金额	银行对账单	金额
账面存款余额		对账单余额	
加:银行已收单位未收款项		加:单位已收银行未收款项	
减:银行已付单位未付款项		减:单位已付银行未付款项	
调节后的存款余额		调节后的存款余额	

习 题 二

【目的】 练习财产清查结果的处理。

【资料】 某企业在财产清查中发现以下情况。

1. 甲材料盘亏 200 千克,单价每千克 10 元,经查系材料定额内损耗,经批准后转入管理费用。

2. 丙材料盘盈 100 千克,单价每千克 5 元,经查系材料收发过程中计量误差所致,批准后冲减管理费用。

3. 乙材料盘亏 50 千克,单价每千克 10 元,经查系保管员的责任,经批准责其赔偿,赔偿尚未收到。

4. 丁材料盘盈 300 元,经查系材料自然升溢,批准后冲减管理费用。

5. 盘亏机器一台,账面原值 60 000 元,已提折旧 27 000 元,经批准后按其净值转营业外支出。

6. 没收逾期未退包装物押金 1 000 元。

7. 由于对方单位撤销,无法收回的企业销货款 800 元,经批准予以转销。

【要求】 根据上述经济业务事项编制财产清查的有关会计分录。

第十章 财务报告

第一节 财务报告概述

一、财务报告的概念

财务报告,是指企业对外提供的反映企业某一特定日期的财务状况和某一会计期间的经营成果、现金流量等会计信息的文件。根据财务报告的定义,财务报告具有以下几层含义。

(1)财务报告应当是对外报告,其服务对象主要是投资者、债权人等外部使用者,专门为了内部管理需要的、具有特定目的的报告不属于财务报告的范畴。

(2)财务报告应当综合反映企业的生产经营状况,包括某一时点的财务状况和某一时期的经营成果与现金流量等信息,以勾画出企业整体和全貌。

(3)财务报告必须形成一个系统的文件,不应是零星的或者不完整的信息。

二、财务报告的目标

财务报告的目标是向财务报告使用者(包括投资者、债权人、政府及其有关部门和社会公众等)提供与企业财务状况、经营成果和现金流量等有关的会计信息,反映企业管理层受托责任履行情况,有助于财务报告使用者作出经济决策。财务报告的目标具体体现在以下三个方面:

(1)财务报告为国家经济管理部门进行宏观调控和管理提供信息源。经过层层汇总后的财务报表,相应地反映出某一行业、地区、部门乃至全国企业的经济活动情况的信息,这些信息是国家经济管理部门了解并掌握全国各地区、各部门、各行业的经济情况,正确制定国家产业等宏观政策、调控国民经济运行的重要决策依据。

(2)财务报告为与企业有经济利益关系的外部单位和个人了解企业的财务状况和经营成果提供会计信息,使其据以作出经济决策。企业的投资者、潜在投资者以及债权人要依据财务报表提供的信息,作出相应的决策;财政、税务、工商等政府部门要根据财务报表提供的信息,了解和监督企业。因而财务报告为进一步完善现有法规、制定新的法规提供了决策依据。

(3)财务报告为企业内部加强和改善经营管理提供重要的会计信息。企业经营管理人员要通过本企业财务报告随时掌握企业的财务状况和经营成果,以便发现问题,及时采取相应的措施,加强和改善企业的经营管理。同时,可充分利用现有的财务报告披露的信息,预测经济前景,使企业的生产经营活动得到良性发展。

三、财务报告的组成

财务报告包括财务报表和其他应当在财务报告中披露的相关信息和资料。按照《企业会计准则第30号——财务报表列报》的规定，财务报表是对企业财务状况、经营成果和现金流量的结构性表述。一套完整的财务报表至少应当包括资产负债表、利润表、现金流量表、所有者权益(或股东权益下同)变动表以及附注。

(1)资产负债表，是反映企业在某一特定日期的财务状况的财务报表。企业编制资产负债表的目的是如实反映企业的资产、负债和所有者权益的金额及其结构情况，从而有助于使用者评价企业资产的质量以及短期偿债能力、长期偿债能力、利润分配能力等。

(2)利润表，是反映企业在一定会计期间的经营成果的财务报表。企业编制利润表的目的是如实反映企业实现的收入、发生的费用以及应当计入当期利润的利得和损失金额及其结构等情况，从而有助于使用者分析评价企业的盈利能力与质量等。

(3)现金流量表，是反映企业在一定会计期间的现金和现金等价物流入和流出的财务报表。企业编制现金流量表的目的是通过如实反映企业各项活动的现金流入、流出情况，从而有助于使用者评价企业的现金流和资金周转情况。

(4)所有者权益变动表反映构成所有者权益的各组成部分当期的增减变动情况。企业的净利润及其分配情况是所有者权益变动的组成部分，相关信息已经在所有者权益变动表及其附注中反映，企业不需要再单独编制利润分配表。

(5)附注，是对在财务报表中列示项目所作的进一步说明，以及对未能在这些报表中列示项目的说明等。企业编制附注的目的是通过在财务报表之外披露补充信息，以更加全面、系统地反映企业财务状况、经营成果和现金流量的全貌，从而有助于向使用者提供更为有用的信息，便于其作出更加科学合理的决策。

财务报表是财务报告的核心内容，除了财务报表之外，财务报告还应当包括其他相关信息，具体可以根据有关法律、行政法规、部门规章等的规定。

四、财务报表编制的意义

企业编制财务报表的目标是向财务报表使用者提供与企业财务状况、经营成果和现金流量等有关的会计信息，反映企业管理层受托责任的履行情况，有助于财务报表使用者作出经济决策。财务报表使用者通常包括投资者、债权人、政府及其有关部门和社会公众等。编制财务报表对社会经济的发展具有重大意义，主要表现在以下几点。

(1)编制财务报表，可以向投资者、债权人提供适当的经济信息，便于他们作出正确的投资决策和其他与此相关的决策。对投资者和债权人来说，运用财务报表提供的有关经济资源和经济义务等方面的财务信息，判断企业在激烈竞争的市场环境中生存、适应、成长与扩展的能力是非常重要的。由于事物的发展存在着一定程度的连续性、系统性和规律性，财务报告中对

企业的资金运动及其结果的反映，有助于投资者和债权人等预测企业未来时期的现金流入金额、流入时间和不确定性。这些因素是外部使用者进行投资和信贷等决策时必须考虑的。

(2)编制财务报表，可以向政府提供该企业完成和承担社会责任的信息，如：是否执行国家财经、财务法律法规和规章；是否缴纳税金；是否按国家规定缴纳有关社会保障的基金；企业的发展是否符合国家产业政策等。企业是国民经济必要的细胞，通过对企业提供的财务报表中的资源进行汇总分析，国家有关部门可以考国民经济各部门的运行情况、各种财经法律制度的执行情况，一旦发现问题即可及时采取相应措施，通过各种经济杠杆和政策倾斜，发挥政府在市场经济化资源配置中得补充作用。

(3)编制财务报表，可以向债权人提供企业偿债能力、债务结构和履约偿债的情况，便于债权人决定是否对其贷款或对其赊销产品，从而督促该企业努力改善债务结构、提高偿债能力、提高企业的信用等级，为企业将来扩大生产筹集资金奠定良好的信用基础。

(4)编制财务报表，可以向企业管理当局和其他管理者提供企业的财务状况和经营成果，便于企业进行正确的决策和采取适当的股利(利润)的分配方案，对稳定股票价格、增强投资者信心和提高企业价值有重要意义。管理者不但要管理并有效地利用受托的各种资源并且需要定期向有关利益集团全面、系统、连续和客观地报告对受托资源的管理与利用情况，以及利用这些资源所创造的效益及其分配情况。财务报表提供的信息，在这一领域发挥了不可替代的重要作用。

(5)编制财务报表，可以向企业提供有关企业管理所需的内部信息，为企业管理当局作出适当的生产决策、经营决策和财务决策提供依据。

五、财务报表的分类

财务报表可以按照不同的标准进行分类。

(1)按会计报表所反映内容的不同，分为静态报表和动态报表。

静态报表是综合反映企业在某一特定日期的资金取得与资金运用情况的报表，如资产负债表。动态报表是综合反映企业一定时期的经营成果、现金流量及所有者权益变动情况的报表，如利润表、现金流量表和所有者权益变动表。

(2)按财务报表编报期间的不同，可以分为中期财务报表和年度财务报表。中期财务报表是以短于一个完整会计年度的报告期间为基础编制的财务报表，包括月报、季报和半年报等。中期财务报表至少应当包括资产负债表、利润表、现金流量表和附注。其中中期资产负债表、利润表和现金流量表应当是完整报表，其格式和内容应当与年度财务报表相一致，与年度财务报表相比中期财务报表中的附注披露可适当简略。

(3)按财务报表编报主体的不同，可以分为个别财务报表和合并财务报表。个别财务报表是由企业在自身会计核算基础上对账簿记录进行加工而编制的财务报表，它主要用以反映企业自身的财务状况、经营成果和现金流量情况。合并财务报表是以母公司和子公司组成的企业集团为会计主体，根据母公司和所属子公司的财务报表，由母公司编制的综合反映企业集团财务状况、经营成果及现金流量的财务报表。

(4)按财务报表提供的对象的不同，可分为对外财务报表和内部财务报表。对外财务报表主要是资产负债表、利润表、现金流量表和所有者权益变动表及其附注，其格式和内容由财政部统一规定。内部财务报表是为了满足企业内部管理的需要，其内容由企业自行规定。但两者都必须遵守会计核算的基本原则，保证会计信息的真实、可靠。

六、财务报表的编制要求

为了保证财务报表质量，充分发挥财务报表作用，使报表使用者通过财务报表能清楚地了解企业的财务状况、经营成果、现金流量及所有者权益变动情况，在编制财务报表时，按照《中华人民共和国会计法》《企业会计准则第30号——财务报表列报》和《企业会计准则第31号——现金流量表》的规定，必须符合下列要求。

(一)依据各项会计准则确认和计量的结果编制财务报表

企业应当根据实际发生的交易和事项，按照各项具体会计准则的规定进行确认和计量，并在此基础上编制财务报表。企业应当在附注中对这一情况作出声明，只有遵循了企业会计准则的所有规定时，财务报表才应当被称为"遵循了企业会计准则"。

企业不应以在附注中披露代替对交易和事项的确认和计量。也就是说，企业如果采用不恰当的会计政策，不得通过在附注中披露等其他形式予以更正。

(二)列报基础

在编制财务报表的过程中，企业董事会应当对企业持续经营的能力进行评价，需要考虑的因素包括市场经营风险、企业目前或长期的盈利能力、偿债能力、财务弹性以及企业管理层改变经营政策的意向等。评价后对企业持续经营的能力产生严重怀疑的，应当在附注中披露导致对持续经营能力产生重大怀疑的重要的不确定因素。

非持续经营是企业在极端情况下呈现的一种状态。企业存在以下情况之一的，通常表明企业处于非持续经营状态：(1)企业已在当期进行清算或停止营业；(2)企业已经正式决定在下一个会计期间进行清算或停止营业；(3)企业已确定在当期或下一个会计期间没有其他可供选择的方案而将被迫进行清算或停止营业。企业处于非持续经营状态时，应当采用其他基础编制财务报表。比如，企业处于破产状态时，其资产应当采用可变现净值计量、负债应当按照其预计的结算金额计量等。在非持续经营情况下，企业应当在附注中声明财务报表未以持续经营为基础列报，披露未以持续经营为基础的原因以及财务报表的编制基础。

(三)重要性和项目列报

关于项目在财务报表中是单独列报还是合并列报，应当依据重要性原则来判断。重要性是判断项目是否单独列报的重要标准。企业在进行重要性判断时，应当根据所处环境，从项目的性质和金额大小两方面予以判断：一方面，应当考虑该项目的性质是否属于企业日常活

动、是否对企业的财务状况和经营成果具有较大影响等因素；另一方面，判断项目金额大小的重要性，应当通过单项金额占资产总额、负债总额、所有者权益总额、营业收入总额、净利润等直接相关项目金额的比重加以确定。具体而言：

(1)性质或功能不同的项目，一般应当在财务报表中单独列报，比如存货和固定资产在性质上和功能上都有本质差别，必须分别在资产负债表上单独列报。但是不具有重要性的项目可以合并列报。

(2)性质或功能类似的项目，一般可以合并列报，但是对其具有重要性的类别应该单独列报。比如原材料、在产品等项目在性质上类似，均通过生产过程形成企业的产品存货，因此可以合并列报，合并之后的类别统称为"存货"在资产负债表上列报。

(3)项目单独列报的原则不仅适用于报表，还适用于附注。某些项目的重要性程度不足以在资产负债表、利润表、现金流量表或所有者权益变动表中单独列报，但是可能对附注而言却具有重要性，在这种情况下应当在附注中单独披露。

(4)无论是是财务报表列报准则规定的单独列报项目，还是其他具体会计准则规定单独列报的项目，企业都应当予以单独列报。

(四)列报的一致性

可比性是会计信息质量的一项重要质量要求，目的是使同一企业不同期间和同一期间不同企业的财务报表相互可比。为此，财务报表项目的列报应当在各个会计期间保持一致，不得随意变更。这一要求不仅只针对财务报表中的项目名称，还包括财务报表项目的分类、排列顺序等等方面。

在以下规定的特殊情况下，财务报表项目的列报是可以改变的：(1)会计准则要求改变；(2)企业经营业务的性质发生重大变化后，变更财务报表项目的列报能够提供更可靠、更相关的会计信息。

(五)财务报表项目金额间的相互抵消

财务报表项目应当以总额列报，资产和负债、收入和费用不能相互抵消，即不得以净额列报，但企业会计准则另有规定的除外。比如，企业欠客户的应付款不得与其他客户欠本企业的应收款相抵消，如果相互抵消就掩盖了交易的实质。

下列两种情况不属于抵消，可以以净额列示：(1)资产项目按扣除减值准备后的净额列示，不属于抵消。对资产计提减值准备，表明资产的价值确实已经发生减损，按扣除减值准备后的净额列示，才反映了资产当时的真实价值。(2)非日常活动的发生具有偶然性，并非企业主要的业务，从重要性来讲，非日常活动产生的损溢以收入扣减费用后的净额列示，更有利于报表使用者的理解，也不属于抵消。

(六)比较信息的列报

企业在列报当期财务报表时，至少应当提供所有列报项目上一可比会计期间的比较数据，以及与理解当期财务报表相关的说明，目的是向报表使用者提供对比数据，提高信息在会

计期间的可比性，以反映企业财务状况、经营成果和现金流量的发展趋势，提高报表使用者的判断与决策能力。

在财务报表项目的列报确需发生变更的情况下，企业应当对上期比较数据按照当期的列报要求进行调整，并在附注中披露调整的原因和性质，以及调整的各项目金额。但是，在某些情况下，对上期比较数据进行调整是不切实可行的，则应当在附注中披露不能调整的原因。

（七）财务报表表首的列报要求

财务报表一般分为表首、正表两部分，其中，在表首部分企业应当概括地说明下列基本信息：(1)编报企业的名称，如企业名称在所属当期发生了变更的，还应明确标明；(2)对资产负债表而言，须披露资产负债表日，而对利润表、现金流量表、所有者权益变动表而言，须披露报表涵盖的会计期间；(3)货币名称和单位，按照我国企业会计准则的规定，企业应当以人民币作为记账本位币列报，并标明金额单位，如人民币元、人民币万元等；(4)财务报表是合并财务报表的，应当予以标明。

（八）报告期间

企业至少应当编制年度财务报表。根据《中华人民共和国会计法》的规定，会计年度自公历1月1日起至12月31日止。因此，在编制年度财务报表时，可能存在年度财务报表涵盖的期间短于一年的情况，比如企业在年度中间（如3月1日）开始设立等，在这种情况下，企业应当披露年度财务报表的实际涵盖期间及其短于一年的原因，并说明由此引起财务报表项目与比较数据不具可比性这一事实。

第二节 资产负债表

一、资产负债表的作用

资产负债表是指反映企业在某一特定日期的财务状况的报表。它是依据经过审核的会计账簿、并依据一定的分类标准，将企业在某一特定日期的全部资产、负债和所有者权益项目进行适当的分类、汇总、排列后编制而成的。

资产负债表在财务报表体系中具有举足轻重的地位，它能够反映企业在某一特定日期拥有或控制的经济资源种类及其分布状况、承担的现时义务总额及其构成情况、所有者对企业净资产拥有的要求权及其组成情况，它向使用者传递十分有用的信息，主要包括以下四个方面：

(1)有助于分析、评价、预测企业的短期偿债能力。短期偿债能力主要表现为企业的资产和负债的流动性。资产的流动性反映企业资产的变现能力，即资产转变为现金的能力；负债的流动性则反映债务迫近到期日的数量和程度。在资产负债表中，资产一般按其流动性排列，负债则按其到期日长短排列。这种排列方式有助于评估不同类资产的变现能力，预测未来现金流入的金额、时间及其不确定性。还可以评估不同类别负债偿还时间的先后，预测未来现金流出的金额、时间顺序及其不确定性。

(2)有助于分析、评价、预测企业的长期偿债能力和资本结构。长期偿债能力主要是指企业以全部资产清偿全部负债的能力。长期偿债能力的大小主要取决于企业的获利能力和它的资本结构。所谓资本结构是指在企业的权益总额中负债和所有者权益的相对比例。负债与所有者权益的相对比例的大小,会影响债权人和所有者的相对风险,以及企业的长期偿债能力。一般而言,负债比重越大,债权人的风险就越大,企业的偿债能力相对较弱。资产负债表是按资产、负债、所有者权益三大要素分项目揭示的,它可为信息使用者分析、评价和预测企业的资本结构和长期偿债能力的信息提供重要的依据。

(3)有助于分析、评价、预测企业的变现能力和财务弹性。变现能力和财务弹性主要来自:①从经营活动中产生现金流入的能力;②对外筹资和调度资金的能力;③在不影响正常经营的前提下变卖资产获取现金的能力。当然,资产负债表所列示的资产分布、负债流动性、资本结构等信息,借助于利润表及其他报告信息,可有助于分析、评价和预测企业的流动性和财务弹性,进而估计企业适应市场环境变化的财务能力。

(4)有助于分析、评价、预测企业的经营业绩。资产负债表与利润表等信息结合起来,可较全面地评价、预测企业的经营绩效。并可深入剖析企业绩效优劣之根源,进而寻求提高企业资金利用率的有效途径。

总之,资产负债表是对企业发生的大量交易事项进行记录、分类和加工的基础上,概括反映企业在某一特定日期所控制的经济资源,所承担的债务责任和股东所拥有的权益的报表。

二、资产负债表的内容和结构

(一)资产负债表的内容

资产负债表主要反映以下三个方面的内容。

1. 资产

资产负债表中的资产反映由过去的交易事项形成、并由企业在某一特定日期所拥有或控制的、预期会给企业带来经济利益的资源。资产应当按照流动资产和非流动资产两大类别在资产负债表中列示,在流动资产和非流动资产类别下进一步按性质分项列示。

流动资产是指预计在一个正常营业周期中变现、出售或耗用,或者主要为交易目的而持有,或者预计在资产负债表日起一年内含一年变现的资产,或者自资产负债表日起一年内交换其他资产或清偿负债的能力不受限制的现金或现金等价物。

正常营业周期通常是指企业从购买用于加工的资产起至实现现金或现金等价物的期间。正常营业周期通常短于一年,但是也存在正常营业周期长于一年的情况。如房地产开发企业开发用于出售的房地产开发产品、造船企业制造用于出售的大型船只等,从购买原材料进入生产,到制造出产品出售并收回现金或现金等价物的过程,往往超过一年,在这种情况下,与生产循环相关的产成品、应收账款、原材料尽管是超过一年才变现、出售或耗用,仍应作为流动资产列示。

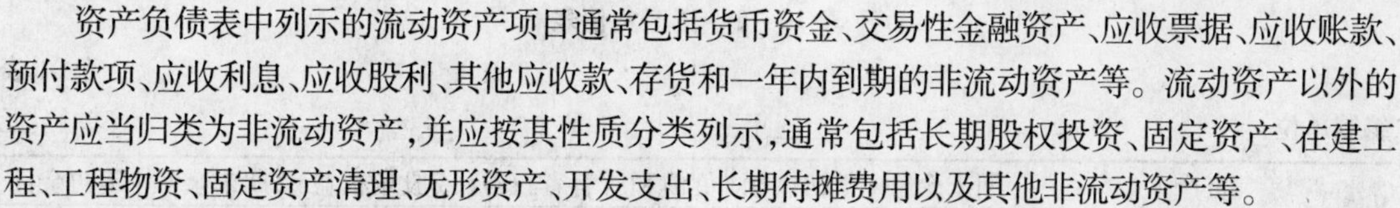

资产负债表中列示的流动资产项目通常包括货币资金、交易性金融资产、应收票据、应收账款、预付款项、应收利息、应收股利、其他应收款、存货和一年内到期的非流动资产等。流动资产以外的资产应当归类为非流动资产,并应按其性质分类列示,通常包括长期股权投资、固定资产、在建工程、工程物资、固定资产清理、无形资产、开发支出、长期待摊费用以及其他非流动资产等。

2. 负债

资产负债表中的负债反映在某一特定日期企业所承担的、预期会导致经济利益流出企业的现时义务。负债应当按照流动负债和非流动负债在资产负债表中进行列示,在流动负债和非流动负债类别下再进一步按性质分项列示。

流动负债是指预计在一个正常营业周期中清偿,或者主要为交易目的而持有,或者自资产负债表日起一年内含一年到期应予以清偿,或者企业无权自主地将清偿推迟至资产负债表日后一年以上的负债。资产负债表中列示的流动负债项目通常包括短期借款、应付票据、应付账款、预收款项、应付职工薪酬、应交税费、应付利息、应付股利、其他应付款、一年内到期的非流动负债等。流动负债以外的负债应当归类为非流动负债,并应按其性质分类列示,通常包括长期借款、应付债券和其他非流动负债等。

值得注意的是,对于在资产负债表日起一年内到期的负债,企业预计能够自主地将清偿义务展期至资产负债表日后一年以上的,应当归类为非流动负债;不能自主地将清偿义务展期的,即使在资产负债表日后、财务报告批准报出日前签订了重新安排清偿计划协议,该项负债仍应归类为流动负债。

3. 所有者权益

资产负债表中的所有者权益是企业资产扣除负债后的剩余权益,反映企业在某一特定日期股东(投资者)拥有的净资产的总额。它一般按照实收资本(或股本)、资本公积、盈余公积和未分配利润分项列示。

(二)资产负债表的结构

资产负债表的结构有账户式和报告式两种,我国企业的资产负债表采用账户式结构。账户式资产负债表分左右两方,左方为资产项目,大体按资产的流动性大小排列。流动性大的资产,如货币资金、交易性金融资产等排在前面,流动性小的资产如长期股权投资、固定资产等排在后面。右方为负债及所有者权益项目,一般按要求清偿时间的先后顺序排列。短期借款、应付票据、应付账款等需要在一年以内或者长于一年的一个正常营业周期内偿还的流动负债排在前面,长期借款等在一年以上才需偿还的非流动负债排在中间,在企业清算之前不需要偿还的所有者权益项目排在后面。

账户式资产负债表中的资产各项目的合计等于负债和所有者权益各项目的合计,即资产负债表左方和右方平衡。因此通过账户式资产负债表可以反映资产、负债、所有者权益之间的内在关系,即,资产 = 负债 + 所有者权益。

我国企业资产负债表的基本格式如表 10 - 1 所示。

表 10－1 资产负债表

会企 01 表

编制单位: ＿＿年 月 日 单位:元

资产	期末余额	年初余额	负债和所有者权益(或股东权益)	期末余额	年初余额
流动资产:			流动负债:		
货币资金			短期借款		
交易性金融资产			交易性金融负债		
应收票据			应付票据		
应收账款			应付账款		
预付款项			预收款项		
应收利息			应付职工薪酬		
应收股利			应交税费		
其他应收款			应付利息		
存货			应付股利		
一年内到期的非流动资产			其他应付款		
其他流动资产			一年内到期的非流动负债		
流动资产合计			其他流动负债		
非流动资产:			流动负债合计		
可供出售金融资产			非流动负债:		
持有至到期投资			长期借款		
长期应收款			应付债券		
长期股权投资			长期应付款		
投资性房地产			专项应付款		
固定资产			预计负债		
在建工程			递延所得税负债		
工程物资			其他非流动负债		
固定资产清理			非流动负债合计		
无形资产			负债合计		
开发支出			所有者权益(或股东权益):		
商誉			实收资本(或股本)		
长期待摊费用			资本公积		
递延所得税资产			减:库存股		
其他非流动资产			盈余公积		
非流动资产合计			未分配利润		
			所有者权益(或股东权益)合计		
资产总计			负债和所有者权益(或股东权益)总计		

三、资产负债表的编制方法

(一)编制方法的介绍

资产负债表的各项目都列有“期末余额”和“年初余额”两栏,填列方法如下。

(1)“年初余额”栏内各项目数字,应根据上年末资产负债表“期末余额”栏内所列数字填列。如果本年度资产负债表规定的各个项目的名称和内容同上年度不相一致,应对上年年末资产负债表各项目的名称和数字按照本年度的列报要求进行调整,按调整后的数字填入本表“年初余额”栏内,并在附注中披露调整的原因和性质,以及调整的各项目金额。对上年年末比较数据进行调整不切实可行的,应当在附注中披露不能调整的原因。

(2)“期末余额”是指某一会计期末的数字,即月末、季末、半年末或年末的数字,资产负债表各项目“期末余额”的数据来源,可以通过以下几种方式取得。

①直接根据总账科目的余额填列。资产负债表各项目的数据来源,主要是根据总账科目期末余额直接填列。如,交易性金融资产、应收票据、应收利息、应收股利、固定资产清理、工程物资、开发支出、递延所得税资产、短期借款、交易性金融负债、应付票据、应付职工薪酬、应交税费、应付利息、应付股利、其他应付款、预计负债、递延所得税负债、实收资本、资本公积、盈余公积等。

②根据几个总账科目的余额计算填列。资产负债表某些项目需要根据若干个总账科目的期末余额计算填列。如,“货币资金”项目,反映企业期末持有的现金、银行存款和其他货币资金等总额,所以根据“库存现金”“银行存款”“其他货币资金”科目的期末余额合计填列;“未分配利润”项目根据“本年利润”科目和“利润分配”科目计算填列。

【例 10-1】 某企业 2011 年 12 月 31 日结账后的“库存现金”账户余额为 15 000 元,“银行存款”账户余额为 3 000 000 元,“其他货币资金”账户余额为 200 000 元。

该企业 2011 年 12 月 31 日资产负债表中的“货币资金”项目金额为:15 000 + 3 000 000 + 200 000 = 3 215 000(元)。

③根据有关明细科目的余额计算填列。如,“应付账款”项目应根据“应付账款”和“预付账款”科目所属明细科目期末贷方余额的合计填列;“应收账款”项目应根据“应收账款”和“预收账款”科目所属明细科目期末借方余额的合计填列;“预付款项”项目应根据“应付账款”和“预付账款”科目所属明细科目期末借方余额的合计填列;“预收款项”项目应根据“应收账款”和“预收账款”科目所属明细科目期末贷方余额的合计填列。“一年内到期的非流动资产”项目,反映长期应收款、持有至到期投资、长期待摊费用等资产中将于 1 年内到期或摊销完毕的部分;“一年内到期的非流动负债”项目,反映长期应付款、长期借款、应付债券、预计负债等负债中将于 1 年内到期的部分,故应根据所属科目的明细科目期末余额分析填列。

【例 10-2】 甲公司 2011 年 12 月 31 日结账后有关账户余额如表 10-2 所示,假定经过减值测试,应收款项均未计提减值准备。

表 10－2 单位:元

账户名称	借方余额	贷方余额
应收账款	260 000	100 000
预付账款	600 000	50 000
应付账款	350 000	160 000
预收账款	400 000	180 000

该企业 2011 年 12 月 31 日资产负债表中相关项目的金额为

(a)“应收账款”项目金额为:260 000＋400 000＝660 000(元)

(b)“预付款项”项目金额为:600 000＋350 000＝950 000(元)

(c)“应付账款”项目金额为:160 000＋50 000＝210 000(元)

(d)“预收款项”项目金额为:180 000＋100 000＝280 000(元)

本例中,应收账款项目,应当根据“应收账款”账户所属明细账户借方余额 260 000 元和“预收账款”账户所属明细账户借方余额 400 000 元加总,作为资产负债表中“应收账款”的项目金额,即 660 000 元。

预付款项项目,应当根据“预付账款”账户所属明细账户借方余额 600 000 元和“应付账款”账户所属明细账户借方余额 350 000 元加总,作为资产负债表中“预付款项”的项目金额,即 950 000 元。

应付账款项目,应当根据“应付账款”账户所属明细账户贷方余额 160 000 元和“预付账款”账户所属明细账户贷方余额 50 000 元加总,作为资产负债表中“应付账款”的项目金额,即 210 000 元。

预收款项项目,应当根据“预收账款”账户所属明细账户贷方余额 180 000 元和“应收账款”账户所属明细账户贷方余额 100 000 元加总,作为资产负债表中“预收款项”的项目金额,即 280 000 元。

④根据总账科目和明细科目的余额分析计算填列。如,“长期借款”项目,根据“长期借款”总账科目余额扣除“长期借款”科目所属的明细科目中反映的将在资产负债表日起一年内到期且企业不能自主地将清偿义务展期的长期借款后的金额填列。“应付债券”总账科目余额扣除“应付债券”科目所属的明细科目中反映的将在资产负债表日起一年内到期的应付债券部分金额填列。

【例 10－3】 某企业长期借款情况如表 10－3 所示。

表 10－3 长期借款情况表

借款起始日期	借款期限/年	金额/元
2012 年 1 月 1 日	3	300 000
2009 年 10 月 1 日	4	150 000

该企业 2012 年 12 月 31 日资产负债表中“长期借款”项目金额为:300 000 元。

本例中,企业应当根据“长期借款”总账期末余额 450 000(300 000＋150 000)元,减去一年内到期的长期借款 150 000 元,作为资产负债表中“长期借款”项目的金额,即 300 000 元。将在一年内到期的长期借款 150 000 元,应当填列在流动负债下“一年内到期的非流动负债”项目中。

⑤根据有关资产科目与其备抵科目抵消后的净额填列。如,“应收账款”项目,应根据前述方法确定的金额减去“坏账准备”科目中有关应收账款计提的坏账准备期末余额后的金额填列;“其他应收款”项目,应根据“其他应收款”科目的期末余额减去“坏账准备”科目中有关其他应收款计提的坏账准备期末余额后的金额填列;“持有至到期投资”项目,根据“持有至到期投资”科目的期末余额减去“持有至到期投资减值准备”科目的期末余额后的金额填列;“长期股权投资”项目,根据“长期股权投资”科目的期末余额减去“长期股权投资减值准备”科目的期末余额后的金额填列;“固定资产”项目,根据“固定资产”科目的期末余额减去“累计折旧”“固定资产减值准备”科目的期末余额后的金额填列;“在建工程”项目,根据“在建工程”科目的期末余额减去“在建工程减值准备”科目的期末余额后的金额填列;“无形资产”项目,根据“无形资产”科目的期末余额减去“累计摊销”“无形资产减值准备”科目的期末余额后的金额填列。

【例 10－4】 某企业 2011 年 12 月 31 日结账后“应收账款”账户所属各明细账户的期末借方余额合计 75 000 元,贷方余额合计 22 000 元,对应收账款计提的坏账准备为 4 000 元,假定“预收账款”账户所属明细账户借方余额为 40 000 元。

该企业 2011 年 12 月 31 日资产负债表中的“应收账款”项目金额为:75 000＋40 000－4 000＝111 000(元)。

本例中,企业应当以“应收账款”账户所属明细账户借方余额 75 000 元,加上“预收账款”账户所属明细账户借方余额 40 000 元,减去对应收账款计提的坏账准备 4 000 元后的净额,作为资产负债表“应收账款”项目的金额。

⑥综合运用上述填列方法分析填列。如,资产负债表中的“存货”项目,需根据“原材料”“库存商品”“生产成本”“委托加工物资”“周转材料”“材料采购”“在途物资”“发出商品”“材料成本差异”等总账科目期末余额的分析汇总数再减去“存货跌价准备”备抵科目余额后的金额填列。

(二)报表各项目填列方法的说明

现以我国资产负债表项目为例,将各项目的填列方法说明如下:

(1)“货币资金”项目,反映企业库存现金、银行结算户存款、外埠存款、银行汇票存款、银行本票存款、信用卡存款、信用证保证金存款、存出投资款等的合计数。

本项目应根据“库存现金”“银行存款”“其他货币资金”科目的期末余额合计数填列。

(2)“交易性金融资产”项目,反映企业持有的以公允价值计量且其变动计入当期损溢的为交易目的而持有的债券投资、股票投资、基金投资、权证投资等金融资产。

本项目应根据“交易性金融资产”科目的期末余额填列。

(3)“应收票据”项目,反映企业因销售商品、提供劳务等而收到的商业汇票,包括商业承兑汇票和银行承兑汇票。

本项目应根据“应收票据”科目的期末余额,减去“坏账准备”科目中有关应收票据计提的坏账准备期末余额后的金额填列。

(4)“应收股利”项目,反映企业应收取的现金股利和应收其他单位分配的利润。

本项目应根据“应收股利”科目的期末余额,减去“坏账准备”科目中有关应收股利计提的坏账准备期末余额后的金额填列。

(5)“应收利息”项目,反映企业应收取的债券投资等的利息。

本项目应根据“应收利息”科目的期末余额,减去“坏账准备”科目中有关应收利息计提的坏账准备期末余额后的金额填列。

(6)“应收账款”项目,反映企业因销售商品、提供劳务等经营活动而应收取的各种款项。

本项目应根据“应收账款”和“预收账款”科目所属各明细科目的期末借方余额合计,减去“坏账准备”科目中有关应收账款计提的坏账准备期末余额后的金额填列。如“应收账款”科目所属明细科目期末有贷方余额,应在资产负债表“预收账款”项目内填列。

(7)“其他应收款”项目,反映企业除应收票据、应收账款、预付账款、应收股利、应收利息等经营活动以外的其他各种应收、暂付的款项。

本项目应根据“其他应收款”科目的期末余额,减去“坏账准备”科目中有关其他应收款计提的坏账准备期末余额后的金额填列。

(8)“预付账款”项目,反映企业按照购货合同规定预付给供应单位的款项。

本项目应根据“预付账款”和“应付账款”科目所属各明细科目的期末借方余额合计,减去“坏账准备”科目中有关预付账款计提的坏账准备期末余额后的金额填列。如“预付账款”科目所属明细科目期末有贷方余额,应在资产负债表“应付账款”项目内填列。

(9)“存货”项目,反映企业期末在库、在途和在加工中的各项存货的可变现净值。

本项目应根据“材料采购”“原材料”“低值易耗品”“周转材料”“库存商品”“委托加工物资”“委托代销商品”“生产成本”“受托代销商品”等科目的期末余额合计,减去“受托代销商品款”“存货跌价准备”科目期末余额后的金额填列。材料采用计划成本核算,以及库存商品采用计划成本或售价核算的企业,还应按加或减材料成本差异、商品进销差价后的金额填列。

(10)"1年内到期的非流动资产"项目,反映企业将于1年内到期的非流动资产项目金额。

本项目应根据有关科目的期末余额填列。

(11)"其他流动资产"项目,反映企业除以上流动资产项目外的其他流动资产,本项目应根据有关科目的期末余额填列。如其他流动资产价值较大的,应在会计报表附注中披露其内容和金额。

(12)"可供出售金融资产"项目,反映持有的以公允价值计量的可供出售的股票投资、债券投资等金融资产。

本项目应根据"可供出售金融资产"科目的期末余额,减去"可供出售金融资产减值准备"科目期末余额后的金额填列。

(13)"持有至到期投资"项目,反映持有的以摊余成本计量的持有至到期投资。

本项目应根据"持有至到期投资"科目的期末余额,减去"持有至到期投资减值准备"科目期末余额后的金额填列。

(14)"长期应收款"项目,反映企业融资租赁产生的应收款项、采用递延方式具有融资性质的销售商品和提供劳务等产生的长期应收款项等。

本项目应根据"长期应收款"科目的期末余额,减去相应的"未实现融资收益"科目和"坏账准备"科目所属的相关明细科目期末余额后的金额填列。

(15)"长期股权投资"项目,反映企业持有的对子公司、联营企业和合营企业的长期股权投资,以及无控制、无共同控制或无重大影响,且在活跃市场中没有报价,公允价值不能可靠计量的权益性投资。

本项目应根据"长期股权投资"科目的期末余额,减去"长期股权投资减值准备"科目期末余额后的金额填列。

(16)"投资性房地产"项目,反映企业持有的投资性房地产。

企业采用成本模式计量投资性房地产的,本项目应根据"投资性房地产"科目的期末余额,减去"投资性房地产累计折旧(摊销)"和"投资性房地产减值准备"科目期末余额后的金额填列;企业采用公允价值模式计量投资性房地产的,本项目应根据"投资性房地产"科目的期末余额填列。

(17)"固定资产",反映企业的各种固定资产减去累计折旧和累计减值准备后的净额。

本项目应根据"固定资产"科目的期末余额,减去"累计折旧"和"固定资产减值准备"科目的期末余额后的金额填列。

(18)"工程物资"项目,反映企业尚未使用的工程物资的实际成本。

本项目应根据"工程物资"科目的期末余额填列。

(19)"在建工程"项目,反映企业期末各项未完工程的实际支出,包括交付安装的设备价值,未完建筑安装工程已经耗用的材料、工资和费用支出、预付出包工程的价款、已经建筑安装完毕但尚未交付使用的工程等的可收回金额。

本项目应根据“在建工程”科目的期末余额,减去“在建工程减值准备”科目期末余额后的金额填列。

(20)“固定资产清理”项目反映企业应出售、毁损、报废等原因转入清理但尚未清理完毕的固定资产净值,以及固定资产清理过程中所发生的清理费用和变价收入等各项金额的差额。

本项目应根据“固定资产清理”科目的期末借方余额填列。如“固定资产清理”科目期末为贷方余额,以“-”号填列。

(21)“生产性生物资产”项目,反映企业持有的生产性生物资产。

本项目应根据“生产性生物资产”科目的期末余额,减去“生产性生物资产累计折旧”和“生产性生物资产减值准备”科目期末余额后的金额填列。

(22)“油气资产”项目,反映企业持有的矿区权益和油气井及相关设施的原价减去累计折耗和累计减值准备后的净额。

本项目应根据“油气资产”科目的期末余额,减去“累计折耗”科目期末余额和相应的减值准备后的金额填列。

(23)“无形资产”项目,反映企业各项无形资产的期末可收回金额。

本项目应根据“无形资产”科目的期末余额,减去“无形资产减值准备”科目期末余额后的金额填列。

(24)“开发支出”项目,反映企业开发无形资产过程中能够资本化形成无形资产成本的支出部分。

本项目应根据“研发支出”科目中所属的“资本化支出”明细科目期末余额填列。

(25)“商誉”项目,反映企业合并中形成的商誉的价值。

本项目应根据“商誉”科目的期末余额,减去相应减值准备后的金额填列。

(26)“长期待摊费用”项目,反映企业已经发生但应由本期和以后各期负担的、分摊期限在1年以上的各项费用。长期待摊费用中在1年内(含1年)摊销的部分,在资产负债表“1年内到期的非流动资产”项目填列。

本项目应根据“长期待摊费用”科目的期末余额减去将于1年内(含1年)摊销的数额后的金额填列。

(27)“递延所得税资产”项目,反映企业确认的可抵扣暂时性差异产生的递延所得税资产。

本项目应根据“递延所得税资产”科目的期末余额填列。

(28)“其他非流动资产”项目,反映企业除长期股权投资、固定资产、在建工程、工程物资、无形资产以外的其他非流动资产。

本项目应根据有关科目的期末余额填列。

(29)"短期借款"项目,反映企业向银行或其他金融机构借入的期限在1年以下(含1年)的各种借款。

本项目应根据"短期借款"科目的期末余额填列。

(30)"交易性金融负债"项目,反映企业持有的以公允价值计量且其变动计入当期损溢的为交易目的而持有的金融负债。

本项目应根据"交易性金融负债"科目的期末余额填列。

(31)"应付票据"项目,反映企业购买材料、商品和接受劳务供应等而开出、承兑的商业汇票,包括银行承兑汇票和商业承兑汇票。

本项目应根据"应付票据"科目的期末余额填列。

(32)"应付账款"项目,反映企业购买材料、商品和接受劳务供应等而应付的款项。

本项目应根据"应付账款"和"预付账款"科目所属各有关明细科目的期末贷方余额合计填列。如"应付账款"科目所属各明细科目期末有借方余额的,应在资产负债表"预付账款"项目内填列。

(33)"预收款项"项目,反映企业按照购货合同规定预收购买单位的款项。

本项目应根据"预收款项"和"应收款项"科目所属各有关明细科目的期末贷方余额合计填列。如"预收账款"科目所属有关明细科目有借方余额的,应在本表"应收账款"项目内填列。

(34)"应付职工薪酬"项目,反映企业根据有关规定应付给职工的工资、职工福利、社会保险、住房公积金、工会经费、职工教育经费、非货币性福利、辞退福利等各种薪酬。外商投资企业按规定从净利润中提取的职工奖励及福利基金,也在本项目列示。

本项目应根据"应付职工薪酬"科目的期末余额填列。

(35)"应交税费"项目,反映企业按照税法等规定计算应交纳的各种税费,包括增值税、消费税、营业税、所得税、资源税、土地增值税、城市维护建设税、房产税、土地使用税、车船税、教育附加税、矿产资源补偿费等。企业代扣代交的个人所得税等,也通过本科目列示。企业所交纳的税费,不需预计应交数的,如印花税、耕地占用税等,不在本项目列示。

本项目应根据"应交税费"科目的期末贷方余额填列。如"应交税费"科目期末为借方余额,以"-"号填列。

(36)"应付股利"项目,反映企业分配的现金股利或利润。企业分配的股票股利,不通过本项目列示。

本项目应根据"应付股利"科目的期末余额填列。

(37)"应付利息"项目,反映企业按照规定应当支付的利息,包括分期付息到期还本的长期借款应支付的利息、企业发行的企业债券应支付的利息等。

本项目应根据"应付利息"科目的期末余额填列。

(38)“其他应付款”项目,反映企业除应付票据、应付账款、预收账款、应付职工薪酬、应付利息、应付股利、应交税费、长期应付款等以外的其他各项应付暂收的款项。

本项目应根据“其他应付款”科目的期末余额填列。

(39)“1 年内到期的非流动负债”项目,反映企业非流动负债中将于资产负债表日后 1 年内到期部分的金额,如将于 1 年内偿还的长期借款。

本项目应根据有关科目的期末余额填列。

(40)“其他流动负债”项目,反映企业除以上非流动负债以外的其他流动负债。

本项目应根据有关科目的期末余额填列。

(41)“长期借款”项目,反映企业向银行或其他金融机构借入的期限在 1 年以上(不含 1 年)的各项借款。

本项目应根据“长期借款”科目的期末余额填列。

(42)“应付债券”项目,反映企业发行的尚未偿还的各种长期债券的本金和利息。

本项目应根据“应付债券”科目的期末余额填列。

(43)“长期应付款”项目,反映企业除长期借款和应付债券以外的其他各种长期应付款。

本项目应根据“长期应付款”科目的期末余额,减去相应的“未确认融资费用”科目期末余额后的金额填列。

(44)“专项应付款”项目,反映企业取得政府作为投入的具有专项或特定用途的款项。

本项目应根据“专项应付款”科目的期末余额填列。

(45)“预计负债”项目,反映企业确认的对外提供担保、未决诉讼、产品质量保证、重组义务、亏损性合同等预计负债。

本项目应根据“预计负债”科目的期末余额填列。

(46)“递延所得税负债”项目,反映企业确认的应纳税暂时性差异产生的所得税负债。

本项目应根据“递延所得税负债”科目的期末余额填列。

(47)“其他非流动负债”项目,反映企业除长期借款、应付债券等负债以外的其他非流动负债。

本项目应根据有关科目的期末余额减去将于 1 年内到期偿还数后的余额填列。上述非流动负债各项目中将于 1 年内(含 1 年)到期的长期负债,应在“1 年内到期的长期负债”项目内单独反映。

(48)“实收资本(或股本)”项目,反映企业投资者实际投入的资本(或股本)总额。

本项目应根据“实收资本”或(“股本”)科目的期末余额填列。

(49)“资本公积”项目,反映企业资本公积的期末余额。

本项目应根据“资本公积”科目的期末余额填列。

(50)“库存股”项目,反映企业持有尚未转让或注销的本公司股份金额。

本项目应根据“库存股”科目的期末余额填列。

(51)“盈余公积”项目,反映企业盈余公积的期末余额。

本项目应根据“盈余公积”科目的期末余额填列。

(52)“未分配利润”项目,反映企业尚未分配的利润。

本项目应根据“本年利润”科目和“利润分配”科目的金额计算填列。未弥补的亏损,在本项目内以“-”号填列。

三、资产负债表编制实例

【例 10-5】 (一)某企业为增值税一般纳税人,该企业 2012 年各科目的期初余额和 2012 年度发生的交易和事项如下:

1. 2012 年 1 月 1 日有关科目余额如表 10-5 所示

表 10-5 2012 年 1 月 1 日科目余额表

单位:元

科目名称	借方余额	贷方余额
库存现金	7 000	
银行存款	9 000	
交易性金融资产	3 000	
应收账款	6 500	
坏账准备		500
原材料	12 000	
固定资产	21 000	
累计折旧		6 000
在建工程	16 000	
在建工程减值准备		1 000
应交税费		6 000
长期借款		21 000
实收资本		28 000
盈余公积		12 000

2. 该企业 2012 年度发生的交易和事项如下:

(1)用银行存款支付购入原材料货款 3 000 元以及材料的增值税 510 元,材料已验收入库。

(2)2012 年度,企业的长期借款发生利息费用 1 500 元。按《企业会计准则第 17 号——借款费用》中借款费用资本化的规定,计算出工程应负担的长期借款利息费用为 600 元,其他利息费用 900 元,利息尚未支付。

③企业将账面余额为 3 000 元的交易性金融资产售出,获得价款 6 000 元,已存入银行。

④购入不需安装的设备 1 台,设备价款共计 9 000 元,全部款项均已用银行存款支付,设备已经交付使用。不考虑项目增值税等相关税费的影响。

⑤本年计提固定资产折旧 4 500 元,其中:厂房及生产设备折旧 3 000 元,办公用房及设备折旧 1 500 元。

⑥实际发放职工工资 6 000 元,并将其分配计入相关成本费用项目。其中,生产人员工资 3 000 元,管理人员工资 1 500 元,在建工程应负担的人员工资 1 500 元。本年产品耗用原材料 12 000 元。年末产品已全部完工验收入库,计算完工产品生产成本并将其结转至库存商品科目。假设 2012 年度生产成本科目无年初、年末余额。

⑦销售产品一批,销售价格 30 000 元,应收取的增值税为 5 100 元。已收款项 17 550 元(其中货款 15 000 元、增值税 2 550 元),余款尚未收取。该企业主营业务成本 18 000 元已结转。假设本年产成品无期初及期末余额。

⑧将各收支科目结转本年利润。

⑨计算企业本期应交所得税(所得税率 25%,假设不存在纳税调整事项),本年实际交纳 663 元。

⑩提取法定盈余公积 832.50 元,当年没有进行利润分配。

(二)根据上述资料编制会计分录

(1)借:原材料　　3 000
　　应交税费——应交增值税(进项税额)　　510
　　贷:银行存款　　3 510

(2)借:在建工程　　600
　　财务费用　　900
　　贷:长期借款　　1 500

(3)借:银行存款　　6 000
　　贷:交易性金融资产　　3 000
　　　　投资收益　　3 000

(4)借:固定资产　　9 000
　　贷:银行存款　　9 000

(5)借:制造费用　　3 000

管理费用 1 500

贷:累计折旧 4 500

(6)借:应付职工薪酬 6 000

贷:库存现金 6 000

借:生产成本 3 000

管理费用 1 500

在建工程 1 500

贷:应付职工薪酬 6 000

结转原材料成本:

借:生产成本 12 000

贷:原材料 12 000

借:生产成本 3 000

贷:制造费用 3 000

结转产成品:

借:库存商品 18 000

贷:生产成本 18 000

(7)借:银行存款 17 550

应收账款 17 550

贷:主营业务收入 30 000

应交税费——应交增值税(销项税额) 5 100

借:主营业务成本 18 000

贷:库存商品 18 000

(8)借:主营业务收入 30 000

投资收益 3 000

贷:本年利润 33 000

借:本年利润 21 900

贷:主营业务成本 18 000

管理费用 3 000

财务费用 900

(9)本年应交所得税 = (30000 + 3000 − 18000 − 3000 − 900) × 25% = 2 775(元)

借:所得税费用 2 775

贷:应交税费——应交所得税 2 775

借:本年利润　　　　　　　　　　　　2 775
　贷:所得税费用　　　　　　　　　　　　2 775
借:应交税费——应交所得税　　　　　　663
　贷:银行存款　　　　　　　　　　　　　663
(10)借:本年利润　　　　　　　　　　8 325
　　贷:利润分配——未分配利润　　　　　8 325
　借:利润分配——提取法定盈余公积　　832.50
　　贷:盈余公积　　　　　　　　　　　832.50
　借:利润分配——未分配利润　　　　　832.50
　　贷:利润分配——提取法定盈余公积　832.50

(三)计算科目期末余额

根据以上资料,计算各有关科目余额,如表 10－6 所示。

表 10－6　2012 年 12 月 31 日科目余额表

单位:元

科目名称	借方余额	贷方余额
货币资金	20 377	
交易性金融资产	0	
应收账款	24050	
坏账准备		500
原材料	3 000	
固定资产	30 000	
累计折旧		10 500
在建工程	18 100	
在建工程减值准备		1 000
应交税费		12 702
长期借款		22 500
实收资本		28 000
盈余公积		12 832.50
未分配利润		7 492.50

(四)编制该企业2012年度的资产负债表(简表)如表10－7所示。

表10－7 资产负债表

会企01表

编制单位:××企业　　2012年12月31日　　单位:元

资产	期末余额	年初余额	负债和所有者权益	期末余额	年初余额
流动资产:			流动负债:		
货币资金	20 377	16 000	应交税费	12 702	6 000
交易性金融资产	0	3 000	流动负债合计	12 702	6 000
应收账款	23 550	6 000	非流动负债:		
存货	3 000	12 000	长期借款	22 500	21 000
流动资产合计	46 927	37 000	非流动负债合计	22 500	21 000
非流动资产:			负债合计	35 202	27 000
固定资产	19 500	15 000	所有者权益:		
在建工程	17 100	15 000	实收资本	28 000	28 000
无形资产	0	0	盈余公积	12 832.50	12 000
			未分配利润	7 492.50	0
非流动资产合计	36 600	30 000	所有者权益合计	48 325	40 000
资产总计	83 527	67 000	负债及所有者权益总计	83 527	67 000

第三节　利　润　表

一、利润表的概述

(一)利润表的定义与作用

利润表是指反映企业在一定会计期间的经营成果的报表。该表能够反映企业在一定时期的收入、费用、成本及净利润(或亏损)的实现及构成情况;通过对利润表的分析,可以全面了解企业的经营成果、分析企业的获利能力及盈利增长趋势;将利润表与资产负债表结合起来,还可以得到进行财务分析的基本资料,从而为其作出经济决策提供依据。利润表的作用可以概括为以下三个方面。

1. 为企业外部投资者以及信贷者做投资决策及贷款决策提供依据

通过利润表，可以计算利润的绝对指标，也可以计算投资者报酬率以及资金利润率等相对指标，并通过前后两个时期以及同一时期不同行业或企业的同类指标的比较分析，了解企业的获利水平、利润增长变化趋势，持续经营能力等，据此决定是否投资、贷款。

2. 为企业内部管理层的经营决策提供依据

利润表综合地反映营业收入、营业成本以及期间费用等，通过比较分析利润的增减变化，可以寻求其根本原因，以便在价格、品种、成本、费用及其他方面揭露矛盾，找出差距，明确今后工作重点，以便做出正确的决策。

3. 为企业内部业绩考核提供重要的依据

企业一定时期的利润总额集中地反映了各部门工作的结果，它既是制定各部门工作计划的参考，又是考核各部门计划执行结果的重要依据，利润表内所提供的相关数据可以评判各部门工作的业绩，以便做出正确的奖罚决策。

(二)利润表的格式与内容

利润表的格式一般有单步式和多步式两种。所谓单步式利润表，是将所有的收入和收益相加，然后减去所有的费用和损失，即得出净收益。在这种结构中，净收益的计算仅通过一个相减的步骤，“单步式”由此得名。多步式利润表是通过对当期的收入、费用、支出项目按性质加以归类，按利润形成的主要环节列示一些中间性利润指标，分布计算当期净损溢。由于净收益(净利润)要经过若干个步骤方可求得，故称多步式利润表。

按照《企业会计准则第 30 号——财务报表列报》的规定，企业利润表采用多步式结构(其格式如表 10 - 8 所示)，主要反映以下七方面的内容。

(1)营业收入，由主营业务收入和其他业务收入组成。

(2)营业利润，由营业收入为减去营业成本(主营业务成本和其他业务成本)、营业税金及附加、销售费用、管理费用、财务费用和资产减值损失，再加上公允价值变动收益和投资收益后计算得出。

(3)利润总额，由营业利润加上营业外收入，减营业外支出后计算得出。

(4)净利润，由利润总额减去所得税费用后计算得出。

(5)每股收益，普通股或潜在普通股已公开交易的企业，以及正处于公开发行普通股或潜在普通股过程中的企业，还应当在利润表中列示每股收益信息，包括基本每股收益和稀释每股收益信息两项指标。

(6)其他综合收益，反映企业根据企业会计准则规定未在损溢中确认的各项利得和损失扣除所得税影响后的净额。

(7)综合收益总额，是净利润与其他综合收益的合计金额。

表 10-8 利润表

会企 02 表

编制单位：　　　　　　　年　　月　　　　　　　单位：元

项目	本期金额	上期金额
一、营业收入		
减：营业成本		
营业税金及附加		
销售费用		
管理费用		
财务费用		
资产减值损失		
加：公允价值变动收益（损失以"-"号填列）		
投资收益（损失以"-"号填列）		
其中：对联营企业和合营企业的投资收益		
二、营业利润（亏损以"-"号填列）		
加：营业外收入		
减：营业外支出		
其中：非流动资产处置损失		
三、利润总额（亏损总额以"-"号填列）		
减：所得税费用		
四、净利润（净亏损以"-"号填列）		
五、每股收益：		
（一）基本每股收益		
（二）稀释每股收益		
六、其他综合收益		
七、综合收益总额		

二、利润表的编制方法

（一）利润表项目的填列方法

从表 10-8 中可以看出，利润表各项目均需填列"本期金额"和"上期金额"两栏，在编制中期利润表时"本期金额"栏应分为"本期金额"和"年初至本期末累计发生额"两栏，分别填列各项目本中期(月、季或半年)各项目实际发生额以及自年初起至本中期月季或半年末止的累计实际发生额,"上期金额"栏应分为"上年可比本中期金额"和"上年初至可比本中期末累计发生额"两栏,应根据上年可比中期利润表"本期金额"下对应的两栏数字分别填列。上年度利润表与本年度利润表的项目名称和内容不一致的,应对上年度利润表项目的名称和数字按本年度的规定进行调整。年终结账时由于全年的收入和支出已全部转入本年利润科目,并且通过收支对比结出本年净利润的数额,因此应将年度利润表中的"净利润"数字与本年利润科目结转到"利润分配——未分配利润"科目的数字相核对,检查账簿记录和报表编制的正确性。

利润表"本期金额""上期金额"栏内各项数字(除每股收益项目外)应当按照相关科目的发生额分析填列。

(二)利润表项目的填列说明

(1)"营业收入"项目,反映企业经营主要业务和其他业务所确认的收入总额。本项目应根据"主营业务收入"和"其他业务收入"科目的发生额分析填列。

(2)"营业成本"项目,反映企业经营主要业务和其他业务发生的实际成本总额。本项目应根据"主营业务成本"和"其他业务成本"科目的发生额分析填列。

"营业税金及附加"项目,反映企业经营业务应负担的营业税、消费税、城市维护建设税、资源税、土地增值税和教育费附加等。本项目应根据"营业税金及附加"科目的发生额分析填列。

"销售费用"项目,反映企业在销售商品过程中发生的包装费、广告费等费用和为销售本企业商品而专设的销售机构的职工薪酬、业务费等经营费用。本项目应根据"销售费用"科目的发生额分析填列。

"管理费用"项目,反映企业为组织和管理生产经营发生的管理费用。本项目应根据"管理费用"科目的发生额分析填列。

"财务费用"项目,反映企业筹集生产经营所需资金等而发生的筹资费用。本项目应根据"财务费用"科目的发生额分析填列。

"资产减值损失"项目,反映企业各项资产发生的减值损失。本项目应根据"资产减值损失"科目的发生额分析填列。

(3)"公允价值变动收益"项目,反映企业交易性金融资产、交易性金融负债以及采用公允价值模式计量的投资性房地产等公允价值变动形成的应计入当期损溢的利得或损失。本项目应根据"公允价值变动损溢"科目的发生额分析填列。

"投资收益"项目,反映企业以各种方式对外投资所取得的收益。其中,"对联营企业和合营企业的投资收益"项目,反映采用权益法核算的对联营企业和合营企业投资在被投资单位实现的净损溢中应享有的份额(不包括处置投资形成的收益),根据"投资收益"科目的发生额分析填列。

(4)“营业外收入”“营业外支出”项目,反映企业发生的与其经营活动无直接关系的各项收入和支出。应分别根据“营业外收入”“营业外支出”科目的发生额分析填列。其中,处置非流动资产损失应当单独列示。

(5)“所得税费用”项目,反映企业根据所得税准则确认的应从当期利润总额中扣除的所得税费用。本项目应根据“所得税费用”科目的借方发生额分析填列。

(6)“基本每股收益”和“稀释每股收益”项目,应当反映根据《企业会计准则第34号——每股收益》规定计算的金额。即,普通股或潜在普通股已公开交易的企业,以及正处于公开发行普通股或潜在普通股过程中的企业,应当按照归属于普通股股东的当期净利润,除以发行在外普通股的加权平均数计算基本每股收益。企业存在稀释性潜在普通股的,应当分别调整归属于普通股股东的当期净利润和发行在外普通股的加权平均数,并据以计算稀释每股收益。

(7)“其他综合收益”和“综合收益总额”项目。其中,其他综合收益反映企业根据企业会计准则规定未在损溢中确认的各项利得和损失扣除所得税影响后的净额;综合收益总额是企业净利润与其他综合收益的合计金额。

三、利润表编制实例

【例10-6】 沿用**【例10-5】** 的资料,该企业2012年各损溢科目本期发生额如表10-9所示。

表10-9 损溢类科目本期发生额

单位:元

科目名称	借方发生额	贷方发生额
主营业务收入		30 000
主营业务成本	18 000	
管理费用	3 000	
财务费用	900	
投资收益		3 000
所得税费用	2 775	

根据上述资料编制利润表,如表10－10所示。

表10－10　利润表

会企02表

编制单位:××企业 2012 年　　　　单位:元

项　　目	本期金额	上期金额
一、营业收入	30 000	(略)
减:营业成本	18 000	
营业税金及附加	0	
销售费用	0	
管理费用	3 000	
财务费用	900	
资产减值损失	0	
加:公允价值变动收益(损失以“－”号填列)	0	
投资收益(损失以“－”号填列)	3 000	
其中:对联营企业和合营企业的投资收益	0	
二、营业利润(亏损以“－”号填列)	11 100	
加:营业外收入	0	
减:营业外支出	0	
其中:非流动资产处置损失	0	
三、利润总额(亏损总额以“－”号填列)	11100	
减:所得税费用	2 775	
四、净利润(净亏损以“－”号填列)	8 325	
五、每股收益		
(一)基本每股收益	—	
(二)稀释每股收益	—	
六、其他综合收益		
七、综合收益总额	—	

第四节 现金流量表

一、现金流量表的概述

(一)现金流量表的含义

现金流量表,是指反映企业在一定会计期间现金和现金等价物流入和流出的报表。其目的是为财务报表的使用者提供企业一定会计期间内现金和现金等价物流入和流出的信息,以便于报表使用者了解和评价企业获取现金及现金等价物的能力,并据以预测企业未来现金流量。

编制现金流量表时,首先应当明确的是现金流量表的编制基础。现金流量表的编制基础是现金及现金等价物。这里的现金是指企业库存现金以及可以随时用于支付的存款,不能随时用于支取的存款不属于现金;现金等价物,是指企业持有的期限短、流动性强、易于转换为已知金额现金、价值变动风险很小的投资。期限短,一般是指从购买日起三个月内到期。现金等价物通常包括三个月内到期的债券投资等。权益性投资变现的金额通常不确定,因而不属于现金等价物。企业应当根据具体情况,确定现金等价物的范围,一经确定不得随意变更;如改变范围,应视为会计政策的变更。企业确定现金等价物的原则及其变更,应在会计报表附注中披露。

现金流量,是指现金和现金等价物的流入和流出。企业从银行提取现金、用现金购买短期到期的国库券等现金和现金等价物之间的转换不属于现金流量。

以下在提及“现金”时,除非同时提及现金等价物,均包括现金和现金等价物。

(二)现金流量表的作用

现金流量表的作用主要表现为以下三个方面。

(1)现金流量表有助于评价企业支付能力、偿债能力和周转能力。通过现金流量表,并配合资产负债表和利润表,可以了解企业的现金能否偿还到期债务、支付股利和进行必要的固定资产投资,了解企业现金流转效率和效果等等,从而便于投资者作出投资决策,债权人作出信贷决策。

(2)现金流量表有助于预测企业未来现金流量。通过现金流量表所反映的企业过去一定时期的现金流量以及其他生产经营指标,可以了解企业现金的来源和用途,经营活动产生的现金流量大小及其稳定性,企业对外部资金的依赖程度,据以预测企业未来现金流量,从而为企业编制现金流量计划、组织现金调度、合理节约地使用现金创造条件;为投资者和债券人评价企业的未来现金流量、作出投资和信贷决策提供必要的信息。

(3)现金流量表有助于分析企业收益质量及影响现金流量的因素。利润表中列示的净利润指标,反映了一个企业在一定时期的经营成果,这是体现企业经营业绩的一个重要指标。

但是,利润表是按照权责发生制原则编制的,它不能反映企业经营活动产生了多少资金,并且没有全面反映投资活动和筹资活动对企业财务状况的影响。通过编制现金流量表,可以掌握企业经营活动、投资活动和筹资活动的现金流量,将经营活动产生的现金流量与净利润相比较,可以从现金流量的角度了解净利润的质量。此外,使用者还可以通过现金流量表了解影响现金流量的具体因素,从而为分析和判断企业的前景提供信息。

二、现金流量的分类

编制现金流量表的目的,是为会计报表使用者提供企业一定会计期间内有关现金流入和流出的信息。企业一定时期内现金流入和流出是由各种因素产生的,如制造企业为生产产品需要用现金支付购入原材料的价款,支付职工工资,购买固定资产也需要支付现金。现金流量表首先要对企业各项经营业务产生或运用的现金流量进行合理的分类,现金流量按其性质可以分为经营活动产生的现金流量、投资活动产生的现金流量和筹资活动产生的现金流量。

(一)经营活动产生的现金流量

经营活动,是指企业投资活动和筹资活动以外的所有交易和事项。经营活动现金流量是指购销商品、生产商品等经营过程中发生的现金流量及不能归属于投资活动和筹资活动的现金流量。各类企业由于行业特点的不同,对经营活动的认定存在一定的差异。经营活动产生的现金流量是三种活动中最重要的,因为经营活动是企业的主要推动力。

(二)投资活动产生的现金流量

投资活动,是指企业长期资产的购建和不包括在现金等价物范围的投资及其处置活动。投资活动现金流量是指企业对内投资和对外投资过程中发生的现金流量。对内投资活动主要是指固定资产和无形资产等长期资产的购建及处置活动;对外投资活动主要是指不包括在现金等价物范围内的投资及其处置活动。

(三)筹资活动产生的现金流量

筹资活动,是指导致企业资本及债务规模和构成发生变化的活动。筹资活动现金流量是指能够导致企业资本规模增加或减少及其构成发生变化的现金流量。资本规模是企业拥有的自有资本和债务资本的规模,如发行股票形成的股本、发行债券形成的应付债券及向银行举债形成的长短期借款等。

企业在进行现金流量分类时,对于现金流量表中未特别指明的现金流量,应按照现金流量表的分类方法和重要性原则,判断某项交易或事项所产生的现金流量应当归属的类别或项目,对于重要的现金流入或流出项目应当单独反映。对于一些特殊的、不经常发生的项目,如自然灾害损失、保险赔款等,应当根据其性质,分别归并到经营活动、投资活动和筹资活动现金流量类别中单独列报。

三、现金流量表的结构和内容

我国企业现金流量表采用报告式结构，按照现金流量的性质，依次分类反映经营活动产生的现金流量、投资活动产生的现金流量和筹资活动产生的现金流量，最后汇总反映企业某一期间现金及现金等价物的净增加额。

按《企业会计准则第31号——现金流量表》规定，现金流量表格式分别一般企业、商业银行、保险公司、证券公司等企业类型予以规定。企业应当根据其经营活动的性质，确定本企业的适用现金流量表格式。一般企业现金流量表及补充资料的格式如表10－11和表10－12所示。

表10－11　现金流量表

会企03表

编制单位：　　　　　　　　　　　____年____月　　　　　　　　　　　单位：元

项　　目	本期金额	上期金额
一、经营活动产生的现金流量		
销售商品、提供劳务收到的现金		
收到的税费返还		
收到其他与经营活动有关的现金		
经营活动现金流入小计		
购买商品、接受劳务支付的现金		
支付给职工以及为职工支付的现金		
支付的各项税费		
支付其他与经营活动有关的现金		
经营活动现金流出小计		
经营活动产生的现金流量净额		
二、投资活动产生的现金流量		
收回投资收到的现金		
取得投资收益收到的现金		
处置固定资产、无形资产和其他长期资产收回的现金净额		
处置子公司及其他营业单位收到的现金净额		
收到其他与投资活动有关的现金		
投资活动现金流入小计		

表 10 -11(续)

项　目	本期金额	上期金额
购建固定资产、无形资产和其他长期资产支付的现金		
投资支付的现金		
取得子公司及其他营业单位支付的现金净额		
支付其他与投资活动有关的现金		
投资活动现金流出小计		
投资活动产生的现金流量净额		
三、筹资活动产生的现金流量		
吸收投资收到的现金		
取得借款收到的现金		
收到其他与筹资活动有关的现金		
筹资活动现金流入小计		
偿还债务支付的现金		
分配股利、利润或偿付利息支付的现金		
支付其他与筹资活动有关的现金		
筹资活动现金流出小计		
筹资活动产生的现金流量净额		
四、汇率变动对现金的影响		
五、现金及现金等价物净增加额		
加:期初现金及现金等价物余额		
六、期末现金及现金等价物余额		

表 10 -12　现金流量表补充资料

补 充 资 料	本期金额	上期金额
1. 将净利润调节为经营活动现金流量		
净利润		
加:资产减值准备		
固定资产折旧		
无形资产摊销		
长期待摊费用摊销		

表 10－12(续)

补充资料	本期金额	上期金额
处置固定资产、无形资产和其他长期资产的损失(收益以"－"号填列)		
固定资产报废损失(收益以"－"号填列)		
公允价值变动损失(收益以"－"号填列)		
财务费用(收益以"－"号填列)		
投资损失(收益以"－"号填列)		
递延所得税资产减少(增加以"－"号填列)		
递延所得税负债增加(减少以"－"号填列)		
存货的减少(增加以"－"号填列)		
经营性应收项目的减少(增加以"－"号填列)		
经营性应付项目的增加(减少以"－"号填列)		
其他		
经营活动产生的现金流量净额		
2. 不涉及现金收支的重大投资和筹资活动		
债务转为资本		
一年内到期的可转换公司债券		
融资租入固定资产		
3. 现金及现金等价物净变动情况		
现金的期末账面余额		
减:现金的期初余额		
加:现金等价物的期末账面余额		
减:现金等价物的期初余额		
现金及现金等价物净增加额		

四、现金流量表的内容和填列方法

现金流量应当分别按照现金流入和现金流出总额列报。但是,代客户收取或支付的现金以及周转快、金额大、期限短的项目的现金流入和现金流出可以按照净额列报。

(一)"经营活动产生的现金流量"各项目的内容和填列方法

经营活动产生的现金流量的列报方法有两种,一是直接法,二是间接法。直接法,是指通过现金收入和现金支出的主要类别列示经营活动的现金流量。间接法是指将利润表中的本期净利润通过分析计算调整为经营活动现金流量的一种方法。我国企业的现金流量表应当采用直接法列示经营活动产生的现金流量,同时在附注中采用间接法列示经营活动产生的现金流量。两种方法列示的经营活动现金流量金额应当相等。采用直接法编制经营活动的现金流量时一般以利润表中的营业收入为起算点,调整与经营活动有关的项目的增减变动,然后计算出经营活动的现金流量。采用直接法具体编制现金流量表时可以采用工作底稿法或"T"型账户法,也可以根据有关科目记录分析填列。

下面说明现金流量表中"经营活动产生的现金流量"各项目的内容及填列方法。

(1)"销售商品、提供劳务收到的现金"项目,反映企业本期销售商品、提供劳务收到的现金,以及前期销售商品、提供劳务本期收到的现金(包括销售收入和应向购买者收取的增值税销项税额)和本期预收的款项,减去本期销售本期退回商品和前期销售本期退回商品支付的现金。企业销售材料和代购代销业务收到的现金,也在本项目反映。

(2)"收到的税费返还"项目,反映企业收到返还的所得税、增值税、营业税、消费税、关税和教育费附加等各种税费返还款。

(3)"收到其他与经营活动有关的现金"项目,反映企业经营租赁收到的租金等其他与经营活动有关的现金流入,如罚款收入。若某项其他与经营活动有关的现金流入金额较大,应当单独列示。

(4)"购买商品、接受劳务支付的现金"项目,反映企业本期购买商品、接受劳务实际支付的现金(包括增值税进项税额),以及本期支付前期购买商品、接受劳务的未付款项和本期预付款项,减去本期发生的购货退回收到的现金。企业购买材料和代购代销业务支付的现金,也在本项目反映。

(5)"支付给职工以及为职工支付的现金"项目,反映企业本期实际支付给职工的工资、奖金、各种津贴和补贴等职工薪酬(包括代扣代缴的职工个人所得税)。

企业为职工支付的养老、失业等社会保险基金、补充养老保险、住房公积金、支付给职工的住房困难补助,以及企业支付给职工或为职工支付的其他福利费用等,应按职工的工作性质和服务对象,分别在本项目和在"购建固定资产、无形资产和其他长期资产支付的现金"项目反映。

(6)"支付的各项税费"项目,反映企业本期发生并支付、以前各期发生本期支付以及预交的各项税费,包括所得税、增值税、营业税、消费税、印花税、房产税、土地增值税、车船税、教育费附加等。不包括本期退回的增值税、所得税。本期退回的增值税、所得税在"收到的税费返还"项目反映。

(7)"支付其他与经营活动有关的现金"项目,反映企业经营租赁支付的租金、支付的差旅费、业务招待费、保险费、罚款支出等其他与经营活动有关的现金流出,金额较大的应当单独列示。

(二)“投资活动产生的现金流量”各项目的内容和填列方法

(1)“收回投资收到的现金”项目,反映企业出售、转让或到期收回除现金等价物以外的对其他企业的权益工具、债务工具和合营中的权益而收到的现金。不包括收回的长期债权投资的利息,以及收回的非现金资产。

(2)“取得投资收益收到的现金”项目,反映企业除现金等价物以外的对其他企业的权益工具、债务工具和合营中的权益投资分回的现金股利和利息等。

(3)“处置固定资产、无形资产和其他长期资产收回的现金净额”项目,反映企业出售、报废固定资产、无形资产和其他长期资产所取得的现金(包括因资产毁损而收到的保险赔偿收入),减去为处置这些资产而支付的有关费用后的净额。

(4)“处置子公司及其他营业单位收到的现金净额”项目,反映企业处置子公司及其他营业单位所取得的现金减去相关处置费用以及子公司及其他营业单位持有的现金和现金等价物后的净额。

(5)“收到其他与投资活动有关的现金”项目,反映企业除了上述各项目以外,所收到的其他与投资活动有关的现金流入。比如,企业收回购买股票和债券时支付的已宣告但尚未领取的现金股利或已到付息期但尚未领取的债券的利息。若其他与投资活动有关的现金流入金额较大,应单列项目反映。

(6)“购建固定资产、无形资产和其他长期资产支付的现金”项目,反映企业购买、建造固定资产、取得无形资产和其他长期资产所支付的现金(含增值税款等),以及用现金支付的应由在建工程和无形资产负担的职工薪酬。

(7)“投资支付的现金”项目,反映企业取得除现金等价物以外的对其他企业的权益工具、债务工具和合营中的权益所支付的现金以及支付的佣金、手续费等附加费用。

(8)“取得子公司及其他营业单位支付的现金净额”项目,反映企业购买子公司及其他营业单位购买出价中以现金支付的部分,减去子公司及其他营业单位持有的现金和现金等价物后的净额。

(9)“支付其他与投资活动有关的现金”项目,反映企业除上述项目外支付的其他与投资活动有关的现金流出。如企业购买股票时实际支付的价款中包含的已宣告而尚未领取的现金股利,购买债券时支付的价款中包含的已到期尚未领取的债券利息等。若某项其他与投资活动有关的现金流出金额较大,应当单独列示。

(三)“筹资活动产生的现金流量”各项目的内容和填列方法

(1)“吸收投资收到的现金”项目,反映企业以发行股票、债券等方式筹集资金实际收到的款项,减去直接支付给金融企业的佣金、手续费、宣传费、咨询费、印刷费等发行费用后的净额。

(2)“取得借款收到的现金”项目,反映企业举借各种短期、长期借款而收到的现金。

(3)“收到其他与筹资活动相关的现金”项目,反映企业除上述各项目外所收到的其他与筹资活动相关的现金流入。若某项其他与筹资活动有关的现金流入金额较大,应当单独列示。

(4)“偿还债务支付的现金”项目,反映企业以现金偿还债务的本金,包括偿还的借款本金和债券本金等。企业支付的借款利息和债券利息在“分配股利、利润或偿付利息所支付的现金”项目反映,不包括在本项目内。

(5)“分配股利、利润或偿付利息支付的现金”项目,反映企业实际支付的现金股利、支付给其他投资单位的利润或用现金支付的借款利息、债券利息。

(6)“支付其他与筹资活动有关的现金”项目,反映企业除上述各项目外所支付的其他与筹资活动有关的现金流出,如融资租入固定资产支付的租赁费等。若某项其他与筹资活动有关的现金流出金额较大,应当单独列示。本项目可以根据有关科目的记录分析填列。

(四)“汇率变动对现金及现金等价物的影响”项目,反映企业外币现金流量以及境外子公司的现金流量折算为人民币时,所采用现金流量发生日的即期汇率或按照系统合理的方法确定的、与现金流量发生日即期汇率近似的汇率折算的金额与“现金及现金等价物净增加额”中的外币现金净增加额按期末汇率折算的金额之间的差额。

(五)“现金流量表补充资料”项目,除现金流量表反映的信息外,企业还应在附注中披露将净利润调节为经营活动现金流量不涉及现金收支的重大投资和筹资活动、现金及现金等价物净变动情况等信息。

(1)将净利润调节为经营活动现金流量

现金流量表采用直接法反映经营活动产生的现金流量,同时,企业还应采用间接法反映经营活动产生的现金流量。间接法,是指以本期净利润为起点,通过调整不涉及现金的收入、费用、营业外收支以及经营性应收应付等项目的增减变动,调整不属于经营活动的现金收支项目,据此计算并列报经营活动产生的现金流量的方法。在我国,现金流量表补充资料应采用间接法反映经营活动产生的现金流量情况,以对现金流量表中采用直接法反映的经营活动现金流量进行核对和补充说明。

采用间接法列报经营活动产生的现金流量时,需要对四大类项目进行调整:①实际没有支付现金的费用;②实际没有收到现金的收益;③不属于经营活动的损溢;④经营性应收应付项目的增减变动。

(2)不涉及现金收支的重大投资和筹资活动

不涉及现金收支的重大投资和筹资活动,反映企业一定期间内影响资产或负债但不形成该期现金收支的所有投资和筹资活动的信息。这些投资和筹资活动虽然不涉及现金收支,但对以后各期的现金流量有重大影响,例如,企业融资租入设备,将形成的负债计入“长期应付款”账户,当期并不支付设备款及租金,但以后各期必须为此支付现金,从而在一定期间内形成了一项固定的现金支出。

企业应当在附注中披露不涉及当期现金收支、但影响企业财务状况或在未来可能影响企业现金流量的重大投资和筹资活动,主要包括:①债务转为资本,反映企业本期转为资本的债务金额;②一年内到期的可转换公司债券,反映企业一年内到期的可转换公司债券的本息;③

融资租入固定资产，反映企业本期融资租入固定资产的最低租赁付款额扣除应分期计入利息费用的未确认融资费用的净额。

(3)现金和现金等价物的构成

企业应当在附注中披露与现金和现金等价物有关的下列信息：①现金和现金等价物的构成及其在资产负债表中的相应金额。②企业持有但不能由母公司或集团内其他子公司使用的大额现金和现金等价物金额。企业持有现金和现金等价物余额但不能被集团使用的情形多种多样，例如，国外经营的子公司，由于受当地外汇管制或其他立法的限制，其持有的现金和现金等价物，不能由母公司或其他子公司正常使用。

第五节 所有者权益变动表

一、所有者权益变动表的内容和结构

(一)所有者权益变动表的内容

所有者权益变动表，是用来反映构成所有者权益的各组成部分当期增减变动情况的报表。所有者权益变动表应当全面反映一定时期所有者权益变动的情况，不仅包括所有者权益总量的增减变动，还包括所有者权益增减变动的重要结构性信息，让报表使用者准确理解所有者权益增减变动的根源。此表在一定程度上体现了企业综合收益的特点，除列示直接计入所有者权益的利得和损失外，同时包含最终属于所有者权益变动的净利润。

按照《企业会计准则第30号——财务报表列报》的规定，当期损溢、直接计入所有者权益的利得和损失以及与所有者的资本交易导致的所有者权益的变动，应当分别列示。即，所有者权益变动表至少应当单独列示净利润、直接计入所有者权益的利得和损失项目及其总额、会计政策变更和差错更正的累积影响金额、所有者投入资本和向所有者分配利润、按照规定提取的盈余公积和实收资本(或股本)、资本公积、盈余公积、未分配利润的期初和期末余额及其调节情况。

(二)所有者权益变动表的结构

为了清楚反映所有者权益各组成部分当期的增减变动情况，所有者权益变动表应当以矩阵形式列示：一方面，列示导致所有者权益变动的交易或事项，从所有者权益变动的来源对一定时期所有者权益变动情况进行全面反映；另一方面，按照所有者权益各组成部分(包括实收资本、资本公积、盈余公积、未分配利润和库存股)及其总额列示交易或事项对所有者权益的影响。此外，企业还需要提供比较所有者权益变动表，所有者权益变动表还应就各项目再分为“本年金额”和“上年金额”两栏分别填列。

由于企业的净利润及其分配情况是所有者权益变动的组成部分，相关信息已经在所有者权益变动表及其附注中反映，企业不需要再单独编制利润分配表。

所有者权益变动表的基本格式如表10－13所示。

表 10 - 13　所有者权益变动表

会企 04 表

编制单位：　　　　　　　　　　　　　____年度　　　　　　　　　　　　单位：元

项　目	本年金额						上年金额					
	实收资本（或股本）	资本公积	减：库存股	盈余公积	未分配利润	所有者权益合计	实收资本（或股本）	资本公积	减：库存股	盈余公积	未分配利润	所有者权益合计
一、上年年末余额												
加：会计政策变更												
前期差错更正												
二、本年年初账面余额												
三、本年增减变动金额（减少以“ - ”号填列）												
（一）净利润												
（二）直接计入所有者权益的利得和损失												
1. 可供出售金融资产公允价值变动净额												
2. 权益法下被投资单位其他所有者权益变动的影响												
3. 与计入所有者权益项目相关的所得税影响												
4. 其他												
上述（一）和（二）小计												
（三）所有者投入和减少资本												
1. 所有者投入资本												
2. 股份支付计入所有者权益的金额												
3. 其他												
（四）利润分配												
1. 提取盈余公积												
2. 对所有者（或股东）的分配												
3. 其他												
（五）所有者权益内部结转												
1. 资本公积转增资本（或股本）												
2. 盈余公积转增资本（或股本）												
3. 盈余公积弥补亏损												
4. 其他												
四、本年年末余额												

二、所有者权益变动表的编制方法

本表各项目应当根据当期净利润、直接计入所有者权益的利得和损失项目、所有者投入资本和提取盈余公积、向所有者分配利润等情况分析填列。

(一)上年金额栏的填列方法

所有者权益变动表“上年金额”栏内的各项数字,应根据上年度所有者权益变动表“本年金额”栏内所列数字填列。如果上年度所有者权益变动表规定的各个项目的名称和内容同本年度不相一致,应对上年度所有者权益变动表各项目的名称和数字按本年度的规定进行调整,填入所有者权益变动表“上年金额栏内”。

(二)本年金额栏的填列方法

所有者权益变动表“本年金额”栏内的各项数字一般应根据“实收资本(或股本)”“资本公积”“盈余公积”“利润分配”“库存股”“以前年度损溢调整”科目的发生额分析填列。

第六节 报 表 附 注

报表附注是财务报表不可或缺的组成部分,是对在资产负债表、利润表、现金流量表和所有者权益变动表等报表中列示项目的文字描述或明细资料,以及对未能在这些报表中列示项目的说明等。

报表使用者了解企业的财务状况、经营成果和现金流量,应当全面阅读附注,附注相对于报表而言,同样具有重要性。根据《企业会计准则第 30 号——财务报表列报》规定,附注应当按照一定的结构进行系统合理的排列和分类,有顺序地披露信息,主要包括下列内容。

一、企业的基本情况

附注应当披露企业的注册地、组织形式和总部地址、企业的业务性质和主要经营活动、母公司以及集团最终母公司的名称、财务报告的批准报出者和财务报告批准报出日。

二、财务报表的编制基础

附注应当披露财务报表的编制基础,说明企业的持续经营情况。相关信息应当与资产负债表、利润表、现金流量表和所有者权益变动表等报表中列示的项目相互参照。

三、遵循企业会计准则的声明

企业应当明确说明编制的财务报表符合企业会计准则体系的要求,真实、完整地反映了企业的财务状况、经营成果和现金流量。

四、重要会计政策和会计估计

企业应当披露重要的会计政策和会计估计,不重要的会计政策和会计估计可以不披露。在披露重要会计政策和会计估计时,应当披露重要会计政策的确定依据和财务报表项目的计量基础,以及会计估计中所采用的关键假设和不确定因素。

1. 重要会计政策的说明

由于企业经济业务的复杂性和多样化,某些经济业务可以有多种会计处理方法,也即存在不止一种可供选择的会计政策。企业在发生某项经济业务时,必须从允许的会计处理方法中选择适合本企业特点的会计政策。企业选择不同的会计处理方法,可能极大地影响企业的财务状况和经营成果,进而编制出不同的财务报表。为了有助于使用者理解,有必要对这些会计政策加以披露。

需要特别指出的是,说明会计政策时还需要披露下列两项内容。

(1)财务报表项目的计量基础。会计计量基础包括历史成本、重置成本、可变现净值、现值和公允价值,这直接显著影响报表使用者的分析,这项披露要求便于使用者了解企业财务报表中的项目是按何种计量基础予以计量的,如存货是按成本还是可变现净值计量等。

(2)会计政策的确定依据。主要是指企业在运用会计政策过程中所作的对报表中确认的项目金额最具影响的判断。例如,企业如何判断持有的金融资产是持有至到期的投资而不是交易性投资;对于拥有的持股不足50%的关联企业,企业为何判断企业拥有控制权因此将其纳入合并范围;企业如何判断与租赁资产相关的所有风险和报酬已转移给企业,从而符合融资租赁的标准;以及投资性房地产的判断标准是什么等等,这些判断对在报表中确认的项目金额具有重要影响。因此,这项披露要求有助于使用者理解企业选择和运用会计政策的背景,增加财务报表的可理解性。

2. 重要会计估计的说明

企业应当披露会计估计中所采用的关键假设和不确定因素的确定依据,这些关键假设和不确定因素在下一会计期间内很可能导致资产、负债账面价值进行重大调整。在确定报表中确认的资产和负债的账面金额过程中,企业有时需要对不确定的未来事项在资产负债表日对这些资产和负债的影响加以估计。例如,固定资产可收回金额的计算需要根据其公允价值减去处置费用后的净额与预计未来现金流量的现值两者之间的较高者确定,在计算资产预计未来现金流量的现值时需要对未来现金流量进行预测,并选择适当的折现率,应当在附注中披露未来现金流量预测所采用的假设及其依据、所选择的折现率为什么是合理的等。这些假设的变动对这些资产和负债项目金额的确定影响很大,有可能会在下一个会计年度内作出重大调整。因此,强调这一披露要求,有助于提高财务报表的可理解性。

五、会计政策和会计估计变更以及差错更正的说明

企业应当按照《企业会计准则第 28 号——会计政策、会计估计变更和差错更正》及其应用指南的规定,在附注中披露相关的信息。

六、报表重要项目的说明

企业对报表重要项目的说明,是指对资产负债表、利润表、现金流量表和所有者权益变动表中重要项目的进一步说明,包括终止经营、税后利润的金额及其构成情况等。具体说明时应当按照资产负债表、利润表、现金流量表和所有者权益变动表中及其项目列示的顺序,采用文字和数字描述相结合的方式进行披露,尽可能以列表形式披露重要报表项目的构成或当期增减变动情况。报表重要项目的明细金额合计,应当与报表项目金额相衔接。

七、其他

报表附注除反映上述信息外,还应披露或有事项、资产负债表日后非调整事项和关联方关系及其交易等需要说明的事项。

复习思考题

1. 财务报表至少应当包括哪些内容,有哪些编制要求?
2. 财务报表编制的意义是什么?
3. 编制资产负债表的作用是什么?
4. 流动资产与流动负债的划分标准是什么?企业中主要的流动资产和流动负债有哪些?
5. 编制多步式利润表分为哪几个步骤?
6. 现金流量表中的现金流量如何分类?
7. 所有者权益变动表可以反映哪些方面的会计信息?

练 习 题

习 题 一

【目的】 练习会计报表的填制

【资料】 A 股份有限公司(以下简称 A 公司)为增值税一般纳税工业企业,其有关信息如下:

1. A 公司销售的产品、材料均为应纳增值税货物,适用的增值税税率为 17%,产品和材料

价格中均不含增值税。

2. A公司材料和产成品均按实际成本核算,其销售成本随着销售同时结转。

3. B公司为A公司的联营公司,A公司对B公司的投资占B公司有表决权资本的40%,A公司对B公司的投资按权益法核算。

4. A公司2011年度资产负债表年初余额如表10-14所示:

表10-14 资产负债表(简表)

编制单位:A公司　　2011年12月31日　　单位:元

资　产	期末余额	年初余额	负债和股东权益	期末余额	年初余额
流动资产:			流动负债:		
货币资金		100 000	短期借款		0
交易性金融资产		0	交易性金融负债		0
应收票据		200 000	应付票据		0
应收账款		950 000	应付账款		800 000
预付款项		400 000	预收款项		800 000
其他应收款		250 000	应付职工薪酬		100 000
存货		2 500 000	应交税费		300 000
流动资产合计		4 400 000	其他应付款		500 000
非流动资产:			流动负债合计		2 500 000
长期股权投资		2 000 000	非流动负债:		
固定资产		11 000 000	长期借款		1 000 000
无形资产		2 100 000	非流动负债合计		1 000 000
……			负债合计		3 500 000
			股东权益:		
			股本		12 000 000
			盈余公积		1 000 000
其他非流动资产		0	未分配利润		3 000 000
非流动资产合计		15 100 000	股东权益合计		16 000 000
资产总计		19 500 000	负债和股东权益总计		19 500 000

5. A公司2011年度发生如下经济业务：

(1)购入材料一批，专用发票注明的材料价款200万元，增值税34万元，材料已经入库，但货款尚未支付。

(2)通过银行转账支付上述购买材料的货款及增值税234万元。

(3)销售甲产品一批，该批产品的成本300万元，销售货款400万元，专用发票注明的增值税额为68万元，产品已经发出，提货单已经交给买方，货款及增值税均已收到并存入银行。

(4)销售材料一批，原材料实际成本为8万元，销售价款10万元，材料已经发出，收到货款及增值税存入银行。

(5)1月8日偿还银行长期借款本金40万元、利息10万元。

(6)B公司2011年度实现净利润200万元，A公司按比例确认其投资收益。

(7)转让一项专利权，取得转让价款20万元存入银行，该专利权的账面余额10万元，适用的营业税税率为5%。

(8)向银行借入短期借款300万元，并用银行存款支付本期的短期借款利息10万元。

(9)当年分配并发放职工工资66万元。其中：生产工人工资50万元，车间管理人员工资8万元，企业管理人员工资8万元。

(10)本年度计提坏账准备5万元。

(11)转让设备一台，原价40万元、已提折旧10万元，取得转让收入20万元，支付清理费用5万元。现设备已清理完毕，款项已通过银行结算。

(12)摊销无形资产价值5万元，计提管理用固定资产折旧10万元。

(13)假设本年度应交所得税和所得税费用均为19.14万元，提取盈余积17.83万元。

【要求】

1. 编制A公司上述经济业务的会计分录(各损溢类科目结转本年利润以及利润分配有关的会计分录除外。除“应交税费”科目外，其他科目可不写明细科目)。

2. 填列A公司2011年12月31日资产负债表的年末余额。

3. 填列A公司2011年度利润表的本期金额。

4. 填列A公司2011年度现金流量表的本期金额。

习 题 二

【目的】 练习利润表的填制

【资料】 B股份有限公司2011年损溢类账户累计发生额有关资料如表10－15所示：

表 10 – 15

单位:元

损溢类账户	借方发生额	贷方发生额
主营业务收入		6 800 000
主营业务成本	3 800 000	
其他业务收入		990 000
其他业务成本	500 000	
营业税金及附加	400 000	
销售费用	200 000	
管理费用	148 000	
财务费用	102 000	
投资收益		280 000
营业外收入		350 000
营业外支出	280 000	

【要求】 根据资料编制 B 股份有限公司 2011 年度利润表。

第十一章　会计工作的组织

第一节　正确组织会计工作的意义

一、组织会计工作的意义

所谓会计工作的组织,主要是指设置会计机构、配备会计人员、制定和执行会计工作的法规制度、会计档案的保管以及改进会计工作的技术手段等方面的工作。为了充分发挥会计在经济管理中的作用,提高会计工作的效率,保证会计目标的实现,科学合理地组织会计工作具有十分重要的意义。

第一,能保证会计工作的质量,提高会计工作的效率。

会计工作是一项严密、细致的经济管理工作。会计核算工作的各个环节、各种手续之间存在着密切的联系,各项数字的计算一环扣一环。任何一个环节出现差错或遗漏,都会造成整个核算结果失实,影响会计信息的质量,最后导致信息使用者的决策失误。科学地组织会计工作,可以使会计工作按照事先规定的程序有条不紊地进行,这样既可以提高会计工作的效率,又可以减少差错和弊端的发生,从而使会计工作的质量得到保证。

第二,能使会计工作与其他经济管理部门的工作协调一致。

会计是经济管理的重要组成部分,它与其他经济管理部门的工作之间存在着十分密切的联系。实际工作中,会计部门虽然独立于其他经济管理部门而设置和开展工作,但是日常的会计核算工作与企业的计划、供应、生产、销售、统计、劳资等部门之间经常发生凭证传递、数据核对等业务协调工作。同时,会计工作还必须服从国家财税等工作的要求,定期向这些部门提供会计报表,定期接受这些部门的检查与监督。因此,科学地组织会计工作,有利于协调好会计工作与其他经济管理部门工作之间的关系,使会计工作在遵守各项财经法规的同时,与其他经济管理部门的工作一同高效、顺利地进行。

第三,能促使单位内部经济责任制的落实。

实行内部经济责任制,已成为现代企业进行科学管理的有效手段。内部经济责任制能否有效地落实,与会计工作的反映和监督有着密切的联系。通过科学地组织会计工作,加强对内部各责任单位生产经营活动的核算和监督,作为考核各责任单位业绩和实行奖惩的依据。由此可以促使各责任部门认真地履行自己的经济责任,增收节支,提高资金的利用效果,最终提高各责任单位的内部经济效益。

二、组织会计工作应遵循的原则

会计工作是一项政策性、专业性较强的工作。会计人员在实施核算和监督的过程中，应严格执行国家的各项方针、政策，揭露和制止一切违反财经纪律的行为。组织会计工作应遵循以下原则。

第一，要符合国家对会计工作的统一要求。

任何一个企业、行政、事业单位的经济活动，都是在国家的法律、法规要求下进行的。作为对企业、行政、事业单位经济活动进行反映和监督的会计工作，也必须严格按照会计法规的要求进行。《会计法》是指导会计工作的根本大法。任何一个单位开展会计核算工作应严格按照《企业会计准则》的规定进行。只有按照国家对会计工作的统一要求组织会计工作，才能为国家各级宏观经济管理部门制定宏观调控措施提供有用的会计信息，才能更好地发挥会计在维护市场经济秩序方面的作用。

第二，要适应本单位经营管理的需要。

会计工作所提供的信息，是企业加强内部经营管理，制定内部经济责任制的重要依据。不同行业以及同一行业不同规模的单位，从事内部管理工作对会计信息的要求也不相同。各单位在遵守会计法规、制度的前提下，可以根据本单位生产经营的特点和业务繁简程度，制定本单位开展会计工作的具体办法，便于提供本单位内部经营管理所需要的会计信息，使会计工作真正成为企业经济管理工作的一部分。

第三，在保证会计核算工作质量的前提下，尽力降低会计工作的成本。

成本效益原则同样适用于会计工作。科学地组织会计工作，在符合内部牵制原则，确保会计信息质量的条件下，要讲求工作效率，尽力节约人力、物力。不要因人设岗，因岗设事。当前，多数单位会计工作已实行了电算化，为保证会计核算工作质量和提高会计核算工作效率创造了良好的物质条件。因此，各单位在组织会计工作时，要有利于会计电算化的发展。

第二节　会计机构

为了正确领导与组织会计工作，每个企业、行政事业单位都应根据会计业务需要和成本效益原则，建立相应的会计机构，以保证会计目标的实现，充分发挥会计在经济管理中的作用。

一、会计机构的设置

我国《会计法》规定："各单位根据会计业务的需要设置会计机构"。会计机构是直接从事和组织领导会计工作的职能部门，它是由专门会计人员组成的。由于会计工作与财务工作在经济工作中的性质相同，二者紧密结合，共同完成资金的筹集、使用、核算、管理等任务。因此,在实际工作中,会计机构往往是和处理财务管理业务相结合,统一设置会计机构。一般来说,一切独立核算单位都应当设置会计机构。

我国基层企业根据本企业的特点,设置财务(会计)处或部、科、组、室。它们在厂长(经理或总会计师)的领导下,负责组织本企业的财务会计工作。按照国家有关法规的要求进行会计核算,实行会计监督;制定本单位的财务管理办法和会计制度;参与计划、预算的拟定,考核分析各项计划、预算的执行情况等。为了充分发挥会计机构的职能作用,应当在会计机构内部明确划分业务范围,分设若干职能组或岗位,建立内部稽核制度,进行合理分工,建立会计人员的岗位责任制。在规模较大的单位里,会计机构下面通常分设若干职能组,并为每组配备若干会计人员,分别主管会计工作的一个方面。例如,大中型工业企业,会计处一般分设财务组、成本组、材料组、工资组、综合组等。企业的其他职能部门、车间、仓库等根据业务需要也可以设置专职的核算人员负责会计核算工作。此外,在规模较小,不具备单独设置会计机构条件的单位,必须配备专职会计人员。如果一个单位既没有设置会计机构,也没有单独配备专职会计人员,应当根据《代理记账管理暂行办法》的规定,委托会计师事务所或者持有代理记账许可证书的其他代理记账机构进行代理记账。

我国企业的会计工作,受财政部门和企业主管部门的双重领导。我国财政部设置会计事务管理司,主管全国的会计工作。它负责了解、检查会计工作情况,总结、交流会计工作经验,研究、拟定改进会计工作的措施,制订和组织实施各项全国性的会计法规、准则和制度等。名省、自治区、直辖市财政厅、局一般设置会计处,主管本地区所属企业的会计工作。企业主管部门一般设置财务处,主管本系统所属企业的会计工作。

二、会计核算工作的组织

为了充分发挥各级会计机构的积极作用,各单位还要采用与会计机构自身管理体制相适应的核算组织形式。会计核算工作的组织形式有独立核算和非独立核算,集中核算和非集中核算。

(一)独立核算和非独立核算

独立核算是指能够对本单位的经济活动进行全面、完整的会计核算。实行独立核算的单位称为独立核算单位。独立核算单位应具备以下条件:拥有一定的自有资金,能独立地从事生产经营活动,独立计算盈亏,在银行独立开户,独立对外结算,具有完整的凭证、账簿系统,全面地进行记账工作,定期地编制会计报表。独立核算单位,应单独设置会计机构,配备必要的会计人员。如果会计业务不多,也可以不设专门的会计机构,而只配备专职的会计人员。

非独立核算是指不能完整地进行记账工作。实行非独立核算的单位,又称报账单位,是指向上级机构领取一定数额的物资和备用金,定期将有关的核算资料报送上级机构,由上级机构汇总记账的单位。非独立核算单位的一切收入要全部解缴上级机构,一切支出均要向上级机构报销。平时只进行原始凭证的填制、整理和汇总,以及库存现金日记账、实物明细账的登记工作。不独立计算盈亏,也不单独编制会计报表。例如,商业企业所属的门市部、分销店都属于非独立核算单位。非独立核算单位一般不设置专门的会计机构,但需要配备专职的会计人员,负责日常会计业务的处理。一个单位是实行独立核算还是实行非独立核算,取决于经营管理和业务组织上的需要。

(二)集中核算和非集中核算

实行独立核算的单位,其会计核算工作的组织形式可以分为集中核算和非集中核算。

集中核算就是把整个单位的会计核算工作都集中在会计部门进行。会计部门负责进行原始凭证的审核、记账凭证的填制、全部经济业务的总分类核算、明细分类核算、编制会计报表以及会计报表的分析工作。会计部门以外的其他部门、生产车间或班组只负责对该单位或车间、班组发生的经济业务填制原始凭证或原始凭证汇总表,定期送交会计部门,为会计部门进一步核算提供资料。

非集中核算又称分散核算,它是将企业的经济业务按其发生的场所分散到企业内部各车间、部门进行核算,会计部门只登记总分类账和一部分资金明细账,编制会计报表以及会计报表的分析等工作。例如,材料的明细分类核算由供应部门及所属的仓库进行;产品销售收入的明细分类核算由销售部门进行。实行非集中核算形式的企业,企业会计部门需要对下属核算单位的业务进行指导和监督。

一个单位是实行集中核算还是非集中核算,主要取决于经济管理上的需要。一般来说,小型企业通常实行集中核算形式;大中型企业由于管理层次较多,企业所属二级单位(如分厂、分公司)在生产经营和管理上具有一定的相对独立性,通常在管理上实行内部经济责任制。为了明确所属单位的经济责任,需要用非集中核算形式。在企业所属二级单位对本单位的经济业务进行比较全面核算的基础上,再由企业(总厂或总公司)对所属二级单位的核算资料连同本身的经济业务进行汇总核算,以提供反映企业财务状况、经营成果及现金流量等情况的会计信息。

总之,集中核算可以减少核算层次,精简会计人员,但会计部门的核算工作量较大;非集中核算有利于下属核算单位利用自身的核算资料进行日常的考核和分析,因地制宜地解决生产经营上的问题,但会计部门对下属核算单位的业务指导和监督管理比较麻烦。集中核算与非集中核算又不是绝对的。在一个企业内部,对各个业务部门可以根据管理上的需要,分别采用集中核算或非集中核算。但无论采用哪种核算形式,企业对外的现金往来、物资购销、债权、债务结算都应由企业的会计部门集中办理。

三、会计工作的岗位设置

会计工作的岗位设置是在会计机构内部按照会计工作的内容和会计人员的配备情况,将会计机构的工作划分为若干岗位,对会计业务进行合理的分工,使每项工作都有专人负责,每个会计人员都有明确的岗位责任制度。

各个单位对于会计机构中的岗位设置,要从本单位的实际情况出发,要有利于加强会计工作的管理和控制,有利于相互牵制和责任划分,有利于提高会计核算工作的质量和效率。会计机构中一般可设下列岗位:会计主管、出纳、财产物资核算、工资核算、成本费用核算、财务成果核算、资金核算、往来款项核算、总账报账、稽核、档案管理、计算机操作等岗位。会计工作岗位可以实行一人一岗或一人多岗的办法,但要符合内部牵制的原则,不相容岗位不得由一人兼任。例如,会计人员不得兼任出纳、不得兼任实物保管员,出纳人员不得兼管稽核、会计档案保管和收入、费用、债权、债务账目的登记工作。这是保证企业财产安全完整和顺利开展会计工作的前提条件。设置会计工作的岗位后,各个岗位上的会计人员,在全面履行各自岗位职责的同时,还要与其他岗位的会计人员相互协作,密切配合,共同做好本单位的会计工作。实行会计人员岗位责任制,并不要求会计人员长期固定在某一固定岗位上,要有计划地定期进行岗位轮换,以便会计人员全面熟悉财会工作,提高业务素质。同时,还便于不同岗位会计人员之间的配合和有效地实施业务监督。

第三节 会 计 人 员

会计人员是从事会计工作、处理会计业务、完成会计任务的人员。为了保证会计工作的顺利进行,各企业、行政事业单位都应当根据实际需要,在各级会计机构中配备一定数量的会计人员,并赋予其必要地职责和权限。

一、会计人员的职责与权限

《中华人民共和国会计法》和其他有关会计人员管理的法规中,明确规定了会计人员的职责和权限。

(1)进行会计核算。会计人员应当以实际发生的业务为依据,按照会计准则的规定,切实做好记账、算账和报账工作。会计人员要认真填制和审核会计凭证,登记账簿,正确核算各项收入、支出、成本、费用及财务成果等。做到手续完备、内容真实、数字准确、账目清楚、按期报账。如实反映本单位的财务状况、经营成果及现金流量情况,及时向有关单位提供真实、可靠地会计信息。这是会计人员的基本职责,也是做好会计工作的起码要求。

(2)实行会计监督。会计人员在履行职责的过程中,要对本单位各项经济业务的合法性、合理性进行监督。对于不真实、不合法的原始凭证要拒绝受理;对于记录不准确,手续不齐备的原始凭证,应要求有关经办人员更正、补齐;对于财产清查中发现的账实不符事项,应按有关规定进行处理或及时上报本单位领导,请求查明原因,进行处理;对于违反国家财经法纪的收支不予办理。同时,会计人员要积极配合和支持国家财政、税务、审计等部门对本单位会计工作的监督。如实提供有关会计凭证、账簿、报表及其他有关会计资料,不得隐瞒事实、不得拒绝合作。

(3)拟定本单位办理会计事务的具体办法。国家统一制定的会计法规制度,只对会计管理工作和会计核算工作作了一般性规定。各单位会计人员要依据国家颁布的会计法规、制度,结合本单位的业务特点和经济管理要求,拟定出本单位办理会计事务的具体办法,以指导和规范本单位的日常会计核算工作。例如,制定本单位的会计人员岗位责任制度、财产物资保管制度、内部稽核制度、财务报销审批制度、成本核算制度等。

(4)参与拟定经济计划、业务计划,考核、分析预算、财务计划的执行情况。各单位制定的经济计划、财务计划是指导该单位经济活动的主要依据,也是会计人员编制财务计划、预算的重要依据。现代管理工作越来越重视会计人员的参与。会计人员通过参与制定本单位的经济计划、业务计划,如生产计划、销售计划等。这不仅有利于编制切实可行的财务计划、预算,而且还可以促进会计人员与其他部门的联系,充分发挥会计人员利用会计信息服务于经济管理的优势。通过会计人员的核算和监督,还可以考核、检查各项财务计划或收支预算的执行情况。发现问题,应及时提出意见或建议,为进一步改善单位的经营管理、提高经济效益服务。

(5)办理其他会计事项。会计人员除了履行上述四项职责外,还可以在参与经营管理过程中发挥重要作用。例如,参与企业投资项目的可行性研究,制定内部经济责任制度、定额管理制度,参与制定产品价格及内部考核、奖惩制度等。

(二)会计人员的工作权限

为了保障会计人员全面履行自己的职责,国家在相关会计法规中规定会计人员职责的同时,也相应地赋予了他们必要的工作权限。

(1)会计人员有权要求本单位有关部门、人员认真遵守国家的财经法纪和财务会计制度。如有违反,会计人员有权拒绝付款,拒绝报销或拒绝执行,并向本单位领导人报告。对于弄虚作假、营私舞弊、欺骗上级等违法乱纪行为,会计人员必须坚决拒绝执行,并向本单位领导人或上级机关、财政部门报告。

(2)会计人员有权参与本单位编制计划、制订定额、对外签订经济合同,参与有关的生产、经营管理会议和业务会议。有权提出有关财务开支和经济效益方面的问题和意见。

(3)会计人员有权监督、检查本单位有关部门的财务收支、资金使用和财产保管、收发、计量等情况。有关部门要提供资料,如实反映情况。为了保障会计人员行使工作权限,各级领导和有关人员要支持会计人员行使工作权限。如果有人对会计人员坚持原则、反映情况进行刁难、阻挠或打打击报复,上级机关要查明情况,严肃处理,情节严重的还要给以相应的法律制裁。

二、会计人员的职业道德

会计人员的职业道德是会计人员在从事会计工作时应当遵循的行为规范。会计人员具备良好的职业道德是贯彻执行国家财经法规和财务会计制度的前提。制订会计人员的职业道德规范,就是约束会计人员的职业行为,使之符合职业道德要求。防止会计人员在工作中违背职业道德,弄虚作假,提供虚假会计信息的行为发生。财政部颁布的《会计基础工作规范》中对会计人员职业道德提出了六个方面的要求:①爱岗敬业;②熟悉法规;③依法办事;④实事求是,客观公正;⑤搞好服务;⑥保守秘密。

会计人员的职业道德,是会计人员在长期工作实践中形成的,是用来衡量会计人员素质高低的一个重要标志。会计人员的职业道德水平应该符合社会主义市场经济发展对会计工作的要求。除了由国家财政部门来制订职业道德规范外,在日常会计工作中,有关方面还要注重加强会计人员的职业道德教育,提高会计人员的职业道德水平。

为了唤起会计人员对职业道德的重视,财政部门、业务主管部门和各单位还应定期检查会计人员遵守职业道德的情况,并作为会计人员晋升、晋级、聘任专业职务、表彰奖励的重要依据。一经发现会计人员违反职业道德,应由所在单位进行处罚,情节严重的,由会计证发证机关吊销会计从业资格证书,取消其从事会计职业的资格。

三、会计人员的专业技术职务

为了充分调动会计人员的积极性和创造性,不断提高会计人员的业务水平,国家在企业、行政、事业单位的会计人员中实行专业技术职务制度。对会计人员要依据其学历、从事会计工作的年限和工作成绩等来确定专业技术职务。会计人员的专业技术职务名称分为:会计员、助理会计师、会计师和高级会计师。其中,会计员和助理会计师为初级职务,会计师为中级职务,高级会计师为高级职务。

为了有利于会计人员更新知识,客观公正地评价和选拔会计人才,我国从 1992 年开始对会计专业技术资格实行全国统一考试制度。这一制度按会计专业技术职务的设置分为:会计员、助理会计师、会计师资格考试。高级会计师则仍采用考核评定办法。1999 年,会计专业技术资格考试改设为:初级和中级两个级别。凡是通过全国统一考试获得会计专业技术资格的会计人员,表明其已具备担任相应会计专业职务的水平和能力。单位在岗位需要时,可根据有关规定,按照德才兼备的原则,从获得会计专业技术资格的会计人员中择优聘任。

根据《会计专业职务试行条例》及有关规定,会计专业职务的任职条件分别为:

(一)会计员的基本条件

初步掌握财务会计知识和技能,熟悉并能遵照执行有关会计法规和财务会计制度,能担负一个岗位的财务会计工作,大学专科或中等专业学校毕业,在财务会计工作岗位上见习 1 年期满;并通过初级会计专业技术资格考试。

(二)助理会计师的基本条件

掌握一般的财务会计基本理论和专业知识,熟悉并能正确执行有关的财经方针、政策和财务会计法规、制度,能担负一个方面或某个重要岗位工作,取得硕士学位或取得第二学士学位,或研究生班结业证书,具备履行助理会计师职务的能力;或大学本科毕业,在财务会计工作岗位上见习1年期满;或大学专科毕业并担任会计员2年以上;或中等专业学校毕业并担任会计员职务4年以上,并通过初级会计专业技术资格考试。

(三)会计师的基本条件

较系统地掌握财务会计基本理论和专业知识,掌握并能正确贯彻执行有关的财经方针、政策和财务会计法规、制度,具有一定的财务会计工作经验,能担负一个单位或管理一个地区、一个部门、一个系统某个方面的财务会计工作,取得博士学位,并具有履行会计师职责的能力;取得硕士学位并担任助理会计师职务2年左右;取得第二学位或研究生班结业证书,并担任助理会计师职务2~3年;大学本科或大学专科毕业并担任助理会计师职务4年以上,掌握一门外语,并通过中级会计专业技术资格考试。

(四)高级会计师的基本条件

较系统地掌握经济、财务会计理论和专业知识,具有较高的政策水平和丰富的财务会计工作经验,能担负一个地区、一个部门或一个系统的财务会计管理工作,取得博士学位,并担任会计师职务2~3年;取得硕士学位,第二学位或研究生班结业证书;或大学本科毕业并担任会计师职务5年以上,较熟练地掌握一门外语。

第四节 会 计 法 规

会计法规是约束和指导会计工作的各种法律、条例、规章、制度等规范性文件的总称,是组织和从事会计工作必须遵守的规范和准则。会计法规是经济法规的重要组成部分。执行会计法规,可以保证会计工作贯彻执行党和国家有关的财经方针、政策,充分发挥会计在经济管理工作中的作用,保证会计目标的实现。我国的会计法规由国家统一制定,所有单位都必须遵照执行。

我国目前的会计法规主要由会计法、会计准则和会计制度三个层次构成,形成了一个完整的会计法规体系。我国的会计法规由国家统一制定,所有单位都必须遵照执行。

一、会计法

《会计法》是我国会计工作的根本大法,是制定其他一切会计法规,制度的法律依据。它在我国会计法规体系中处于最高层次,居于核心地位。1985年1月21日第六届全国人民代表大会常务委员会通过了《中华人民共和国会计法》,自1985年5月起实施。为适应市场经济发展和深化会计改革的需要,1993年12月我国对《会计法》进行了第一次修订。1999年6月我国决定对《会计法》进行第二次修订。

《会计法》全文共分六章、三十条,分别为总则、会计核算、会计监督、会计机构和会计人员、法律责任和附则。

在总则部分,明确了《会计法》适用于国家机关、社会团体、企业、事业单位、个体工商户和其他组织办理会计事务。总则就会计工作管理权限作了规定，明确规定全国会计工作的管理机构是国务院财政部门，地方各级人民政府的财政部门负责本地区会计工作的管理。国家统一的会计制度由国务院财政部门制定。地方财政部门、国务院主管部门在遵循《会计法》，与国家统一会计制度不相抵触的前提下，可以制定实施国家统一会计制度的具体办法或补充规定，并须报经国务院财政部门审核批准或备案。各单位领导人领导会计机构、会计人员和其他人员执行《会计法》。

在会计核算部分，《会计法》规定会计核算的对象和内容主要包括：款项和有价证券的收付；财物的收发、增减和使用；债权债务的发生结算；资本、基金的增减和经费的收支；收入、费用和成本的计算；财务成果的计算和处理等。规定会计核算以人民币为记账本位币。规定公历年度为我国的会计年度，即1月1日起至12月31日为一个会计年度。在会计核算部分还就会计程序和核算方法作了规定，对会计凭证、会计账簿和会计报表也提出了基本要求。

在会计监督部分，规定了各单位会计机构和会计人员为会计监督的主体，负责对本单位进行会计监督；明确了会计监督的对象、内容、方法和程序；规定了各单位有义务接受依照法律和国家有关规定进行的财政、审计、税务监督。

在会计机构和会计人员部分，《会计法》就会计机构的设置和会计人员的配备、总会计师、会计机构内部稽核制度和内部牵制制度、会计机构和会计人员的主要职责、会计人员应具备的专业知识，会计人员的任免、会计人员工作的交接等作出规定。

在法律责任部分，就单位领导人、会计人员和上级主管单位违反会计核算和会计监督的有关规定的法律责任、违法处分等作出规定。《会计法》规定单位领导人、会计人员违反《会计法》的有关规定，应当给予行政处分或追究其刑事责任。

二、会计准则

会计准则是会计人员从事会计工作的规则和指南。我国的《企业会计准则》是财政部根据《会计法》于1992年11月颁布的。近几年又相继出台了一些具体业务的会计准则，用以指导和规范企业具体会计业务的核算。会计准则是会计法规体系的第二层次，是制定会计制度的依据。

三、会计制度

会计制度是进行会计工作所应遵循的规则、方法和程序的总称。我国的会计制度是由国家财政部门通过一定的行政程序制定的，具有一定的强制性。

新中国成立后，我国一直实行高度集中的计划经济体制，为了与这种经济体制相适应，传统的会计制度也是按照所有制成分，分别不同的部门或行业设计制定的。这种会计制度由于体现着不同所有制企业与国家之间不同的利益分配关系，体现着不同的部门利益和习惯。不同的会计制度在处理方法和程序上存在着相当大的差异，导致不同的企业提供的会计报表缺乏可比性,不能完全满足国家对国民经济进行宏观管理和调控的需要,也不利于市场经济的发展和对外开放政策的实施。1993 年,我国对会计制度进行了重大改革,改变了原来按所有制形式,分别不同的部门设计制定会计制度的传统做法,根据《企业会计准则》的要求,结合各行业生产经营活动的特点和管理要求,将国民经济各部门划分为若干个行业,分别制定了 13 个全国性的统一会计制度。分别是《工业企业会计制度》《商品流通企业会计制度》《旅游服务企业会计制度》《交通运输企业会计制度》《邮电通讯企业会计制度》《施工企业会计制度》《房地产开发企业会计制度》《对外经济合作企业会计制度》《金融企业会计制度》《农业企业会计制度》《民航企业会计制度》《铁路运输企业会计制度》《保险企业会计制度》,上述会计制度构成了一个比较完整的企业会计制度体系。

我国现行会计制度的最大特点,就是各行业会计制度采用的会计处理方法和程序做到了基本统一;在会计科目和会计报表的项目内容上,各行业会计制度也尽可能做到基本统一;在体制上,各行业会计制度也做到了基本统一。

分行业会计制度的内容一般包括:总说明、会计科目和会计报表及附录(主要会计事项分录举例)。各企业可以根据《企业会计准则》的要求,参照分行业会计制度,结合本企业的具体情况,制定本企业的会计制度。

第五节　会 计 档 案

一、会计档案的作用

会计档案是指会计凭证、会计账簿、会计报表以及其他有关财务会计工作应予集中保管的文件的总称。会计档案是记录和反映各项经济活动的重要史料和证据,是重要的经济档案之一。各单位的会计部门必须重视会计档案的管理工作。会计档案具有以下几方面的作用:

(1)会计档案是总结经验,进行决策所需要的主要资料。会计档案是一个单位经济活动的历史记录,它能够综合反映一个单位经济业务的发展变化。企业在总结过去经验,制定未来的经济决策时,离不开会计档案所提供的资料。

(2)会计档案可以为有关经济管理部门对企业进行经济监督提供资料。国家有关经济管理部门如财政、税务、审计等部门对企业过去的经济业务进行监督检查时,往往从审查单位的会计档案资料入手。会计档案可以为进一步监督、检查提供线索。

(3)会计档案可以为理论工作者从事会计研究工作提供重要参考资料。

二、会计档案的立卷、归档和保管

每到会计年度终了,各单位会计人员要对当期的会计资料进行审核,确保准确、完整,符合会计制度规定。然后,按照归档的要求,负责整理立卷或装订成册,进行分类保管。当年会计档案,在会计年度终了后,可暂由本单位会计部门保管一年。期满之后,由会计部门编造清册,移交本单位的会计档案室,指定专人负责保管。会计档案应分类保存,并建立相应的分类目录或卡片,随时进行登记。

会计档案根据其发挥作用的时间长短,保管期限也相应地分为永久保管和定期保管。定期保管期限又分为3年、5年、10年、15年、25年五种。各种会计档案的保管期限,从会计年度终了后的第一天算起。目前,根据财政部门和国家档案局规定,企业会计档案的保管期限如表11-1所示。

表11-1 企业会计档案保管期限表

会计档案名称	保管期限	备注
一、会计凭证类		
1. 原始凭证、记账凭证和汇总凭证	15年	
其中:涉及外事和其他重要的会计凭证	永久	
2. 银行存款余额调节表	3年	
二、会计账簿类		
1. 日记账	15年	
其中:库存现金日记账和银行存款日记账	25年	
2. 明细账	15年	
3. 总账	15年	包括日记账固定资产报
4. 固定资产卡片	15年	废清理后保存5年
5. 辅助账簿	15年	
6. 涉及外事和其他重要的会计账簿	永久	包括各级主管部门的汇
三、会计报表类		总会计报表
1. 月、季度会计报表	5年	包括文字分析
2. 年度会计报表	永久	包括文字分析
四、其他类		
1. 会计移交清册	15年	
2. 会计档案保管清册	25年	
3. 会计档案销毁清册	25年	

三、会计档案的调阅和销毁

会计档案是重要的史料，调阅会计档案应有一定的手续。档案管理部门应设置“会计档案调阅登记簿”，详细登记调阅日期、调阅人、调阅理由、归还日期等。本单位人员调阅会计档案，需经会计主管人员同意，外单位人员调阅会计档案，要有正式介绍信，经单位领导批准后，方可调阅。对借出的档案要及时督促归还。未经批准，调阅人员不得将会计档案携带外出，不得擅自摘录有关数字。如有特殊情况，需要复印会计档案的话，必须经过本单位领导批准，并在“会计档案调阅登记簿”内详细记录会计档案、影印、复制的情况。

会计档案超过规定的保管期限予以销毁时，应经过有关部门的鉴定审查，填写“会计档案销毁清册”，写明会计档案的类别、名称、册(张)数及所属年月等。然后由会计主管人员和单位领导审查签字，报经上级主管部门批准后销毁。在销毁时，要由会计主管人员、档案管理人员、审计人员负责监销；并在“会计档案销毁清册”上签字。“会计档案销毁清册”应长期保存。

关、停、并、转单位的会计档案，要根据会计档案登记簿编造移交清册，移交给上级主管部门或指定的接收单位保管。档案保管人员调动工作时，应按照规定办理正式的交接手续。

复习思考题

1. 为什么要正确组织会计工作，正确组织会计工作应遵循的原则有哪些？
2. 国家对会计机构的设置有何规定？
3. 什么叫独立核算和非独立核算？
4. 什么叫集中核算和非集中核算，各自的优缺点如何？
5. 会计人员的主要职责和主要权限各有哪些？
6. 什么是会计人员的职业道德，对会计人员职业道德的要求有哪些？
7. 什么是会计档案？我国对会计档案的管理有哪些具体规定？

参 考 文 献

[1] 中华人民共和国财政部. 企业会计准则——基本准则[M]. 北京:中国财政经济出版社. 2006.

[2] 中华人民共和国财政部. 企业会计准则——应用指南[M]. 北京:中国财政经济出版社. 2006.

[3] 中华人民共和国财政部. 企业会计准则第 1 号——存货[M]. 北京:中国财政经济出版社. 2006.

[4] 中华人民共和国财政部. 企业会计准则第 4 号——固定资产[M]. 北京:中国财政经济出版社. 2006.

[5] 中华人民共和国财政部. 企业会计准则第 9 号——职工薪酬[M]. 北京:中国财政经济出版社. 2006.

[6] 中华人民共和国财政部. 企业会计准则第 14 号——收入[M]. 北京:中国财政经济出版社. 2006.

[7] 中华人民共和国财政部. 企业会计准则第 30 号——财务报表列报[M]. 北京:中国财政经济出版社. 2006.

[8] 财政部会计资格评价中心. 初级会计实务[M]. 北京:中国财政经济出版社. 2012.

[9] 财政部会计资格评价中心. 中级会计实务[M]. 北京:经济科学出版社. 2012.

[10] 李海波. 新编会计学原理——基础会计(第 15 版)[M]. 北京:立信会计出版社. 2011.

[11] 陈少华. 会计学原理(第 3 版)[M]. 厦门:厦门大学出版社. 2008.

[12] 张劲松,谭旭红. 基础会计学[M]. 北京:科学出版社. 2008.